핵심

국제조세조정에 관한 법률

노현섭 저

publishing and culture
피앤씨 미디어

머리말

이 책 '핵심 국제조세조정에 관한 법률'은 「국제조세조정에 관한 법률」을 공부하려는 이들에게 국제조세에 대한 지식을 전달하려고 「국제조세조정에 관한 법률」을 해설한 책이다. 「국제조세조정에 관한 법률」은 국제거래에 대한 조세의 조정에 관한 사항과 국가간의 조세행정 협조에 대한 사항을 규정하고 있다. 따라서 이 책은 국제조세에 대한 기초 지식은 물론 「국제조세조정에 관한 법률」을 해당 세법의 법전체계를 중심으로 설명하였다.

이 책은 크게 국제조세에 대한 기초(제1장)와 「국제조세조정에 관한 법률」(제2장에서 제9장까지)에 대한 설명으로 구성되어 있다. 「국제조세조정에 관한 법률」은 총칙(제2장), 국외특수관계인과의 거래에 대한 과세조정(제3장), 국외지배주주에게 지급하는 이자에 대한 과세조정(제4장), 특정 외국법인의 유보소득에 대한 합산과세(제5장), 국외증여에 대한 증여세 과세특례(제6장), 상호합의절차(제7장), 국가간 조세협력(제8장)과 해외금융계좌의 신고(제9장)로 나누어 설명하였다.

현행 「국제조세조정에 관한 법률」의 체계와 이 책의 설명을 요약하면 다음과 같다.

국제조세조정에 관한 법률의 구조와 내용		이 책의 설명
구 분	내 용	
–	–	제1장 국제조세의 기초
제1장	총칙	제2장 국제조세조정에 관한 법률 총칙
제2장	국외특수관계인과의 거래에 관한 과세조정	제3장 국외특수관계인과의 거래에 관한 과세조정
제3장	국외지배주주에게 지급하는 이자에 대한 과세조정	제4장 국외지배주주에게 지급하는 이자에 대한 과세조정
제4장	특정외국법인의 유보소득에 대한 합산과세	제5장 특정외국법인의 유보소득에 대한 합산과세

제5장	국외증여에 대한 증여세 과세특례	제6장 국외증여에 대한 증여세 과세특례
제6장	상호합의절차	제7장 상호합의절차
제7장	국가간 조세협력	제8장 국가 간 조세협력
제8장	해외금융계좌의 신고	제9장 해외금융계좌의 신고

또한 「국제조세조정에 관한 법률」에 대한 이해를 돕기 위하여 「국제조세조정에 관한 법률」 관련 자격시험 문제(공인회계사와 세무사 자격시험 객관식 문제)를 본문 중의 예제와 본문 끝에 연습문제로 제시하였다. 이 책으로 「국제조세조정에 관한 법률」을 공부하는 이들은 「국제조세조정에 관한 법률」에 대한 본문의 내용을 학습한 후 예제와 연습문제를 통하여 익힌 내용을 숙달할 수 있을 것이다.

이 책은 다음과 같은 점에 중점을 두어 설명하였다.

첫째, 가능한 「국제조세조정에 관한 법률」 관련 세법의 각 조문을 제시하고 설명함으로써 관련 세법을 쉽게 이해할 수 있도록 하였다.

둘째, 「국제조세조정에 관한 법률」에 대한 이해를 구체화하기 위하여 가능한 「국제조세조정에 관한 법률」의 각 조문을 법령의 조문 순으로 설명하여, 실무에서 세법전을 사용하여 업무를 수행하는데 도움이 되도록 하였다. 또한 법령은 각 법령부분에 조문번호를 표시하여 해당 법령이 세법전의 어느 조문에 해당하는지 알 수 있도록 하였다. 그리고 시행령, 시행규칙과 기본통칙을 가능한 각주로 처리하여 각 세법의 내용을 체계적으로 이해하는데 도움이 될 수 있도록 하였다.

셋째, 핵심적인 내용만 본문에 언급하고 그림이나 표로 요약하였으며, 보충설명은 가급적 각주로 처리하여 본문의 군더더기를 줄이려 하였다. 또한 「국제조세조정에 관한 법률」에 대한 지식을 습득하는데 도움을 주려고 각 장마다 용어설명과 논술문제를 추가하였다.

세법을 이해하는 것은 쉽지 않은 일이다. 특히 「국제조세조정에 관한 법률」 관련 세법을 처음으로 배우는 것은 더욱 쉽지 않은 일이다. 처음으로 「국제조세조정에 관한 법률」 관련 세법을 배우거나 이 책을 처음 읽는 사람들은 먼저 「국제조세조정에 관한 법률」 관련 세법(괄호 안에 국제법 및 조문번호 표시)만 읽고 「국제조세조정에 관한 법률」 관련 세법의 개요를 익히거나 「국제조세조정에 관한 법률」 관련 세법을 개관한 후, 다음으로 「국제조세조정에 관한 법률」 관련 세법 시행령, 시행규칙 및 기본통칙(괄호 안에 국제령, 국제칙 또는 제기통 및 조문번호 표시)까지 읽어 시행령, 시행규칙 및 기본통칙을 익히는 방법으로 단계적으로 공부하면 「국제조세조정에 관한 법률」 관련 세법을 충분히 이해할 수 있을 것으로 생각한다.

2017년 겨울 정족산 자락 芸窓에서
노 현섭 拜

일러두기

이 책의 주된 내용인 「**국제조세조정에 관한 법률**」과 **관련 세법**은 아래와 같은 약어(略語)로 표시하였다.

국제법 … 국제조세조정에 관한 법률	**특례법 … 조세특례제한법**
기본법 … 국세기본법	**징수법 … 국세징수법**
처벌법 … 조세범처벌법	**절차법 … 조세범처벌절차법**
소득법 … 소득세법	상속법 … 상속세 및 증여세법
법인법 … 법인세법	부가법 … 부가가치세법
주세법 … 주세법	소비법 … 개별소비세법
교육법 … 교육세법	인지법 … 인지세법
농촌법 … 농어촌특별세법	지방법 … 지방세법
지방기본법 … 지방세기본법	지방특례법 … 지방세특례제한법

각 세법의 경우, 법, 시행령, 시행규칙은 각각 ○○**법**, ○○**령**, ○○**칙**으로 표시하였다. **관련 세법의 기본통칙**은 다음과 같은 약어를 사용하여 표시하였다.

제기통 … 국제조세조정에 관한 법률 기본통칙	
국기통 … 국세기본법 기본통칙	국징통 … 국세징수법 기본통칙
소기통 … 소득세법 기본통칙	법기통 … 법인세법 기본통칙
부기통 … 부가가치세법 기본통칙	조기통 … 조세특례제한법 기본통칙
상기통 … 상속세 및 증여세법 기본통칙	

따라서, **각 법률의 조문표시**는 문장 끝에 **법률명**, **조**(條, 1, 2, 3, …으로 표시), **항**(項, ①, ②, ③, …으로 표시), **호**(號, (1), (2), (3),…으로 표시), **목**(目, 가, 나, 다, …로 표시) 순으로 표시하였다.

(국제법 7 ① (1) 가)	…「국제조세조정에 관한 법률」 제7조 제1항 제1호 가목
(국제령 7 (1))	…「국제조세조정에 관한 법률」 시행령 제7조 제1호
(제기통 3-2…1)	…「국제조세조정에 관한 법률」 기본통칙 중 「국제조세조정에 관한 법률」 제3조, 「국제조세조정에 관한 법률」 시행령 제2조의 첫 번째 통칙을 의미함. 즉, 각각 법률조문(「국제조세조정에 관한 법률」 제3조), 시행령 조문(「국제조세조정에 관한 법률」 시행령 제2조), 통칙의 조문별 일련번호(1번째)를 의미함.

차 례

제 1 장 국제조세 기초

제 2 장 국제조세조정에 관한 법률 총칙

제 4 장 국외지배주주에게 지급하는 이자에 대한 과세조정

제 5 장 특정 외국법인의 유보소득에 대한 합산과세

제 6 장 국외증여에 대한 증여세 과세특례

제 7 장 상호합의절차

제 1 장

국제조세 기초

CHAPTER 01 국제조세 기초

제 1 절 국제조세의 의의와 범위

1. 국제조세의 의의

국제조세는 **넓은 의미**로는 국내조세 문제와 대응되는 개념으로, 국가간에 발생하는 **국제거래에 대한 조세문제**를 규율하는 분야를 말한다. 이에 비하여, **좁은 의미**로 국제조세는 국제거래와 관련하여 하나의 납세의무자에 대해 2 이상의 국가가 과세권을 행사하게 됨(즉, 과세권의 경합)에 따라 발생하는 **국제적인 이중과세의 조정**을 다루는 분야를 말한다.

2. 국제조세의 연구범위

국제조세는 **원칙적**으로 **이중과세가 발생하는 조세문제에 한정**되므로, **소비지국 과세원칙**이 적용되어 이중과세가 발생하지 않는 부가가치세와 같은 **간접세**는 국제조세의 범위에서 일반적으로 **제외**되고 있다. 따라서 자본, 상품 및 기술의 국제적 이동에 따라 발생하는 **소득세 관련 세목**(즉 법인세와 소득세)이 국제조세의 핵심 연구대상이 된다.

국제조세의 범위는 다음과 같다.

① 국제간의 인적, 물적, 금융교류에 수반된 국제적 이중과세 방지를 위한 조세 조약
② 우리나라에 진출한 외국기업의 국내조세문제[대내적(inbound) 국제조세]
③ 외국에 진출한 우리나라 기업의 국내외조세문제[대외적(outbound) 국제조세]
④ 각국의 조세제도의 차이를 이용한 조세회피 및 탈세의 규제
㉠ 이전가격세제 ㉡ 과소자본 방지세제
㉢ 조세피난처 방지세제 ㉣ 조세조약편승 방지세제

3. 국제조세 관련 법률

우리나라의 경우, **국제조세와 관련된 법률**에는 **조세조약**, **내국세법** 및 「**지방세법**」 등이 있다. 이들 법률 중 조세조약을 제외한 나머지 법률들은 inbound 국제조세와 관련되는 법령이다.

① **조세조약**: 조세조약은 소득 및 자본에 대한 국제적 이중과세를 방지하기 위하여 국가간에 문서로 체결된 명시적인 합의를 말한다. 우리나라는 미국, 일본 등 70여 개국과 조세조약을 체결·시행하고 있다.
② **내국세법의 규정**
㉠ 「**국제조세조정에 관한 법률**」[1]: 국제거래에 관련되는 조세문제에 대하여 **다른 내국세법 보다 우선하여 적용**된다.
㉡ 「법인세법」, 「소득세법」, 「조세특례제한법」 중 **소득과세 관련 규정**과 「지방세법」 중 지방소득세 관련 규정
㉢ 「외국인 투자 촉진법」

---

1) 1995년 말 「**국제조세조정에 관한 법률**」**이 제정되기 이전**에는 「소득세법」과 「법인세법」의 **부당행위계산부인 규정**의 일부로서 국내외거래에서 발생하는 이전가격 문제(즉, 국외거래시의 시가산정에 관한 규정)를 다루어 왔으나 **국제거래의 특수성**으로 인하여 「**국제조세조정에 관한 법률**」**을 제정·시행**하여 **국가간 이중과세**와 **조세회피를 방지**하는 적극적인 조치를 취하였다.

제 2 절 국제조세의 과세원칙

1. 국제조세의 과세원칙

국제조세와 관련하여 각국의 과세권행사에 있어 **과세권이 어느 나라에 귀속되는가**에 대한 관할기준은 크게 **속지주의**(屬地主義)와 **속인주의**(屬人主義)로 나눌 수 있다.

우리나라의 세법은 **거주자와 내국법인**에 대하여는 **속인주의**(**거주지국 과세원칙**)을, **비거주자와 외국법인**에 대해서는 **속지주의**(**원천지국 과세원칙**)을 채택하고 있다.

1.1 속지주의: 원천지국 과세원칙

원천지국(源泉地國)은 납세의무자의 소득이 발생한 나라 또는 자본이 소재하고 있는 나라를 말한다. **원천지국 과세원칙**(source principle)은 과세권 행사의 근거를 비거주자의 소득이 자기 나라 안에서 발생되었다고 하는 장소적 개념(territorial concept)에 의한 과세소득 원천기준에서 과세권행사의 근거를 찾는다. 즉 자기 나라의 **영토** 안에서 발생한 소득 또는 자기 나라의 영토 안에 소재하는 재산에 대하여는 납세자가 **비거주자**일지라도 과세권을 행사한다.

1.2 속인주의

속인주의는 과세권행사의 근거를 인적 기준에 두어, 개인 또는 법인의 **국적**에 따르거나 **거주자** 여부에 따르는 과세원칙이다.

(1) 거주지국 과세원칙

거주지국(居住地國)은 납세의무자의 주소, 거소, 본점 소재지, 관리장소(사업장) 등이 소재하고 있는 나라를 말한다. **거주지국 과세원칙**(residence principle)은 과세권 행사의 근거를 납세의무자가 자기 나라의 **거주자**라는 인적기준에서 찾는 원칙이다. 즉 자기 나라의 **거주자에게 귀속되는 소득, 자본**에 대하여는 그 **소득, 자본의 발생장소**(소재지)**가 국내인지 국외인지를 묻지 아니하고 과세권을 행사**한다.

⑵ 국적지국 과세원칙

국적지국(國籍地國) 과세원칙(nationality principle)은 과세권 행사의 근거를 납세의무자가 자기 나라의 국적을 가진 국민이라는 인적 기준에서 찾는 원칙이다. 즉 자기 나라의 거주자가 아닐지라도 자국의 **국적**을 가진 국민에게 귀속되는 소득, 자본에 대하여 소득의 발생장소가 국내인지 국외인지를 묻지 아니하고 과세권을 행사한다.

2. 국제적 이중과세의 발생원인과 방지대책

국제적 이중과세는 다음과 같은 원인에서 발생하며, 그에 대해 다음과 같은 대책을 마련할 수 있다. 국제적 이중과세는 각국이 자국의 국내 세법에 의하여 일방적으로 방지하는 방법과 두 나라간에 조세조약을 체결하여 방지하는 방법이 있다.

국제적 이중과세의 발생원인	방 지 대 책
거주지국과세의 경합	조세조약의 체결
거주지국과세와 원천지국과세의 경합	국내 세법의 규정 제정 및 조세조약의 체결
원천지국과세의 경합	별도 합의 및 협정의 체결

2.1 거주지국 과세의 경합

각 국의 세법은 **거주자의 정의 또는 범위**를 다르게 규정하고 있다. 따라서 어떤 납세자는 두 나라의 거주자에 해당되어 두 나라가 각각 과세하는 경우도 발생한다. 이를 **거주지국과세의 경합** 또는 **인적 납세의무의 경합**이라 한다.

이는 두 나라가 거주자의 정의 또는 범위를 동일하게 규정하여 회피할 수 있다. 따라서 조세조약에서는 거주자에 관한 조문을 별도로 규정하여 거주자 판정의 공통기준을 마련한다.

2.2 거주지국 과세와 원천지국 과세의 경합

거주지국에서는 자기 나라 거주자의 국내외원천소득과 자본에 대해 과세하고, 원천지국에서는 비거주자에 대하여 자기 나라에서 발생한 소득, 자본에 대해 과세하게 되면 동일한 소득, 자본에 대하여 두 나라가 과세권을 행사하게 되기 때문에 국제적 이중과세가 발생한다. 이것이 가장 대표적인 **국제적 이중과세**의 형태이며, **인적 납세의무와 물적 납세의무의 경합**이라고도 한다. 조세조약에서 국제적 이중과세를 방지하는 것은 대부분 이러한 경우의 이중과세의 조정이다.

2.3 원천지국 과세의 경합

원천지국 과세의 경합은 각 나라의 내국 세법이 **국내원천소득의 범위**를 다르게 규정하고 있는 경우에 발생한다. 즉 **제3국의 거주자**가 취득하는 소득이 동시에 A국과 B국의 국내원천소득에도 해당되는 경우 A국과 B국은 각각 과세권을 행사하게 된다.

이러한 원천지국 과세의 경합으로 인한 국제적 이중과세문제는 조세조약에서 다루지 않는다. 왜냐하면 예를 들어 한국과 미국간이 조세조약은 체약당사국이 아닌 일본이 거주자에 대해 적용할 수 없기 때문이다. 이는 별도의 협상으로 해결하는 것이 일반적이다.

제 3 절 국제거래를 통한 조세회피의 규제

1. 다국적기업의 조세회피

다국적기업(多國籍企業, multinational enterprise)은 여러 나라에 걸쳐 영업 내지 제조의 거점을 두고 국가적, 정치적 제약에 구애받지 아니하면서 세계적인 범위와 규모로 경영활동을 하는 기업을 말한다.

다국적기업의 전형적인 조세회피의 유형은 **이전가격을 이용한 조세회피, 조세피난처를 이용한 조세회피, 조세조약편승에 의한 조세회피, 과소자본을 이용한 조세회피** 등이 있다.

2. 이전가격을 이용한 조세회피

이전가격(移轉價格, transfer price)은 다국적기업 등 동일계열 기업집단 내에 소속된 기업(특수관계가 있는 기업)간에 원재료, 제품 등의 거래 또는 서비스 등을 제공할 때 적용되는 가격을 말한다. 다국적기업은 **국외특수관계인과의 거래**에 있어 **정상가격 보다 높거나 낮은 가격을 적용**하는 방법을 통하여 과세소늑을 감소시킴으로써 조세를 회피한다.

이전가격조작(transfer pricing)을 통한 조세회피 거래에 대하여 과세당국이 정상가격을 기준으로 과세소득금액을 재계산하여 조세를 부과하는 **국제거래에 대한 부당행위계산부인세제**(不當行爲計算否認稅制)를 **이전가격세제**라 한다. 이전가격세제의 가장 어려운 문제는 **정상가격의 산정**과 **특수관계의 존재 여부 확인**이다.

3. 조세피난처를 이용한 조세회피

조세피난처(tax heaven)는 조세회피지(租稅回避地), 조세도피국(租稅逃避國), 경과세국(輕課稅國), 조세천국(租稅天國)이라고도 한다. 조세피난처는 기업의 소득에 대한 조세가 부과되지 않거나 저율의 조세 및 기타의 특수한 혜택이 제공되기 때문에 다국적 기업이 조세회피 및 조세절약의 수단으로 이용되는 국가 및 지역을 말한다.

조세피난처는 외국기업을 유치하기 위하여 전반적 또는 부분적으로 면세하거나 저율과세(低率課稅)를 제도적으로 보장하고 있고, 세제상의 혜택 뿐만 아니라 통화의 교환성과 안정성, 금융의 비밀보장 및 기타 외환거래상의 자유가 보장되고 있어 국제투자 및 국제금융의 중심지의 역할도 하고 있다.

조세피난처의 유형은 다음과 같이 분류할 수 있다.

유 형	내 용	지역 또는 국가
제1유형[*1] (tax paradise, 완전조세회피지, **무과세국**)	전형적인 조세회피지로 직접세 (소득세, 상속세, 증여세, 부유세 등)가 없는 국가	바하마, 버뮤다, 케이먼군도, 나우루 등
제2유형[*1] (low−tax haven, **저세율국, 경과세국**)	소득 또는 자본에 대하여 부분적으로 과세하거나 저세율로 과세하는 지역 또는 국가(특히 해외사업에 대한 특별한 조세혜택을 부여함)	사이프러스, 바레인, 이스라엘, 자메이카, 모나코, 레바논, 마카오, 싱가포르, 스위스, 지브롤타, 바베이도스, 버진군도 등
제3유형 (tax shelter, **국외소득면세국**)	일반적으로 정상과세하나 국외원천소득에 대해 면세하는 지역 또는 국가	코스타리카, 홍콩, 리베리아, 파나마, 말레이시아

제4유형 (tax resorts)	일반적으로 정상과세하나 특별한 경우(예 지주회사 또는 특정사업활동)에 조세혜택을 부여하는 지역 또는 국가	캐나다, 그리스, 아일랜드, 룩셈부르크, 네덜란드, 필리핀, 영국

*1 제1유형과 제2유형에 해당하는 조세피난처는 대부분 조그마한 섬이거나 식민지로 금융시장에 의해 영위되는 지역 또는 국가들임.

조세피난처를 이용한 조세회피에 대해서는 「국제조세조정에 관한 법률」 제4장(**특정외국법인의 유보소득에 대한 합산과세**)의 규정에 의해 규제하고 있다. 조세피난처에 소재하는 지주회사 등에 대하여 동 회사가 배당을 아니하고 유보하고 있는 소득을 배당으로 간주하여 이를 우리나라에 소재하는 모회사의 과세소득계산에 이를 포함시키도록 하고 있다.

4. 조세조약편승에 의한 조세회피

조세조약편승(租稅條約便乘, treaty shopping)은 제3국 거주자의 조약이용, 조약의 맹점 이용 등으로 표현할 수 있으며, 2개 국가간에 체결된 조세조약에 규정된 혜택을 **제3국의 거주자**가 이용하는 것을 말한다.

조세조약편승은 다국적기업이 특정 국가에 진출함에 있어 해당 국가가 체결하고 있는 조세조약의 체약국 중에서 자사의 조세부담을 가장 감소시킬 수 있는 국가(제3국)를 선택하여 그곳에 **위장회사**(또는 서류상의 회사, paper company)를 설립하거나 그 곳에서 계약상 거래가 있었던 것처럼 위장함으로써, 실제 계약과 다르게 재화 또는 용역이 이동하는 현상을 말한다. 이 경우 소득원천국과 제3국간에 체결된 조세조약은 해당 다국적기업의 실제 거주지국과는 전혀 관련이 없기 때문에 그 기업은 제3국을 경유하여 원천지국에서 발생된 이윤을 자국에 송금하게 된다.

조세조약 편승에 대한 규제는 **거주자증명제도**(국제법 29 ②)에 의하며, 조세조약의 혜택규정은 **체약상대국의 거주자에게만 적용**된다.

5. 과소자본을 이용한 조세회피

과소자본(過少資本, thin−capitalization)을 이용한 조세회피는 다국적 기업이 한 나라에 자회사 또는 기업을 두고 사업활동을 하는 경우, 그 자회사의 운영에 소요되는 자금을 조달함에 있어 다른 나라에 있는 모회사 등으로부터의 출자(직접투자에 의한 지분·주식)는 적게 하고 그 대신 차입금을 많게 하여 과세소득을 줄여 기업소재국의 조세부담을 의도적으로 회피하는 것을 말한다.

「국제조세조정에 관한 법률」은 제3장(**국외지배주주에게 지급하는 이자에 관한 과세조정**)에서 과소자본에 대한 과세를 규정하고 있다.

연 습 문 제

용어 설명

1. 속지주의
2. 속인주의
3. 원천지국과세원칙
4. 거주지국과세원칙
5. 이전가격세제
6. 조세피난처
7. 조세조약편승
8. 과세자본세제

논술 문제

[1] 국제조세의 의의와 연구범위에 대해 설명하시오.

[2] 우리나라의 국제조세 관련 법률에 대해 설명하시오.

[3] 국제조세의 과세원칙에 대해 설명하시오.

[4] 다국적기업의 조세회피행위와 방지대책에 대해 설명하시오.

제 2 장

국제조세조정에 관한 법률 총칙

CHAPTER 02 국제조세조정에 관한 법률 총칙

제 1 절 목적 및 규정사항

1. 목 적

「국제조세조정에 관한 법률」은 **국제거래에 관한 조세의 조정** 및 **국가간의 조세행정 협조에 관한 사항**을 규정함으로써 **국가간의 이중과세 및 조세회피를 방지**하고 **원활한 조세협력**을 도모함을 목적으로 한다(국제법 1).

2. 규정사항

「국제조세조정에 관한 법률」은 다음과 같은 사항을 규정하고 있다.

① 총칙(제1장)
② 국외특수관계인과의 거래에 대한 과세조정(제2장)
③ 국외지배주주에게 지급하는 이자에 대한 과세조정(제3장)
④ 특정 외국법인의 유보소득에 대한 합산과세(제4장)
⑤ 국외증여에 대한 증여세 과세특례(제5장)
⑥ 상호합의절차(제6장)

⑦ 국가간 조세협력(제7장)
⑧ 해외금융계좌의 신고(제8장)

제 2 절 용어의 정의

「국제조세조정에 관한 법률」에서 사용하는 용어의 뜻은 다음과 같다(국제법 2 ①). **아래에서 설명하는 용어 외의 용어**에 관하여는 「**국제조세조정에 관한 법률**」에서 **특별히 정하는 경우를 제외**하고는 「**조세특례제한법**」에 따른 용어의 예와 「조세특례제한법」에 규정된 법률에 따른 **용어의 예**에 따른다(국제법 2 ②).

1. 국제거래

국제거래는 **거래당사자의 어느 한쪽이나 양쪽이 비거주자 또는 외국법인**(비거주자 또는 외국법인의 **국내사업장은 제외**[1])**인 거래**로서 **유형자산 또는 무형자산의 매매·임대차, 용역의 제공, 금전의 대출·차용, 그 밖에 거래자의 손익 및 자산에 관련된 모든 거래**를 말한다.

2. 조세조약

조세조약은 소득·자본·재산에 대한 조세 또는 조세행정의 협력에 관하여 우리나라가 다른 나라와 체결한 **조약·협약·협정·각서 등 국제법에 따라 규율되는 모든 유형의 국제적 합의**를 말한다.

조세조약은 **국내세법에 우선하여 적용**된다.

3. 체약상대국

체약상대국(締約相對國)은 우리나라와 조세조약을 체결한 국가를 말한다.

---

1) 내국법인과 외국법인의 국내사업장과의 거래는 국내거래이다.

4. 권한 있는 당국

권한 있는 당국은 우리나라의 경우에는 기획재정부장관 또는 그의 권한을 위임받은 자를 말하며 체약상대국의 경우에는 **조세조약에서 권한 있는 당국으로 지정된 자**를 말한다.

5. 상호합의절차

상호합의절차는 **조세조약의 해석**이나 **부당한 과세처분** 또는 **과세소득의 조정**에 대하여 우리나라의 권한 있는 당국과 체약상대국의 권한 있는 당국간에 **협의**를 통하여 해결하는 절차를 말한다.

6. 국내사업장

국내사업장은 「소득세법」 규정에 따른 **비거주자**의 국내사업장 및 「법인세법」 규정에 따른 **외국법인**의 국내사업장을 말한다.

7. 과세당국

과세당국은 납세지 관할세무서장 또는 지방국세청장을 말한다.

8. 특수관계

특수관계는 다음의 어느 하나에 해당하는 관계를 말한다(국제법 2 ① (8), 국제령 2 ①).

8.1 거래당사자의 어느 한쪽이 다른 쪽의 의결권 있는 주식(출자지분 포함)의 50% 이상을 직접 또는 간접으로 소유하고 있는 관계: 50% 이상 소유관계

(1) 외국에 거주하거나 소재하는 자(주주 및 출자자를 포함하며, **외국주주**라 함)가 내국법인 또는 국내사업장을 두고 있는 외국법인의 **의결권 있는 주식**(출자지분을 포함)의 **50% 이상**을 직접 또는 간접으로 소유한 경우 그 내국법인 또는 국내사업장과 외국주주의 관계

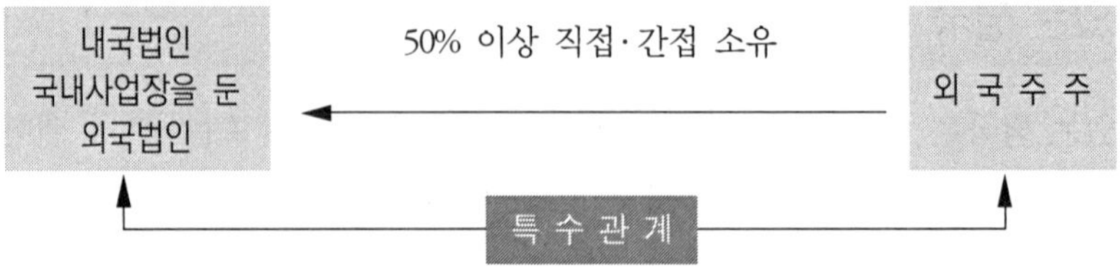

(2) 거주자·내국법인 또는 국내사업장을 두고 있는 **외국법인**이 다른 외국법인의 의결권 있는 주식의 50% 이상을 직접 또는 간접으로 소유한 경우 그 거주자·내국법인 또는 국내사업장과 다른 외국법인의 관계

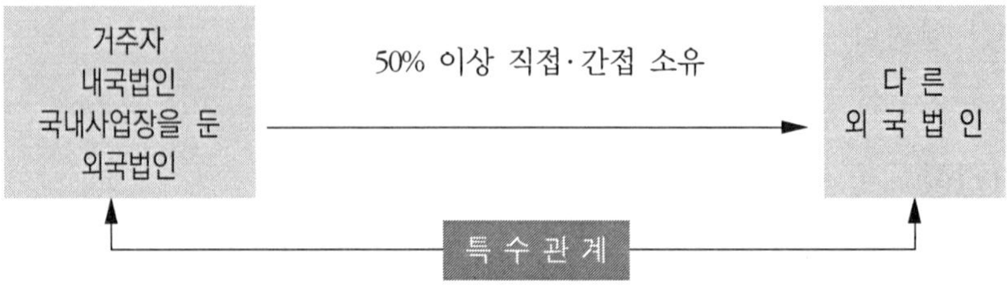

8.2 제3자가 거래당사자 양쪽의 의결권 있는 주식의 50% 이상을 직접 또는 간접으로 각각 소유하고 있는 경우 그 양쪽간의 관계: 제3자 지배관계

내국법인 또는 국내사업장을 두고 있는 외국법인의 의결권 있는 주식의 50% 이상을 직접 또는 간접으로 소유하고 있는 자가 **제3의 외국법인**의 의결권 있는 주식의 50% 이상을 직접 또는 간접으로 소유한 경우 그 내국법인 또는 국내사업장과 제3의 외국법인(그 외국법인의 국내사업장을 포함)과 관계

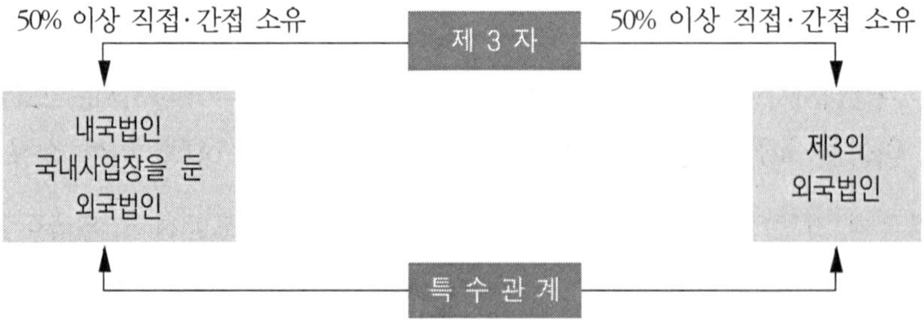

8.3 자본의 출자관계, 재화·용역의 거래관계, 자금의 대여 등에 의하여 거래당사자간에 공통의 이해관계가 있고 거래당사자의 어느 한쪽이 다른 쪽의 사업방침을 실질적으로 결정할 수 있는 관계: 어느 한쪽이 다른 쪽의 사업방침을 결정할 수 있는 관계

거주자·내국법인 또는 국내사업장과 비거주자·외국법인 또는 이들의 국외사업장의 관계에서 어느 한쪽과 다른 쪽 간에 자본의 출자관계, 재화·용역의 거래관계, 자금의 대여 등에 의하여 소득을 조정할 수 있는 공통의 이해관계가 있고, 어느 한쪽이 다음의 어느 하나의 방법으로 다른 쪽의 사업방침의 전부 또는 중요한 부분을 실질적으로 결정할 수 있는 경우 그 어느 한쪽과 다른 쪽과의 관계

① 다른 쪽 법인의 대표임원이나 총임원수의 절반 이상에 해당하는 임원이 어느 한쪽 법인의 임원 또는 종업원의 지위에 있거나 사업연도 종료일부터 소급하여 3년 이내에 어느 한쪽 법인의 임원 또는 종업원의 지위에 있었을 것

② 어느 한쪽이 조합이나 신탁을 통하여 다른 쪽의 의결권 있는 주식의 50% 이상을 소유할 것

③ 다른 쪽이 사업활동의 50% 이상을 어느 한쪽과의 거래에 의존할 것

④ 다른 쪽이 사업활동에 필요한 자금의 50% 이상을 어느 한쪽으로부터 차입하거나 어느 한쪽에 의한 지급보증을 통하여 조달할 것

⑤ 다른 쪽이 어느 한쪽으로부터 제공되는 무체재산권에 50% 이상을 의존하여 사업활동을 할 것

8.4 자본의 출자관계, 재화·용역의 거래관계, 자금의 대여 등에 의하여 거래당사자간에 공통의 이해관계가 있고 제3자가 거래당사자 양쪽의 사업방침을 실질적으로 결정할 수 있는 경우 그 거래당사자 양쪽간의 관계: 제3자가 거래당사자 양쪽의 사업방침을 결정할 수 있는 경우 그 거래당사자간의 관계

거주자·내국법인 또는 국내사업장과 비거주자·외국법인 또는 이들의 국외사업장의 관계에서 어느 한쪽과 다른 쪽 간에 자본의 출자관계, 재화·용역의 거래관계, 자금의 대여 등에 의하여 소득을 조정할 수 있는 공통의 이해관계가 있고 제3자, 어느 한쪽 및 다른 쪽 간의 관계가 다음의 어느 하나에 해당하는 경우 그 어느 한쪽과 다른 쪽과의 관계

① 거주자·내국법인 또는 국내사업장이 의결권 있는 주식의 50% 이상을 직접

또는 간접으로 소유하는 어느 한쪽과 그 거주자·내국법인 또는 국내사업장과 (3)**의 어느 하나**에 해당하는 관계에 있는 다른 쪽과의 관계

② 비거주자·외국법인 또는 이들의 국외사업장이 의결권 있는 주식의 50% 이상을 직접 또는 간접으로 소유하는 어느 한쪽과 그 비거주자·외국법인 또는 이들의 국외사업장과 (3)**의 어느 하나**에 해당하는 관계에 있는 다른 쪽과의 관계

③ 「독점규제 및 공정거래에 관한 법률」에 해당하는 기업집단에 속하는 계열회사인 어느 한쪽과 그 기업집단 소속의 다른 계열회사가 의결권 있는 주식의 50% 이상을 직접 또는 간접으로 소유하는 다른 쪽과의 관계

④ 제3자가 거래당사자 양쪽의 사업방침을 (3)**의 어느 하나**의 방법으로 전부 또는 중요한 부분을 실질적으로 결정할 수 있는 경우 그 거래당사자 양쪽간의 관계

8.5 주식의 간접소유비율 계산

주식의 간접소유비율은 다음의 각 방법으로 계산한다(국제령 2 ②).

① 어느 한쪽 법인이 다른 쪽 법인의 주주인 법인(**주주법인**)의 **의결권 있는 주식의 50% 이상을 소유하고 있는 경우**에는 주주법인이 소유하고 있는 다른 쪽 법인의 의결권 있는 주식이 그 다른 쪽 법인의 의결권 있는 주식에서 차지하는 비율(**주주법인의 주식소유비율**)을 어느 한쪽 법인의 다른 쪽 법인에 대한 **간접소유비율**로 한다. 다만, 주주법인이 둘 이상인 경우에는 주주법인별로 계산한 비율을 합계한 비율을 어느 한쪽 법인의 다른 쪽 법인에 대한 간접소유비율로 한다.

예

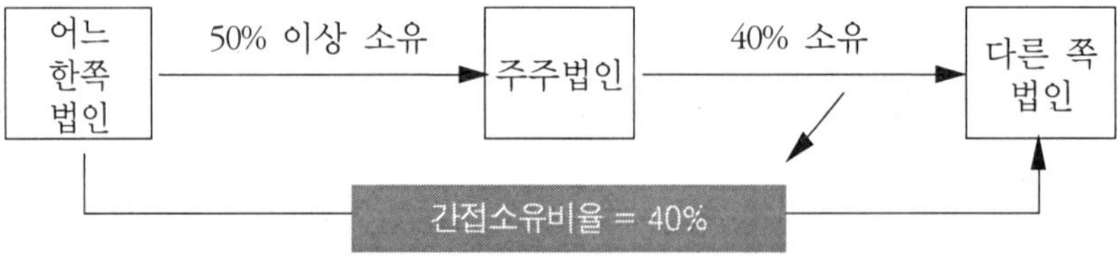

예

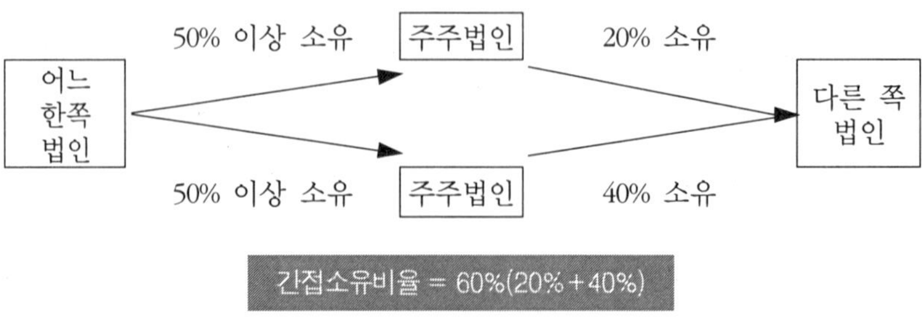

② 어느 한쪽 법인이 다른 쪽 법인의 주주법인의 **의결권 있는 주식의 50% 미만을 소유하고 있는 경우**에는 그 **소유비율**에 **주주법인의 주식소유비율**을 **곱한 비율**을 어느 한쪽 법인의 다른 쪽 법인에 대한 간접소유비율로 한다. 다만, 주주법인이 둘 이상인 경우에는 각 주주법인별로 계산한 비율을 합계한 비율을 어느 한쪽 법인의 다른 쪽 법인에 대한 간접소유비율로 한다.

예

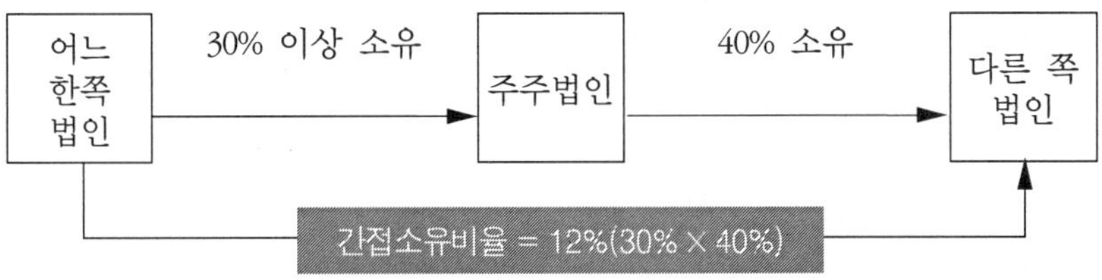

예

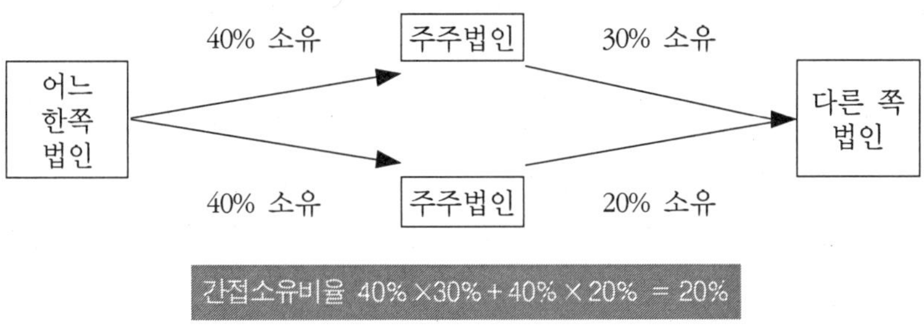

③ 다른 쪽 법인의 주주법인과 어느 한쪽 법인 사이에 하나 이상의 법인이 개재되어 있고 이들 법인이 주식소유관계를 통하여 연결되어 있는 경우에도 ① 및 ②의 계산방법을 준용한다.

예

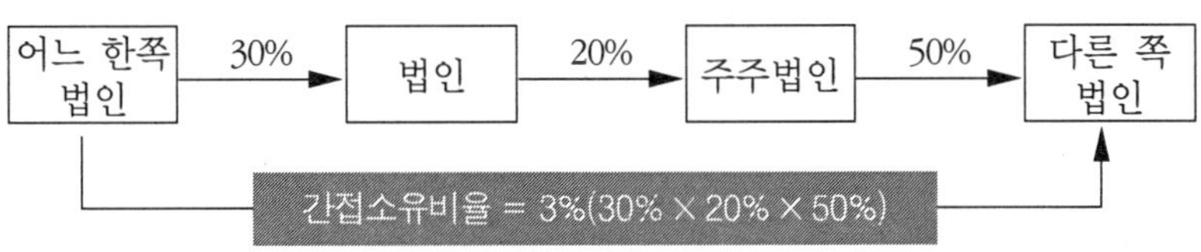

예 제

〈사례 1〉과 〈사례 2〉에서 일방법인A와 타방법인B 간의 국외특수관계자 여부를 판정할 때, 일방법인A의 타방법인B에 대한 직접소유비율과 간접소유비율의 합계는 각각 얼마인가? (단, 출자비율은 의결권 있는 주식소유비율을 말한다. ► 세무사 2011

<사례 1>

구 분	출자자	피출자자	출자비율
직접소유	일방법인A	타방법인B	30%
간접소유	일방법인A	주주법인C	50%
	주주법인C	주주법인D	50%
	주주법인D	타방법인B	20%

<사례 2>

구 분	출자자	피출자자	출자비율
직접소유	일방법인A	타방법인B	30%
간접소유	일방법인A	주주법인C	20%
	주주법인C	주주법인D	50%
	주주법인D	타방법인B	50%

풀 이

사례 1: 30%+(1×1×20%)=50%
사례 2: 30%+(20%×50%×50%)=35%

9. 국외특수관계인

국외특수관계인은 거주자, 내국법인 또는 국내사업장과 특수관계에 있는 비거주자 또는 외국법인(비거주자 또는 외국법인의 **국내사업장은 제외**)을 말한다.

10. 정상가격

정상가격은 거주자, 내국법인 또는 국내사업장이 **국외특수관계인이 아닌 자**와의 **통상적인 거래**에서 적용되거나 적용될 것으로 판단되는 가격을 말한다.

11. 국외지배주주

국외지배주주는 내국법인 또는 외국법인의 국내사업장을 실질적으로 지배하는 다음의 어느 하나에 해당하는 자를 말한다.

① **내국법인의 경우**에는 외국의 주주·출자자(**외국주주**) 및 그 외국주주가 출자한 외국법인

② **외국법인의 국내사업장의 경우**에는 외국법인의 본점·지점, 그 외국법인의 외국주주 및 그 외국법인·외국주주가 출자한 외국법인

11.1 내국법인의 국외 지배주주 범위

내국법인의 국외지배주주는 각 사업연도 종료일 현재 다음의 어느 하나에 해당하는 자로 한다(국제령 3 ①).

① 내국법인의 의결권 있는 주식의 50% 이상을 직접 또는 간접으로 소유하고 있는 외국주주

② ①에 따른 외국주주가 의결권 있는 주식의 50% 이상을 직접 또는 간접으로 소유하고 있는 외국법인

③ 내국법인과 자본의 출자관계, 재화·용역의 거래관계, 자금의 대여 등에 의하여 소득을 조정할 수 있는 공통의 이해관계가 있고 어느 한쪽이 다른 쪽의 **사업방침의 전부 또는 중요한 부분을 실질적으로 결정할 수 있는 경우** 그 어느 한쪽과 다른 쪽과의 관계에 있는 외국주주

11.2 외국법인의 국내사업장에 대한 국외지배주주 범위

외국법인의 국내사업장에 대한 국외지배주주는 다음의 어느 하나에 해당하는 자로 한다(국제령 3 ②).

① 국내사업장이 있는 외국법인의 본점·지점(국외에 있는 지점을 말함)

② ①에 따른 외국법인의 의결권 있는 주식의 50% 이상을 직접 또는 간접으로 소유하는 외국주주
③ ①에 따른 본점 또는 ②에 따른 외국주주가 의결권 있는 주식의 50% 이상을 직접 또는 간접으로 소유하는 외국법인

12. 제한세율

제한세율은 조세조약에 따라 체약상대국의 거주자 또는 법인에 대하여 과세할 수 있는 **최고세율**을 말한다.

제 3 절 국제거래에 관한 실질과세

1. 소득 등 귀속자에 따른 실질과세

국제거래에서 과세의 대상이 되는 소득, 수익, 재산, 행위 또는 거래의 귀속에 관하여 **사실상 귀속되는 자가 명의자와 다른 경우**에는 **사실상 귀속되는 자**를 납세의무자로 하여 조세조약을 적용한다(국제법 2의2 ①).

2. 거래내용에 따른 실질과세

국제거래에서 과세표준의 계산에 관한 규정은 소득, 수익, 재산, 행위 또는 **거래의 명칭이나 형식**과 관계없이 그 **실질내용**에 따라 조세조약을 적용한다(국제법 2의 2 ②).

3. 우회거래에 대한 실질과세

국제거래에서 조세조약 및 「국제조세조정에 관한 법률」의 혜택을 부당하게 받기 위하여 **제3자를 통한 간접적인 방법으로 거래**하거나 **둘 이상의 행위 또는 거래를 거친 것으로 인정되는 경우**에는 그 경제적 실질에 따라 **당사자가 직접 거래**한 것으로 보거나 **연속된 하나의 행위 또는 거래**로 보아 조세조약 및 「국제조세조정에 관한 법률」을 적용한다

(국제법 2의2 ③).

제 4 절 다른 법률과의 관계

1. 다른 법률과의 관계

「국제조세조정에 관한 법률」은 국세 및 지방세에 관하여 규정하는 **다른 법률보다 우선하여 적용**한다(국제법 3 ①).

2. 부당행위계산부인의 적용범위

2.1 부당행위계산부인의 적용배제

「국제거래」에 대해서는 (「국제조세조정에 관한 법률」의 **이전가격세제를 적용**하므로) 「소득세법」 및 「법인세법」의 부당행위계산부인 규정을 적용하지 아니한다(국제법 3 ② 본문).

2.2 부당행위계산부인의 적용

다음의 각 경우에 해당하는 자신의 증여 등에 대하여는 (이전가격세제의 적용대상이 아니므로) 부당행위계산부인 규정을 적용한다(국제법 3 ② 단서, 국제령 3의2).

① 자산을 무상으로 이전(현저히 저렴한 대가를 받고 이전하는 경우는 제외)하거나 채무를 면제하는 경우

② 수익이 없는 자산을 매입하였거나 현물출자를 받았거나 그 자산에 대한 비용을 부담한 경우

③ 출연금을 대신 부담한 경우

④ 그 밖의 자본거래로서 **불공정자본거래**[2]에 해당하는 경우

2) **불공정자본거래**는 자본거래로서 주주 등인 법인이 특수관계자인 다른 주주 등에게 이익을 분여한 경우 등을 말한다(법인령 88조 ① (8), (8)의 2).

연 습 문 제

용어 설명

1. 국제거래
2. 조세조약
3. 특수관계
4. 국외특수관계인
5. 국외지배주주
6. 제한세율

논술 문제

[1] 국제조세조정에 관한 법률의 의의, 목적과 규정사항에 대해 설명하시오.

[2] 국제조세조정에 관한 법률과 다른 법률과의 관계에 대해 설명하시오.

[3] 국제거래에 대한 실질과세에 대해 설명하시오.

객관식 문제

1. 다음은 「국제조세조정에 관한 법률」에서 사용하는 용어의 정의이다. 틀린 것은?

► 세무사 2000

① "국내사업장"이란 「소득세법」 제120조의 규정에 의한 비거주자의 국내사업장 및 「법인세법」 제94조의 규정에 의한 외국법인의 국내사업장을 말한다.

② "제한세율"이란 조세조약에 따라 체약상대국의 거주자 또는 법인에 대하여 과세할 수 있는 최저세율을 말한다.

③ "상호합의절차"란 조세조약의 해석이나 부당한 과세처분 또는 과세소득의 조정에 대하여 우리나라의 권한있는 당국과 체약상대국의 권한있는 당국간에 협의를 통하여 해결하는 절차를 말한다.

④ "정상가격"이란 거주자·내국법인 또는 국내사업장이 국외특수관계인이 아닌 자와의 통상적인 거래에서 적용되거나 적용될 것으로 판단되는 가격을 말한다.

⑤ "국외지배주주"란 내국법인 또는 외국법인의 국내사업장을 실질적으로 지배하는 외국의 주주·출자자 등을 말한다.

풀이 ② 제한세율은 조세조약에 따라 체약상대국의 거주자 또는 법인에 대하여 과세할 수 있는 최고세율을 말함.

정답 ②

제 3 장

국외특수관계인과의 거래에 대한 과세조정

CHAPTER 03 국외특수관계인과의 거래에 대한 과세조정

제 1 절 이전가격세제

다국적기업(多國籍企業)은 관계회사간에 재화·용역을 (국제)거래할 때 그 거래가격(이전가격)의 조작을 통해 **높은 세율이 적용되는 국가**에 진출한 기업의 **매출을 줄이고 낮은 세율이 적용되는 국가**에 진출한 기업의 **매출을 늘림**으로써 **관계회사 전체의 조세**(특히, 법인세) **부담을 최소화**하려 한다.[1] 이러한 **다국적기업의 조세회피행위**를 규제하고 과세권을 확보하기 위하여 도입된 제도가 **이전가격세제**(移轉價格稅制)이다.

이전가격(transfer price)은 **국외특수관계인과의 거래**에서 적용되는 가격을 말한다. **이전가격이 정상가격**(arm's length price)**과 다를 경우** 그 차이에 해당하는 소득이 특수관계자에게 부당하게 이전되고, 이것은 조세부담에도 영향을 미치게 된다. 따라서 대부분의 국가에서는 이전가격에 대해 규제하는 법률을 마련하고 있다.

이전가격과세제도는 **부당행위계산부인제도**(不當行爲計算否認制度)의 일종이다.[2]

---

1) 이전가격과 정상가격이 다를 경우 특정 실체에서 국외특수관계인으로 소득이 이전되나 그룹 전체의 소득에는 영향을 미치지 않는다. 그러나 특정 실체와 국외특수관계인이 속한 국가의 **법인세율**이 다르다면 그룹 전체가 부담하는 법인세가 다를 수 있기 때문에 다국적기업의 경우 전세계 조세부담을 최소화하기 위하여 이전가격을 조정하려 할 것이다.

2) **부당행위계산부인제도와 이전가격과세제도의 차이**를 요약하면 다음과 같다.
첫째, **부당행위계산부인제도**는 **거래의 부당성**(즉 조세의 부담을 부당히 감소시킬 목적)이 존 이전가격과세제도의 취지는 다국적기업의 관계회사간의 조작된 이전가격을 부인하고 **정상가격을 기준으로 소득금액을 계산**하려는 것이다. 또한 이전가격과세제도는 2개 국가 이상의 과세권과 관련되므로 관계 국가간의 협의과정을 통하여 과세권을 조정할 필요가 있다.

제 2 절 정상가격에 의한 과세조정

1. 정상가격에 의한 과세조정: 원칙

1.1 원칙: 이전가격세제의 적용

과세당국은 **거래당사자의 어느 한 쪽이 국외특수관계인인 국제거래**에서 그 **거래가격이 정상가격보다 낮거나 높은 경우**에는 **정상가격을 기준**으로 거주자(내국법인과 국내사업장을 포함)의 **과세표준 및 세액을 결정 또는 경정**할 수 있다. 다만, 정상가격 산출방법 중 동일한 정상가격 산출방법을 적용하여 둘 이상의 과세연도에 대하여 정상가격을 산출하고 그 정상가격을 기준으로 일부 과세연도에 대한 과세표준 및 세액을 결정하거나 경정하는 경우에는 나머지 과세연도에 대해서도 그 정상가격을 기준으로 과세표준 및 세액을 결정하거나 경정하여야 한다(국제법 4 ①).

1.2 이전가격세제의 적용배제

납세자가 다음의 **특수관계에 해당되지 아니한다는 명백한 사유를 제시한 경우**에는 **이전가격세제에 관한 규정**을 적용하지 아니한다(국제법 4 ②, 2 ①(8) 다 및 라).

① 자본의 출자관계, 재화·용역의 거래관계, 자금의 대여 등에 의하여 거래당사자 간에 공통의 이해관계가 있고 거래당사자의 어느 한쪽이 다른 쪽의 사업방침을 실질적으로 결정할 수 있는 관계

② 자본의 출자관계, 재화·용역의 거래관계, 자금의 대여 등에 의하여 거래당사자

재하는 경우에 적용하나, **이전가격과세제도**는 거래의 부당성(조세의 부담을 부당히 감소시킬 목적) 여부를 묻지 않고 **정상가격에서 벗어난 소득의 이전**이 발생하면 적용한다.

둘째, **부당행위계산부인제도**의 적용기준은 **시가**이나, **이전가격과세제도**의 적용기준은 **정상가격**이다.

자 간에 공통의 이해관계가 있고 제3자가 거래당사자 양쪽의 사업방침을 실질적으로 결정할 수 있는 경우 그 거래당사자 양쪽간의 관계

2. 제3자 개입거래의 특례: 이전가격세제의 적용

거주자가 **국외특수관계인이 아닌 자**와 국제거래를 할 때에도 그 거래가 다음의 각 요건을 모두 충족하는 경우에는 국외특수관계인과 국제거래를 한 것으로 보아 그 거래에 대하여 **이전가격세제에 관한 규정**(정상가격에 의한 과세조정과 정상가격의 산출방법 및 정상원가분담액 등에 의한 과세조정)을 적용한다(국제법 7).[3)]

① 거주자와 국외특수관계인간에 해당 거래에 대한 사전계약(거래와 관련된 증빙에 의하여 사전에 실질적인 합의가 있는 것으로 인정되는 경우를 포함)이 있을 것

② 거래조건이 해당 거주자와 국외특수관계인간에 실질적으로 결정될 것

3. 상계거래의 인정

과세당국은 국제거래 가격이 정상가격과 다른 경우에도 같은 국외특수관계인과의 **같은 과세연도 내의 다른 국제거래를 통하여 그 차액을 상계(相計)하기로 사전에 합의하고 거주자가 그 거래내용과 사실을 증명하는 때**에는 그 상계되는 모든 국제거래를 하나의 국제거래로 보아 **이전가격세제**에 관한 규정(정상가격에 의한 과세조정과 정상가격의 산출방법)을 적용한다(국제법 8 ①).

위의 규정에 따라 입증되는 상계거래에서 그 어느 하나의 거래가 「법인세법」상 외국법인에 대한 원천징수 특례 규정과 「소득세법」상 비거주자에 대한 원천징수 특례 규정에 따라 원천징수의 대상이 될 때에는 상계거래가 없는 것으로 보아 해당 원천징수규정을 적용한다(국제법 8 ②). [4)]

---

3) 이전가격세제가 거주자와 국외특수관계인과의 거래에 적용되는 이전가격에 대해 규제하고 있으므로, 이를 회피하기 위하여 **제3자를 개입시켜 거주자와 국외특수관계인이 간접적으로 거래하여 이전가격세제의 적용을 회피**할 수 있다. 이러한 문제를 보완하기 위하여 제3자가 개입된 거래도 일정한 조건을 충족하는 경우 거주자와 국외특수관계인과 국제거래를 한 것으로 보아 그 거래에 대해 **이전가격세제**에 관한 규정을 적용한다.

4) 원천징수대상거래를 상계거래로 인정하면 과세권이 상실되는 문제가 발생하므로 원천징수 대상 소득에 대해서는 상계거래가 없는 것으로 보아 원천징수한다.

제 3 절 정상가격의 산출방법

1. 정상가격의 산출방법

정상가격은 다음의 각 방법 중 **가장 합리적인 방법**으로 계산한 가격으로 한다. 다만, (6)**의 방법**은 (1)**부터** (5)**까지의 방법으로 정상가격을 산출할 수 없는 경우**에만 적용한다(국제법 5 ①).

정상가격의 산출방법	비 고
① 비교가능 제3자 가격방법 ② 재판매가격방법 ③ 원가가산방법 ④ 이익분할방법 ⑤ 거래순이익률방법	정상가격은 ①부터 ⑤까지의 방법 중 가장 합리적인 방법에 따라 계산된 가격으로 함(①부터 ⑤까지의 방법은 우선순위가 없음)
⑥ 그 밖에 합리적이라고 인정되는 방법	**⑥의 방법**은 **①부터 ⑤까지의 방법으로 정상가격을 산출할 수 없는 경우에만 적용**함

1.1 비교가능 제3자 가격방법

비교가능 제3자 가격방법(comparable uncontrolled price method)은 거주자와 국외특수관계인간의 국제거래에서 그 거래와 유사한 거래상황에서 **특수관계가 없는 독립된 사업자간의 거래가격**을 정상가격으로 보는 방법을 말한다(국제법 5 ①(1)).

정상가격 = 제3자간의 거래가격

[유형 1]

① 국외특수관계인 → A재화의 수입 10,000원 → 내국법인

② 국외특수관계 없는 독립된 사업자 → A재화의 수입 7,000원 → 내국법인

③ 정상가격은 7,000원임

[유형 2]

①

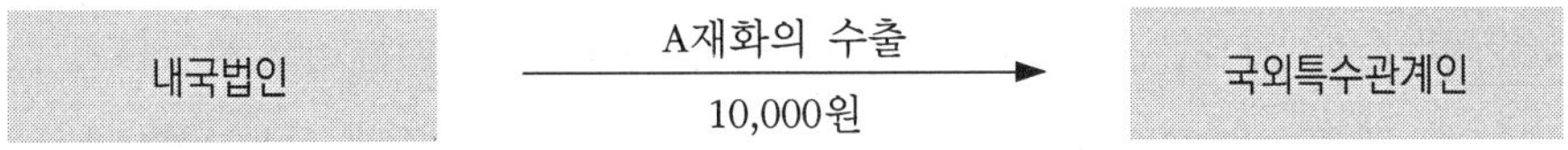

②

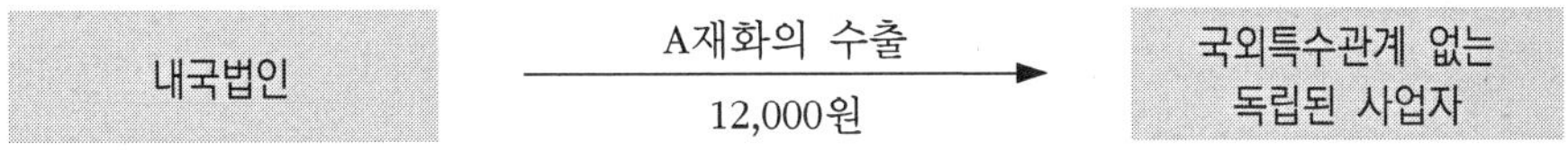

③ 정상가격은 12,000원임

1.2 재판매가격방법

재판매가격방법(resale price method)은 거주자와 국외특수관계인이 자산을 거래한 후 거래의 어느 한쪽인 그 자산의 구매자가 특수관계가 없는 자에게 다시 그 자산을 판매하는 경우 그 **판매가격에서 그 구매자의 통상의 이윤으로 볼 수 있는 금액을 뺀 가격**을 정상가격으로 보는 방법을 말한다(국제법 5 ①(2)).

> 정상가격 = 재판매가격 - 통상이윤
> = 재판매가격 - 재판매가격 × 통상이익률
> = 재판매가격 × (1 - 매가기준 통상이익률)

①

② 내국법인의 매가기준 통상이익률: 20%(가정)

③ 정상가격 = 10,000원 × (1 − 20%) = 8,000원

구매자의 통상의 이윤은 구매자가 특수관계가 없는 자에게 자산을 판매한 금액에 판매기준 통상이익률을 곱하여 계산한 금액으로 한다. 이 경우 **판매기준 통상이익률**은 구매자와 특수관계가 없는 자의 거래 중 해당 거래와 수행된 기능, 사용된 자산 및 부담한 위험의 정도가 유사한 거래에서 실현된 매출총이익률로 한다(국제령 8 ①). 따라서 재판매가격방법은 **국외특수관계인으로부터 매입한 거래**에 적용되는 방법임을 알 수 있다.

1.3 원가가산방법

원가가산방법(cost plus method)은 거주자와 국외특수관계인간의 국제거래에서 자산의 제조·판매나 용역의 제공과정에서 발생한 **원가에 자산 판매자나 용역 제공자의 통상의 이윤으로 볼 수 있는 금액을 더한 가격**을 정상가격으로 보는 방법을 말한다(국제법 5 ①(3)).

> 정상가격 = 원가 + 통상이윤
> = 원가 + 원가 × 통상이익률
> = 원가 × (1 + 원가기준 통상이익률)

① 매출처 —10,000→ 내국법인 —11,000→ 국외특수관계인

② 내국법인의 원가기준 통상이익률: 20%(가정)

③ 정상가격＝10,000원×(1＋20%)＝12,000원

자산 판매자나 용역 제공자의 통상의 이윤은 다음 각 원가에 **원가기준 통상이익률**을 곱하여 계산한 금액으로 한다. 이 경우 원가기준 통상이익률은 자산 판매자 또는 용역 제공자와 특수관계가 없는 자의 거래 중 해당 거래와 수행된 기능, 사용된 자산 및 부담한 위험의 정도가 유사한 거래에서 발생한 원가에 대한 매출총이익의 비율로 한다(국제령 8 ②).

① 자산 판매자가 그 자산을 정상가격으로 구입·건설 또는 제조하는 데 소요되는 원가

② 용역 제공자가 그 용역을 제공하는 과정에서 정상가격에 의하여 발생한 원가

따라서 원가가산방법은 **국외특수관계인에게 판매한 거래**에 적용되는 방법임을 알 수 있다.

1.4 이익분할방법

이익분할방법(profit split method)[5]은 거주자(내국법인과 국내사업장을 포함)와 국외특수관계인간의 국제거래에 있어, 거래 쌍방이 함께 실현한 **거래순이익**[제3자와의

거래에서 실현한 매출액에서 매출원가 및 영업비용(판매와 일반관리비)을 차감한 금액]을 합리적인 **배부기준에 의하여 측정된 거래당사자들간의 상대적 공헌도에 따라 배부**(거래형태별로 거래당사자들의 적절한 기본수입을 우선 배부하는 경우를 포함)하고 이와 같이 **배부된 이익을 기초로 산출한 거래가격**을 정상가격으로 보는 방법을 말한다(국제법 5 ① (4)).

이익분할방법을 적용할 때에는 다음의 각 사항을 **고려**하여야 한다(국제령 4 ①).

① 거래 양쪽이 함께 실현한 거래순이익은 제3자와의 거래에서 실현한 매출액에서 매출원가 및 영업비용(판매비와 일반관리비를 말함)을 뺀 금액으로 한다.

② 합리적인 배부기준은 다음의 각 기준과 각 기준이 거래순이익의 실현에 미치는 중요도에 따라 측정한다.

㉠ 사용된 자산 및 부담한 위험을 고려하여 평가된 거래당사자가 수행한 기능의 상대적 가치

㉡ 영업자산, 유형·무형 자산 또는 사용된 자본

㉢ 연구·개발, 설계, 마케팅 등 핵심분야에 지출·투자된 비용

㉣ 그 밖에 판매증가량, 핵심분야의 고용인원 또는 노동투입시간, 매장규모 등 거래순이익의 실현과 관련하여 합리적으로 측정할 수 있는 배부기준

③ 거래순이익을 상대적 공헌도에 따라 배부할 때에는 거래형태별로 거래당사자들의 적절한 기본수입을 우선 배부하는 경우를 포함한다.

④ 상대적 공헌도는 유사한 상황에서 특수관계가 없는 독립된 사업자 간의 거래에 적용될 것으로 판단되는 배부기준에 따라 측정한다.

1.5 거래순이익률방법

거래순이익률방법(transactional net margin method)은 거주자와 국외특수관계인 간의 국제거래의 경우에서 거주자와 특수관계가 없는 자간의 거래 중 해당 거래와 **비슷한 거래**에서 실현된 **통상의 거래순이익률을 기초로 산출한 거래가격**을 정상가격으로 보는 방법을 말한다(국제법 5 ① (5)).

---

5) 이익분할방법은 거래 쌍방간의 거래순이익을 거래당사자간의 상대적 공헌도에 따라 배부하고 이렇게 배부된 이익을 기초로 산출된 거래가격을 정상가격으로 보는 방법이므로, 상대적 공헌도를 측정하는 것이 중요하다. 또한, 이익분할방법은 두 특수관계기업의 이익을 동시에 고려하므로 한 기입에 이익이 지나치게 많이 이전되는 것을 방지할 수 있는 방법이다.

거래순이익률방법을 적용할 때에는 다음의 각 사항을 **고려**하여야 한다(국제령 4 ②).

① 통상의 거래순이익률은 다음 각 사항을 기초로 산출한다.

㉠ 매출에 대한 거래순이익의 비율

㉡ 자산에 대한 거래순이익의 비율

㉢ 매출원가 및 영업비용에 대한 거래순이익의 비율

㉣ 영업비용에 대한 매출총이익(거래순이익과 영업비용을 합산한 것을 말함)의 비율

㉤ 그 밖에 합리적이라고 인정될 수 있는 거래순이익률

② 거주자(내국법인과 국내사업장을 포함)가 거주자와 국외특수관계인간의 국제거래와 비슷한 거래를 특수관계가 없는 자와는 한 적이 없는 경우에는 다음의 각 거래 중 해당 거래의 조건과 상황이 비슷한 거래의 거래순이익률을 사용할 수 있다.

㉠ 국외특수관계인과 특수관계가 없는 자 간의 거래

㉡ 특수관계가 없는 제3자 간의 거래

1.6 그 밖에 합리적이라고 인정되는 방법

그 밖에 합리적이라고 인정되는 방법은 위의 산출방법 외에 **거래의 실질 및 관행에 비추어 합리적이라고 인정되는 방법**(일정한 방법[6]을 포함)을 말한다(국제법 5 ① (6), 국제령 4 ③).

2. 정상가격의 적용순위

2.1 정상가격 산출방법의 선택

정상가격을 산출할 때에는 다음 각 기준을 고려하여 **가장 합리적인 방법을 선택**하여야 한다(국제령 5 ①).

① 특수관계가 있는 자간의 국제거래와 특수관계가 없는 자간의 거래 사이에 비교

---

6) **일정한 방법**: 거주자와 국외특수관계인 간 지급보증 용역거래의 가격에 대한 정상가격 산출방법은 다음의 어느 하나에 해당하는 방법으로 한다(국제령 6의 2 ③).

① 보증인의 예상 위험과 비용을 기초로 하여 정상가격을 산출하는 방법

② 피보증인의 기대편익을 기초로 하여 정상가격을 산출하는 방법

③ 보증인의 예상 위험 및 비용과 피보증인의 기대편익을 기초로 하여 정상가격을 산출하는 방법

가능성이 높을 것. 이 경우 **비교가능성이 높다**는 것은 다음의 어느 하나에 해당하는 경우를 말한다.

㉠ 비교되는 상황간의 차이가 비교되는 거래의 가격이나 순이익에 중대한 영향을 주지 아니하는 경우

㉡ 비교되는 상황간의 차이가 비교되는 가격이나 순이익에 중대한 영향을 주는 경우에도 그 영향에 의한 차이를 제거할 수 있는 합리적 조정이 가능한 경우

비교가능성이 높은지를 평가하는 경우에는 가격이나 이윤에 영향을 미칠 수 있는 재화나 용역의 종류 및 특성, 사업활동의 기능, 거래에 수반되는 위험, 사용되는 자산, 계약 조건, 경제 여건, 사업전략 등의 요소에 관하여 분석하여야 한다[7](국제령 5 ②).

② 사용되는 자료의 확보·이용 가능성이 높을 것

③ 특수관계가 있는 자간의 국제거래와 특수관계가 없는 자간의 거래를 비교하기 위하여 설정된 경제여건, 경영환경 등에 대한 가정이 현실에 부합하는 정도가 높을 것

④ 사용되는 자료 또는 설정된 가정의 결함이 산출된 정상가격에 미치는 영향이

---

7) **비교가능성이 높은지를 평가하는 경우**에는 다음 각 사항을 분석하여야 한다(국제칙 2 ①).

① 재화나 용역의 종류 및 특성

㉠ 유형재화의 거래인 경우: 재화의 물리적 특성, 품질 및 신뢰도, 공급 물량·시기 등 공급 여건

㉡ 용역의 제공인 경우: 제공되는 용역의 특성 및 범위

㉢ 무형자산의 거래인 경우: 거래 유형(사용허락 또는 판매 등), 자산의 형태(특허권, 상표권, 노하우 등), 보호기간과 보호 정도, 자산 사용으로 인한 기대편익

② 사업활동의 기능: 설계, 제조, 조립, 연구·개발, 용역, 구매, 유통, 마케팅, 광고, 운송, 재무 및 관리 등 수행하고 있는 핵심 기능

③ 거래에 수반되는 위험: 제조원가 및 제품가격 변동 등 시장의 불확실성에 따른 위험, 유형자산에 대한 투자·사용 및 연구·개발 투자의 성공 여부 등에 따른 투자위험, 환율 및 이자율 변동 등에 따른 재무위험, 매출채권 회수 등과 관련된 신용위험

④ 사용되는 자산: 자산의 유형(유형자산·무형자산 등)과 자산의 특성(내용연수, 시장 가치, 사용 지역, 법적 보호장치 등)

⑤ 계약 조건: 거래에 수반되는 책임, 위험, 기대편익 등이 거래당사자 간에 배분되는 형태(사실상의 계약관계를 포함)

⑥ 경제 여건: 시장 여건(시장의 지리적 위치, 시장 규모, 도매·소매 등 거래단계, 시장의 경쟁 정도 등)과 경기 순환변동의 특성(경기·제품 주기 등)

⑦ 사업전략: 시장침투, 기술혁신 및 신제품 개발, 사업 다각화, 위험 회피 등 기업의 전략

적을 것

⑤ 특수관계가 있는 자간의 거래와 정상가격 산출방법의 적합성이 높을 것[8]. 적합성이 높은지를 평가하는 경우에는 특수관계 거래에서 가격·이윤 또는 거래순이익 중 어느 지표가 산출하기 쉬운지 여부, 특수관계 거래를 구별하는 요소가 거래되는 재화나 용역인지 또는 수행되는 기능의 특성인지 여부, 거래순이익률방법 적용 시 거래순이익률 지표와 영업활동의 상관관계 등에 관하여 분석하여야 한다(국제령 5 ③).

과세당국은 특수관계가 없는 자간의 거래가 거래 당사자에 의하여 임의로 조작되어 정상적인 거래로 취급될 수 없는 경우에는 그 거래를 비교가능한 거래로 선택하지 아니할 수 있다(국제령 5 ⑤).

2.2 정상가격산출방법의 보완

가장 합리적인 방법을 선택하여 정상가격을 산출하는 경우에는 납세자의 사업환경 및 특수관계 거래 분석, 내부 및 외부의 비교가능한 거래에 대한 자료수집, 정상가격 산출방법의 선택 및 가격·이윤 또는 거래순이익 산출, 비교가능한 거래의 선

8) **적합성이 높은지를 평가하는 경우**에는 다음 각 구분에 따른 사항을 고려하여 분석하여야 한다(국제칙 2 ②).

① 비교가능 제3자 가격방법을 적용할 경우: 비교대상 재화나 용역간에 동질성이 있는지 여부. 이 경우 거래 시기, 거래 시장, 거래 조건, 무형자산의 사용 여부 등에 따른 차이는 합리적으로 조정될 수 있어야 한다.

② 재판매가격방법을 적용할 경우: 분석대상 당사자가 중요한 가공기능 또는 제조기능 없이 판매 등을 하는지 여부. 이 경우 거래되는 재화나 용역의 특성보다는 분석대상 당사자와 비교가능 대상간에 기능상 동질성이 있는지를 우선적으로 고려하여야 하며, 고유한 무형자산(상표권이나 고유한 마케팅 조직 등)의 사용 등에 따른 차이는 합리적으로 조정될 수 있어야 한다.

③ 원가가산방법을 적용할 경우: 특수관계인간에 반제품 등의 중간재가 거래되거나 용역이 제공되는지 여부. 이 경우 분석대상 당사자와 비교가능 대상간에 기능상 동질성이 있는지를 우선적으로 고려하되, 분석대상 당사자와 비교가능 대상 사이에서 비교되는 총이익은 원가와의 관련성이 높고 동일한 회계기준에 따라 측정될 수 있어야 한다.

④ 이익분할방법을 적용할 경우: 특수관계인 양쪽이 특수한 무형자산 형성에 관여하는 등 고도로 통합된 기능을 수행하는 경우에 특수관계가 없는 독립된 당사자 사이에서도 각자의 기여에 비례하여 그 이익을 분할하는 것이 합리적으로 기대되는지 여부

⑤ 거래순이익률방법을 적용할 경우: 거래순이익률 지표와 영업활동의 상관관계가 높은지 여부. 이 경우 그 밖의 정상가격 산출방법보다 더 엄격하게 특수관계 거래와 비교가능 거래의 유사성이 확보될 수 있거나 비교되는 상황 간의 차이가 합리적으로 조정될 수 있어야 한다.

정 및 합리적인 차이 조정 등의 분석절차를 통하여 정상가격을 결정하여야 한다(국제령 6 ①).[9)]

정상가격 산출방법을 적용할 때 **개별 거래들이 서로 밀접하게 연관되거나 연속되어 있어 거래별로 구분하여 가격·이윤 또는 거래순이익을 산출하는 것이 합리적이지 아니할 경우**에는 개별 거래들을 통합하여 평가할 수 있다(국제령 6 ⑧).[10)]

정상가격 산출방법을 적용할 때 **경제적 여건이나 사업전략 등의 영향이 여러 해에 걸쳐 발생함으로써 해당 사업연도의 자료만으로 가격·이윤 또는 거래순이익을 산출하는 것이 합리적이지 아니할 경우**에는 여러 사업연도의 자료를 사용할 수 있다(국제령 6 ⑨).[11)]

---

9) 이 규정에 따라 **정상가격을 결정하는 경우의 분석절차**는 다음 각 순서에 따른다. 다만, 그 밖에 합리적이라고 인정될 만한 분석절차가 있는 경우 그 분석절차를 적용할 수 있다(국제칙 2의 2 ①).
   ① 분석대상 연도의 선정
   ② 사업 환경 분석: 산업, 경쟁, 규제 요소 등 거래와 관련된 일반적인 사업 환경 분석
   ③ 특수관계 거래 분석: 국내외 분석대상 당사자, 적합한 정상가격 산출방법의 선택, 핵심적인 비교가능성 분석요소의 식별 등을 위한 분석
   ④ 내부의 비교가능한 거래에 대한 자료 수집과 검토: 분석대상 당사자가 특수관계 없는 독립된 사업자와 한 거래의 자료 수집과 이에 대한 분석
   ⑤ 외부의 비교가능한 거래에 대한 자료 수집과 검토: 특수관계가 없는 제3자간의 거래를 파악하기 위한 상업용 데이터베이스 등 이용 가능한 자료의 수집 및 특수관계 거래와의 관련성 분석
   ⑥ 가장 합리적인 정상가격 산출방법의 선택 및 선택된 산출방법에 따라 요구되는 재무지표(거래순이익률 지표를 포함)의 선정
   ⑦ 비교가능한 거래의 선정: 비교가능성 분석요소를 바탕으로, 독립된 제3자 거래가 비교가능한 거래로 선정되기 위하여 갖추어야 할 특성을 검토하여 선정
   ⑧ 합리적인 차이 조정: 회계기준, 재무정보, 수행한 기능, 사용된 자산, 부담한 위험 등 특수관계 거래와 독립된 제3자 거래간의 가격 및 이윤 등에 실질적인 차이를 유발하는 요인들의 합리적인 조정
   ⑨ 수집된 자료의 해석 및 정상가격의 결정

10) **거래별로 구분하여 가격·이윤 또는 거래순이익을 산출하는 것이 합리적이지 아니할 경우**는 다음 각 경우로 한다(국제칙 2의 2 ②).
   ① 제품라인이 같은 경우 등 서로 밀접하게 연관된 제품군인 경우
   ② 제조기업에 노하우를 제공하면서 핵심 부품을 공급하는 경우
   ③ 특수관계인을 이용한 우회거래인 경우
   ④ 한 제품의 판매가 다른 제품의 판매와 직접 관련되어 있는 경우(프린터와 토너, 커피제조기와 커피 캡슐 등)
   ⑤ 그 밖에 거래의 실질 및 관행에 비추어 개별 거래들을 통합하여 평가하는 것이 합리적이라고 인정되는 경우

11) **해당 사업연도의 자료만으로 가격·이윤 또는 거래순이익을 산출하는 것이 합리적이지 아니할 경우**는 다음 각 경우로 한다(국제칙 2의 2 ③).

3. 용역의 정상가격

3.1 용역거래의 경우 정상가격

거주자와 국외특수관계인간의 **용역거래**(경영관리, 금융자문, 지급보증, 전산지원 및 기술지원, 그 밖에 사업상 필요하다고 인정되는 용역의 거래를 말함)**의 가격이 다음 각 요건을 모두 충족하는 용역거래의 가격인 경우**에는 그 거래가격을 정상가격으로 보아 손금(損金)으로 인정한다(국제령 6의 2 ①).

① 용역 제공자가 사전에 약정을 체결하고 그 약정에 따라 용역을 실제로 제공할 것

② 용역을 제공받은 자가 제공받은 용역으로 인하여 추가적으로 수익이 발생하거나 비용이 절감되기를 기대할 수 있을 것

③ 제공받은 용역의 대가가 정상가격 산출방법에 따라 산정될 것. 이 경우 원가가산방법 또는 거래순이익률방법인 경우에는 다음 각 기준에 따라 산정한다.

㉠ 발생한 원가에는 그 용역 제공을 위하여 직접 또는 간접으로 발생한 비용 모두를 포함시킬 것

㉡ 용역 제공자가 그 용역을 수행하기 위하여 제3자에게 그 용역의 일부 또는 전부를 대행하여 수행할 것을 의뢰하고 대금을 한꺼번에 지급한 후 이에 대한 비용을 용역을 제공받는 자에게 재청구하는 경우 용역 제공자는 자신이 그 용역과 관련하여 직접 수행한 활동으로부터 발생한 원가에 대해서만 통상의 이윤을 더할 것. 다만, 용역의 내용과 거래 상황 및 관행에 비추어 합리적이라고 인정되는 경우에는 그러하지 아니하다.

④ ①부터 ③까지의 사실을 증명하는 문서를 보관·비치하고 있을 것

3.2 적용배제

위 규정에도 불구하고 용역을 제공받는 자가 제공받는 용역과 같은 용역을 다른 특수관계인이 자체적으로 수행하고 있거나 특수관계가 없는 자가 다른 특수관계인을

---

① 시장 침투전략, 제품 수명 주기를 고려한 판매전략 등 사업전략이 여러 사업연도에 걸쳐 제품의 가격에 영향을 미치는 경우

② 경기 변동 등 경제 여건의 변화에 따른 효과가 여러 사업연도에 걸쳐 제품의 가격에 영향을 미치는 경우

③ 그 밖에 거래의 실질 및 관행에 비추어 여러 사업연도의 자료를 사용하는 것이 합리적이라고 인정되는 경우

위하여 제공하고 있는 경우에는 3.1에 따른 **용역거래**로 보지 아니한다. 다만, 사업 및 조직구조의 개편, 구조조정 및 경영의사 결정의 오류를 줄이는 등의 합리적인 사유로 일시적으로 중복된 용역을 제공하는 경우에는 3.1에 따른 **용역거래**로 본다(국제령 6의 2 ②).

3.3 지급보증 용역거래의 경우 정상가격

(1) 정상가격 산출방법

거주자와 국외특수관계인간 지급보증 용역거래의 가격에 대한 정상가격 산출방법은 다음의 어느 하나에 해당하는 방법으로 한다(국제령 6의 2 ③).

① 보증인의 예상 위험과 비용을 기초로 하여 정상가격을 산출하는 방법
② 피보증인의 기대편익을 기초로 하여 정상가격을 산출하는 방법
③ 보증인의 예상 위험 및 비용과 피보증인의 기대편익을 기초로 하여 정상가격을 산출하는 방법

(2) 정상가격으로 보는 경우

위의 (1)을 적용할 때 거주자가 다음의 어느 하나에 해당하는 금액을 지급보증 용역거래에 대한 가격으로 적용한 경우에는 이를 정상가격으로 본다(국제령 6의 2 ④).

① 지급보증계약 체결 당시 해당 금융회사가 산정한 지급보증 유무에 따른 이자율 차이를 근거로 하여 산출한 수수료의 금액(해당 금융회사가 작성한 이자율 차이 산정 내역서에 의해 확인되는 것에 한정함)
② 피보증인의 기대편익을 기초로 하여 정상가격을 산출하는 방법으로서 국세청장이 정하는 바에 따라 산출한 수수료의 금액

제 4 절 정상가격 산출방법의 제출

1. 정상가격 산출방법에 대한 신고

거주자는 **가장 합리적인 정상가격 산출방법을 선택하고, 선택된 방법 및 이유**를 과세표준 및 세액의 확정신고시 납세지 관할세무서장에게 **제출**하여야 한다. 다만, 해당 사업연도

국제거래 금액이 **다음의 어느 하나에 해당하는 경우**에는 **그러하지 아니하다**(국제령 7 ①).

① **전체 재화거래 금액의 합계가 50억원 이하**이고 **용역거래 금액의 합계가 10억원 이하**인 경우

② **국외특수관계인별 재화거래 금액의 합계가 10억원 이하**이고 **용역거래 금액의 합계가 2억원 이하**인 경우

2. 정상가격에 의한 거래가격의 조정

거주자는 실제거래가격이 정상가격 산출방법을 적용하여 산출한 정상가격과 다른 경우에는 정상가격을 거래가격으로 보아 조정한 과세표준 및 세액을 다음의 어느 하나에 해당하는 기한까지 「거래가격조정신고서」를 첨부하여 **신고**하거나 **경정청구**할 수 있다(국제령 7 ②).

①「소득세법」 또는「법인세법」에 따른 (확정)신고기한

②「국세기본법」에 따른 수정신고기한

③「국세기본법」에 따른 경정청구기한

거주자는 **국제거래명세서 등의 제출기한 연장을 위한 사유**(자료제출을 요구받은 자가 화재·재난 및 도난 등의 사유로 자료를 제출할 수 없는 경우 등)[12]로 정상가격 산출방법 및 이유를 과세표준 및 세액의 확정신고 시 제출할 수 없는 경우에 제출기한 15일 전까지 「제출기한 연장신청서」에 따라 **제출기한의 연장**을 납세지 관할세무서장에게 **신청**할 수 있다(국제령 7 ③, 21).[13]

---

12) **국제거래명세서 등의 제출기한 연장을 위한 사유**는 다음의 어느 하나에 해당하는 경우를 말한다(국제령 21).
① 화재·재난 및 도난 등의 사유로 자료를 제출할 수 없는 경우
② 사업이 중대한 위기에 처하여 자료를 제출하기 매우 곤란한 경우
③ 관련 장부·서류가 권한 있는 기관에 압수되거나 영치된 경우
④ 국외특수관계인의 과세연도 종료일이 도래하지 아니한 경우
⑤ 자료의 수집·작성에 상당한 기간이 걸려 기한까지 자료를 제출할 수 없는 경우
⑥ ①부터 ⑤까지에 준하는 사유가 있어 기한까지 자료를 제출할 수 없다고 판단되는 경우

13) 제출기한의 연장신청을 받은 납세지 관할세무서장은 1년의 범위에서 그 제출기한 연장의 승인 여부를 결정하여 연장 신청이 접수된 날부터 7일 이내에 연장 여부를 신청인에게 통지하여야 한다. 이 경우 7일 이내에 통지를 하지 아니한 경우에는 연장을 신청한 기한까지 제출기한이 연장된 것으로 본다(국제령 7 ④).

제 5 절 정상가격 산출방법의 사전승인

1. 사전승인

사전승인은 미국의 사전가격합의제도(APA : advance pricing agreement)와 유사하나, 미국은 합의제도인 반면 우리나라는 **승인제도**라는 차이가 있다.

정상가격 산출방법의 **사전승인제도**는 납세의무자가 향후 특수관계자와의 거래에 적용하려는 정상가격의 산출방법에 관하여 국세청장의 사전승인을 얻는 제도를 말한다.

이전가격과 정상가격이 일치하는지 여부에 대한 판단은 주관적이기 때문에 납세자와 과세당국의 의견이 일치하기가 쉽지 않다. 따라서, 세법에서는 정상가격 산출방법을 제출하도록 하고, 정상가격산출방법을 사전에 승인받도록 하고 있다. 이와 같은 사전승인제도는 납세자와 과세당국간의 마찰소지를 줄여줄 뿐만 아니라 과세의 안정성을 제공할 수 있다.[14)]

2. 사전승인, 승인신청기한 및 기한연장

2.1 사전승인의 신청(거주자의 신청)

거주자는 일정 기간의 과세연도에 대하여 정상가격 산출방법을 적용하려는 경우에는 그 정상가격 산출방법을 적용하려는 일정 기간의 과세연도 중 **최초의 과세연도 종료일**까지 국세청장에게 승인신청을 할 수 있다(국제법 6 ①).

2.2 사전승인(국세청장의 승인)

(1) 상호합의절차에 의한 사전승인

국세청장은 거주자가 정상가격 산출방법에 대한 승인을 신청하는 경우 체약상대

---

14) 이전가격세제에서는 거주자가 과실이 없는 한 이전가격에 대해 과세당국이 과세표준과 세액을 결정 또는 경정할 경우 가산세 규정을 적용하지 않는다.
또한, 정상가격산출방법의 사전승인을 얻는 경우 거주자(내국법인 및 국내사업장 포함)에게 과실이 없는 것으로 보기 때문에 거주자는 자발적으로 정상가격산출방법의 사전승인을 받을 유인이 있다.

국의 권한 있는 당국과의 상호합의절차를 거쳐 합의하였을 때에는 정상가격 산출방법을 승인할 수 있다(국제법 6 ② 본문).

(2) 일방적인 사전승인

국세청장은 다음의 어느 하나의 **사유**에 해당하는 경우에는 상호합의절차를 거치지 아니하고 정상가격 산출방법을 사전승인(**일방적 사전승인**)할 수 있다(국제법 6 ② 단서, 국제령 11의2 ①).

① 납세자가 정상가격 산출방법의 사전승인 신청시 상호합의절차를 요구하지 아니하는 경우

② 일정한 사유[15]로 정상가격 산출방법의 상호합의절차가 중단된 경우(국제령 11 ⑦)

이 경우 국세청장은 상호합의절차가 개시되는 경우에는 일방적 사전승인이 취소될 수 있다는 내용의 조건을 붙일 수 있다(국제령 11의2 ②).

국세청장은 신청인이 일방적 사전승인을 신청하는 경우에는 신청일부터 2년 이내에 사전승인 여부를 결정하여야 한다(국제령 11의 2 ④).

(3) 수정신고 또는 경정청구

정상가격 산출방법의 사전승인을 받은 거주자는 수정신고 또는 경정청구를 하여야 한다(국제령 11의2 ⑥).

2.3 사전승인의 소급적용 승인

국세청장은 거주자가 승인신청 대상기간 이전의 과세연도에 대하여 정상가격 산출방법을 소급하여 적용하여 줄 것을 신청하는 때에는 **승인신청 대상기간 직전의 5년 이내**에서 소급하여 적용하도록 승인할 수 있다. 다만, 일방적 사전승인의 경우에 정상가격 산출방법을 소급하여 적용하여 줄 것을 신청하는 때에는 **승인신청 대상기간 직전의 3년 이내**에서 소급하여 적용하도록 승인할 수 있다(국제법 6 ③).

---

15) (**일정한 사유**는 다음의 경우를 말하며) 국세청장은 다음의 어느 하나에 해당하는 경우에는 15일 이내에 상호합의절차의 중단을 신청인에게 통지하여야 한다(국제령 11 ⑦).

① 사전승인 신청 접수일부터 3년이 지날 때까지 상호합의가 이루어지지 아니하여 국세청장이 직권으로 상호합의절차를 중단하는 경우

② 상호합의절차에 의한 합의가 불가능하여 체약상대국과 상호합의절차를 종료하기로 한 경우

2.4 승인내용에 따른 보고서 제출

거주자는 **사전승인절차**에 따라 정상가격산출방법이 승인된 경우에는 이에 따라 산출된 정상가격 및 그 산출과정 등이 포함된 보고서를 국세청장에게 제출하여야 한다(국제법 6 ⑤).

2.5 승인된 방법의 준수

국세청장과 거주자는 정상가격산출방법이 승인된 경우에는 그 승인된 방법을 준수하여야 한다. 다만, 다음의 어느 하나에 해당하는 경우에는 그러하지 아니하다(국제법 6 ④, 국제령 13 ①).

① 「사전승인신청서」 또는 「연례보고서」의 중요한 부분이 제출되지 아니하거나 거짓으로 작성된 경우
② 거주자가 사전승인내용 또는 그 조건을 준수하지 아니한 경우
③ 사전승인된 정상가격산출방법의 전제가 되는 조건이나 가정의 중요한 부분이 실현되지 아니한 경우
④ 관련 법령 또는 조세조약이 변경되어 사전승인내용이 적절하지 아니하게 된 경우

2.6 사전승인의 취소·철회 및 변경신청

국세청장은 **2.5의 ①부터 ④까지의 어느 하나에 해당하는 경우**에는 사전승인을 **취소**하거나 **철회**할 수 있다(국제령 13 ②).

거주자는 **2.5의 ③ 또는 ④에 해당하는 경우**에는 그 사유가 발생한 과세연도의 과세표준 및 세액의 확정신고기한까지 해당 과세연도를 포함한 그 이후의 잔여대상기간에 대하여 처음 사전승인내용의 **변경**을 신청할 수 있다(국제령 13 ③).

2.7 사전승인신청 대상기한

정상가격산출방법의 사전승인신청 대상기간은 납세자가 정상가격 산출방법의 사전승인을 받으려는 기간으로 한다(국제령 9 ③).

2.8 연례보고서의 제출

거주자는 **정상가격산출방법의 사전승인을 얻은 경우**에는 매년 소득세 확정신고기한 또는 법인세 신고기한까지 납세지 관할세무서장에게 승인내용을 반영하여 신고하여야 하며, 그 신고기한의 다음 날부터 6개월 이내에 국세청장에게 「연례보고서」 4부를 제출[국세정보통신망(「국세기본법」에 따른 국세정보통신망을 말함)을 활용한 제출을 포함]하여야 한다(국제령 12 ①).

3. 국세의 정상가격 산출방법과 관세의 과세가격 결정방법의 사전조정

3.1 사전조정 신청

국세의 정상가격 산출방법에 대하여 사전승인(일방적 사전승인의 대상인 경우에 한정함)을 신청하는 거주자는 「관세법」에 따른 관세 과세가격 결정방법의 사전심사(**관세가격 사전심사**)를 국세청장에게 동시에 신청할 수 있다. 이 경우 국세청장은 관세청장과 협의하여 국세의 정상가격과 관세의 과세가격을 사전에 조정(**사전조정**)하여야 한다(국제법 6의 3 ①).

3.2 사전조정의 대상

사전조정의 대상은 국세의 정상가격 산출방법과 관세의 과세가격 결정방법이 유사한 경우로서 해당 물품에 대한 국세의 정상가격 산출방법이 아래 '(1)'의 어느 하나에 해당하는 방법에 따른 경우로서 그 물품에 대한 관세의 과세가격 결정방법이 '(2)'의 어느 하나에 해당하는 방법에 따른 경우로 한정한다(국제법 6의 3 ②).

(1) 국세의 정상가격 산출방법

① 비교가능 제3자 가격방법
② 재판매가격방법
③ 원가가산방법

(2) 관세의 과세가격 결정방법

① 「관세법」에 따른 동종·동질물품의 거래가격을 기초로 한 과세가격의 결정방법

② 「관세법」에 따른 유사물품의 거래가격을 기초로 한 과세가격의 결정방법
③ 「관세법」에 따른 국내판매가격을 기초로 한 과세가격의 결정방법
④ 「관세법」에 따른 산정가격을 기초로 한 과세가격의 결정방법

3.3 사전조정 절차

(1) 관세청장 등에 대한 통지

사전조정을 하는 국세청장은 관세청장에게 관세가격 사전심사 신청서류를 첨부하여 신청을 받은 사실을 통보하고, 관세청장과 정상가격 산출방법, 과세가격 결정방법 및 사전조정 가격의 범위에 대하여 협의하여 결정하여야 한다(국제법 6의 3 ③). 국세청장은 사전조정의 결과를 사전조정을 신청한 자와 기획재정부장관에게 통보하여야 한다(국제법 6의 3 ④).

(2) 신청자에 대한 통지

국세청장은 사전조정 신청을 받은 날부터 90일 이내에 사전조정 절차를 시작할 것인지를 신청자에게 통지하여야 한다. 이 경우 국세청장은 사전조정 대상에 해당하지 아니하는 등의 사유로 사전조정 절차를 시작할 수 없으면 그 사유를 함께 통지하여야 한다(국제령 14의 8 ①).

신청자는 사전조정 절차를 시작할 수 없다는 통지를 받은 경우에는 그 통지를 받은 날부터 30일 이내에 일방적 사전승인 절차와 「관세법」에 관한 사전심사를 따로 진행할 것인지를 국세청장에게 통지할 수 있다. 이 경우 국세청장은 그 통지받은 사항을 지체 없이 관세청장에게 알려야 한다(국제령 14의 8 ①).

제 6 절 정상원가분담액 등에 의한 과세조정

1. 무형자산 공동개발시 과세조정

1.1 무형자산을 공동개발하기 위한 정상원가분담액 등의 산정

과세당국은 거주자가 국외특수관계인과 **무형자산**을 공동으로 개발 또는 확보(공

동개발)하기 위하여 사전에 원가·비용·위험(**원가 등**)의 분담에 대한 약정을 체결하고 이에 따라 공동개발하는 경우 거주자의 **원가 등의 분담액이 정상원가분담액보다 적거나 많을 때**에는 **정상원가분담액을 기준**으로 거주자의 원가 등의 분담액을 조정하여 거주자의 **과세표준과 세액을 결정 또는 경정**할 수 있다(국제법 6의 2 ①).

1.2 무형자산

무형자산은 다음의 어느 하나에 해당하는 것으로 한다(국제령 14의 2 ①).

① 다음의 어느 하나에 해당하는 것

㉠ 「특허법」에 따른 특허권

㉡ 「실용신안법」에 따른 실용신안권

㉢ 「디자인보호법」에 따른 디자인권

㉣ 「상표법」에 따른 상표권 또는 서비스표권

㉤ 「저작권법」에 따른 저작권

② 그 밖에 설계, 모형 및 노하우 등의 무형자산으로서 그 자체로 사용되거나 다른 사람에게 이전 또는 사용을 허락할 수 있는 것

1.3 정상원가부담액

정상원가분담액은 거주자가 국외특수관계인이 아닌 자와의 통상적인 원가·비용 및 위험부담(원가 등)의 분담에 대한 **약정**에서 적용되거나 적용될 것으로 판단되는 분담액으로서, **무형자산의 개발을 위한 원가 등을 그 무형자산에 대한 기대편익에 비례하여 배분한 금액**으로 한다. 다만, 정상원가분담액에서 원가 등의 분담 약정 참여자가 소유한 무형자산의 사용대가와 분담액 차입시 발생하는 지급이자는 **제외**한다(국제령 14의 2 ②).

정상원가분담액은 **그에 대한 약정을 체결하고 원가 등을 분담한 경우**에만 거주자의 과세소득금액 계산시 이를 **손금**으로 산입한다(국제령 14의 2 ③).

2. 무형자산의 공동개발 후 과세조정

2.1 기대편익의 변경시 과세표준과 세액의 결정 등

과세당국은 거주자가 국외특수관계인과 공동개발한 무형자산에 대하여 적정하게 원가를 배분하여 각 참여자의 지분을 결정한 후 공동개발한 무형자산으로부터 기대

되는 편익(**기대편익**)이 처음 약정 체결시 예상한 총기대편익 중 거주자의 기대편익이 무형자산 개발 후 실현되는 기대편익과 비교하여 그 비율이 **20% 이상 증가하거나 감소한 경우**에는 원래 결정된 각 참여자의 지분을 변동된 기대편익을 기준으로 조정하여 거주자의 과세표준과 세액을 결정 또는 경정할 수 있다(국제법 6의 2 ②, 국제령 14의 4 ①).[16)]

과세당국이 거주자의 과세표준 및 세액을 결정하거나 경정하려는 경우에는 무형자산을 공동개발한 날이 속하는 과세연도에 대한 과세표준 신고기한의 다음 날부터 5년을 초과하여 거주자의 과세표준과 세액을 조정할 수 없다(국제령 14의 4 ④).

2.2 기대편익의 범위와 산정방법

기대편익은 무형자산으로부터 기대되는 다음의 어느 하나에 해당하는 편익으로 한다(국제령 14의 3 ①).

① 원가의 절감

② 무형자산의 활용으로 인한 다음의 어느 하나에 해당하는 것의 증가

㉠ 매출액

㉡ 영업이익

㉢ 사용량, 생산량 또는 판매량

기대편익은 무형자산의 공동개발 후 실현될 것으로 추정되는 위의 각 편익을 사용하여 산정한다(국제령 14의 3 ②).

3. 중도 참여자 또는 중도 탈퇴자의 대가 수수에 대한 과세표준 결정

과세당국은 원가 등의 분담에 대한 약정에 새로 참여하거나 중도에 탈퇴하는 자가 그가 참여함으로써 얻게 되는 기대편익의 대가나 탈퇴함으로써 다른 참여자가 얻게 되는 기대편익의 대가를 받은 경우 그 대가가 정상가격에 미치지 못하거나 초과할

---

16) 위 규정에 따라 참여자인 거주자의 지분을 조정하는 경우에는 거주자가 부담한 총원가 등의 분담액을 조정된 거주자의 지분에 따라 다시 계산하여 초과 부담한 원가 등의 분담액은 그 변동이 발생한 사업연도의 과세표준을 계산할 때에 조정한다(국제령 14의 4 ②).
위 규정에 따라 원가 등의 분담액을 조정한 후 기대편익 변동이 다시 발생한 경우에는 다음의 기한까지 신고하거나 경정을 청구할 수 있다(국제령 14의 4 ③).
① 「소득세법」 또는 「법인세법」에 따른 (확정)신고기한
② 「국세기본법」에 따른 수정신고기한
③ 「국세기본법」에 따른 경정청구기한

때에는 정상가격을 기준으로 거주자의 과세표준 및 세액을 결정하거나 경정할 수 있다(국제령 14의 5).

제 7 절 익금에 산입되는 소득금액의 반환과 소득금액조정에 따른 소득처분

1. 임시유보 처분 등

1.1 임시유보처분

(이전가격세제를 적용함에 따라) 과세당국은 소득처분 및 세무조정을 하는 경우에는 (익금에 산입되는 금액이 국외특수관계인으로부터 내국법인에게) **반환 여부를 확인하기 전까지는 임시유보로 처분**한다(국제령 15 ①). 과세당국은 임시유보로 처분하는 경우 그 사실을 「임시유보처분통지서」에 따라 통지하여야 한다(국제령 15 ②).

1.2 결정·경정일로부터 4개월 이내에 부과재척기간이 만료되는 경우의 특례

위의 규정에 불구하고 다음의 어느 하나에 해당하는 경우에는 임시유보로 처분하지 아니하고 **2.2 소득처분**에 따라 처분하거나 조정한다(국제령 15 ③).

① 과세표준 및 세액을 결정하거나 경정한 날부터 4개월 이내에 부과제척기간이 만료되는 경우

② 이전소득금액처분요청서를 제출하는 경우

③ 해당 내국법인이 폐업한 경우(사실상 폐업한 경우를 포함)

임시유보 처분을 한 후에 ② 또는 ③에 해당하는 사유가 발생한 경우에는 **2.2 소득처분**에 따라 다시 처분하거나 조정한다.

2. 소득처분

2.1 반환된 것이 확인되는 경우

익금에 산입되는 금액이 국외특수관계인으로부터 내국법인에게 **반환된 것임이 증빙에 의하여 확인되는 경우**에는 **유보**로 소득처분한다(국제법 9 ②).

2.2 반환된 것임이 확인되지 아니하는 경우[17)]

소득처분액의 반환이 확인되지 아니하는 경우 그 반환이 확인되지 아니한 금액은 다음과 같이 처분하거나 조정한다(국제령 16 ①).[18)]

구분	국외특수관계인의 구분	익금산입액 중 내국법인에 대한 반환이 확인되지 않는 금액의 소득처분 내용
주주	국제거래의 상대방인 국외특수관계인이 **내국법인의 주주에 해당하는 경우**[외국에 거주하거나 소재하는 자(주주 및 출자자를 포함. 외국주주)가 내국법인 또는 국내사업장을 두고 있는 외국법인의 의결권있는 주식(출자지분을 포함)의 50% 이상을 직접 또는 간접으로 소유한 경우를 포함]	그 국외특수관계인에게 귀속되는 **배당**으로 소득처분함
피투자법인	국제거래의 상대방인 국외특수관계인이 **내국법인이 출자한 법인에 해당하는 경우**(거주자·내국법인 또는 국내사업장을 두고 있는 외국법인이 다른 외국법인의 의결권있는 주식의 50% 이상을 직접 또는 간접으로 소유한 경우를 포함)	그 국외특수관계인에 대한 **출자의 증가로** 보아 **유보**로 소득처분함
위 이외의 경우	국제거래의 상대방인 국외특수관계인이 위 이 외의 자인 경우	그 국외특수관계인에게 귀속되는 **배당**으로 소득처분함

---

17) **반환된 것임이 확인되지 아니하는 경우**는 「임시유보처분통지서」를 받은 날 또는 과세표준 및 세액을 수정신고한 날부터 **90일 이내**에 국외특수관계인이 내국법인에 익금에 산입되는 금액 중 반환하려는 금액에 다음 계산식에 따라 산출한 반환이자를 더하여 반환하였음을 확인하는 「이전소득금액반환확인서」를 과세당국에 제출하지 아니한 경우를 말한다. 다만, 과세표준 및 세액을 결정하거나 경정하는 경우에는 과세표준 및 세액을 결정하거나 경정할 당시 익금에 산입되는 금액이 국외특수관계인으로부터 내국법인에 반환되는 것임이 확인되지 아니한 경우를 말한다(국제령 15의 2).

> 반환이자 = 반환하려는 금액 × 거래일이 속하는 사업연도 종료일 다음 날부터 「이전소득금액반환확인서」 제출일까지의 기간 × 국제금융시장의 실세이자율을 감안하여 기획재정부령으로 정하는 이자율 ÷ 365(윤년의 경우 366)

18) **내국법인이 익금에 산입되는 금액 중 일부를 국외특수관계인으로부터 반환받는 경우**에는 익금에 산입되는 금액의 발생순서에 따라 먼저 발생된 금액(해당 금액에 대한 반환이자를 포함)부터 반환된 것으로 본다(국제령 15의 2 ②).

과세당국은 위와 같이 처분이나 조정을 하는 경우 「이전소득금액반환확인서」의 제출기한 만료일(과세표준 및 세액을 결정하거나 경정하는 결정하거나 경정한 날)부터 15일 이내에 「이전소득금액통지서」에 따라 「소득세법」의 「소득금액변동통지서」 규정을 준용하여 통지하여야 한다. 이 경우 배당은 그 통지서를 받은 날에 지급한 것으로 본다(국제령 16 ②).

제 8 절 상호합의시 소득금액계산의 특례

1. 소득금액계산의 특례

1.1 대응조정

체약상대국이 특정 기업과 관련기업간의 **이전가격을 부인하고 과세소득을 증액시키는 경우 다른 체약국**이 자국 내의 관련기업에 대해 **과세소득을 감액시키는 조정**이 필요하다. 이러한 조정을 **대응조정**(correlative 또는 corresponding adjustment)이라 하며, 대응조정이 없으면 동일한 소득에 대해 양 체약국이 과세하게 된다(**이중과세의 방지**).

1.2 상호합의 종결시 소득조정

체약상대국이 거주자와 국외특수관계인의 거래가격을 정상가격으로 조정하고, 이에 대한 **상호합의절차가 종결된 경우**에는 과세당국은 그 합의에 따라 거주자의 각 과세연도 소득금액 및 결정세액을 조정하여 계산할 수 있다(국제법 10 ①).[19]

2. 조정절차: 소득금액계산의 특례신청절차 등

2.1 상호합의 종결시 경정청구·수정신고

소득금액 및 결정세액의 조정을 받으려는 거주자는 상호합의절차의 결과를 통보를 받은 날부터 **2개월** 이내에 「소득금액계산특례신청서」에 국세청장이 발급한 「상호

19) 이것은 체약상대국에서 정상가격에 대한 과세조정을 통한 익금산입 등이 이미 행해진 경우 동일한 소득에 대한 이중과세를 방지하려는 취지이다.

합의종결통보서」를 첨부하여 납세지 관할세무서장에게 수정신고 또는 경정청구(「국세정보통신망」을 활용한 청구를 포함)를 하여야 한다(국제령 17 ①).

일방적 사전승인을 받은 거주자가 소득금액 및 결정세액의 조정을 받으려는 경우에는 국세청장이 발급한 통지서를 받은 날부터 **2개월** 이내에 「소득금액계산특례신청서」에 국세청장이 발급한 통지서를 첨부하여 납세지관할세무서장에게 수정신고 또는 경정청구(「국세정보통신망」을 활용한 청구를 포함)를 하여야 한다(국제령 17 ②).

2.2 세무서장의 경정결정

경정청구를 받은 납세지 관할세무서장은 경정청구를 받은 날부터 **2개월** 이내에 과세표준 및 세액을 경정할 수 있다. 이 경우 경정하여야 할 이유가 없을 때에는 그 사실을 경정청구를 한 자에게 통지하여야 한다(국제령 17 ③).

2.3 국제거래가격과세조정심의위원회

국제거래가격에 대한 과세의 조정 권고에 관한 사항을 심의하기 위하여 기획재정부장관 소속으로 국제거래가격과세조정심의위원회(과세조정심의위원회)를 둔다(국제령 17의 3 ①).[20]

과세조정심의위원회의 회의는 공개하지 아니한다. 다만, 위원장이 필요하다고 인정하는 경우에는 공개할 수 있다(국제령 17의 3 ⑦).

과세조정심의위원회의 회의는 구성원 과반수의 출석으로 개의하고, 출석위원 과반수의 찬성으로 조정권고안을 의결한다(국제령 17의 3 ⑨).

3. 소득금액계산 특례시 세무조정방법

3.1 내국법인인 경우

감액 조정된 내국법인의 소득금액 중 국외특수관계인에게 반환되지 아니하고 사내유보되는 금액은 **이월익금**으로 보아 내국법인의 익금에 산입하지 아니한다(국제령 18 ①).

---

20) 과세조정심의위원회는 위원장 1명을 포함한 15명 이내의 위원으로 구성한다(국제령 17의 3 ②). 위원의 임기는 2년으로 하고, 위원장은 위원이 심신장애, 직무태만, 품위손상, 그 밖의 사유로 위원으로 적합하지 아니하다고 인정되는 경우에는 임기 중이라도 해촉할 수 있다(국제령 17의 3 ⑥).

3.2 거주자인 경우

내국법인이 아닌 거주자의 소득금액을 조정한 결과 감액되는 소득금액 중 국외특수관계인에게 반환되지 아니하는 금액은 그 거주자의 소득금액으로 보지 아니한다(국제령 18 ②).

제 9 절 국세의 정상가격과 관세의 과세가격간 조정을 위한 경정청구

1. 경정청구와 세액의 경정

1.1 경정청구

국외특수관계인으로부터 물품을 수입하는 거래와 관련하여 납세의무자가 과세당국에 법인세 또는 소득세의 과세표준신고서를 제출한 후 「관세법」에 따른 세관장의 경정처분으로 인하여 관세의 과세가격과 신고한 법인세 또는 소득세의 과세표준 및 세액의 산정기준이 된 거래가격 간에 차이가 발생한 경우에는 그 경정처분이 있음을 안 날(처분의 통지를 받은 때에는 그 받은 날)부터 2개월 내에 과세당국에 법인세 또는 소득세의 과세표준 및 세액의 경정을 청구할 수 있다(국제법 10의 2 ①).

1.2 세액의 경정

경정청구를 받은 과세당국은 해당 거래와 관련한 법인세 또는 소득세의 과세표준 및 세액의 산정기준이 된 해당 수입물품의 거래가격 산출방법과 계산근거 등이 **정상가격의 산출방법에 대한 규정에 적합하다고 인정되는 경우**에는 세액을 경정할 수 있다(국제법 10의 2 ②).

2. 경정청구에 대한 통지

경정청구를 받은 과세당국은 경정청구를 받은 날부터 2개월 내에 과세표준 및 세액을 경정하거나 경정하여야 할 이유가 없다는 뜻을 그 청구를 한 자에게 통지하여야 한다(국제법 10의 2 ③).

3. 국제거래가격에 대한 과세의 조정

3.1 국제거래가격에 대한 과세의 조정신청

납세의무자는 경정청구에 대한 통지를 받은 날(2개월 내에 통지를 받지 못한 경우에는 2개월이 경과한 날)부터 30일 내에 기획재정부장관에게 국세의 정상가격과 관세의 과세가격 간 조정을 신청할 수 있다. 이 경우 기획재정부장관은 과세당국 또는 세관장에게 거래가격에 대한 과세의 조정을 권고할 수 있고, 그 조정권고에 대한 과세당국 또는 세관장의 이행계획(불이행 시 그 이유를 포함)을 받아 납세의무자에게 그 조정의 신청을 받은 날부터 90일 내에 통지하여야 한다(국제법 10의 3 ①).

3.2 청구기간에의 불산입

조정을 신청한 날부터 통지를 받은 날까지의 기간은 「국세기본법」 및 「관세법」의 청구기간 또는 신청기간에 산입하지 아니한다(국제법 10의 2 ③).

3.3 과세조정심의위원회의 심의배제

국제거래가격 고세조정심의 위원회 위원장은 과세조정 신청을 받은 해당 거래가 다음의 어느 하나에 해당하는 경우에는 심의하지 아니할 수 있다. 이 경우 납세의무자에게 그 내용을 통지하여야 한다(국제령 17의 4 ②).

① 해당 거래에 대하여 「국세기본법」 및 「관세법」에 따른 이의신청, 심사청구 또는 심판청구, 「감사원법」에 따른 심사의 청구가 제기되어 있거나 「행정소송법」에 따른 소송이 계속(係屬) 중인 경우

② 해당 거래가 정상가격 산출방법의 사전승인 및 「관세법」에 따른 과세가격 결정방법의 사전심사에 따른 것인 경우

③ 해당 거래에 대하여 「국제조세조정에 관한 법률」 및 조세조약에 따른 상호합의절차가 진행 중이거나 종료된 경우

④ 해당 거래에 대한 국세의 정상가격 및 관세의 과세가격 간 산출방법의 차이 등으로 인하여 과세조정심의위원회에서 심의하기 곤란하다고 판단되는 경우

제10절 국제거래에 대한 자료제출의무

1. 납세의무자의 국제거래명세서 제출의무 및 기한

1.1 자료의 제출의무 및 제출기한

국외특수관계인과 국제거래를 하는 납세의무자는 국제거래명세서를 「소득세법」 또는 「법인세법」에 따른 과세표준 **신고기한 내**에 납세지 관할세무서장에게 제출하여야 한다(국제법 11 ①).

1.2 자료제출기한의 연장신청과 승인

납세지 관할세무서장은 납세의무자가 **부득이한 사유**[21]로 국제거래명세서를 **신고기한까지** 제출할 수 없는 경우로서 납세의무자의 신청을 받은 경우에는 **1년**의 범위에서 그 제출기한의 연장을 승인할 수 있다(국제법 11 ②).

1.3 국제거래정보통합보고서의 제출

다음 각 요건을 모두 갖춘 납세의무자(「법인세법」의 내국법인과 국내원천소득이 있는 외국법인으로 한정함)는 사업활동 및 거래내용 등에 관하여 통합기업보고서, 개별기업보고서 및 국가별보고서(**국제거래정보통합보고서**)를 「법인세법」에 따른 사업연도 종료일이 속하는 달의 말일부터 12개월 이내에 추가로 제출하여야 한다(국제법 11 ① 단서, 국제령 21의 2 ①).

① 국외특수관계인과의 해당 과세연도 재화거래 등의 합계액이 500억원을 초과할 것

② 해당 과세연도 매출액이 1,000억원을 초과할 것

---

21) 「국제거래명세서」 등의 제출기한 연장 등을 위한 **부득이한 사유와 정당한 사유**는 다음의 어느 하나에 해당하는 경우를 말한다(국제령 21).
① 화재·재난 및 도난 등의 사유로 자료를 제출할 수 없는 경우
② 사업이 중대한 위기에 처하여 자료를 제출하기가 매우 곤란한 경우
③ 관련 장부·서류가 권한 있는 기관에 압수되거나 영치된 경우
④ 국외특수관계인의 과세연도 종료일이 도래하지 아니한 경우
⑤ 자료의 수집·작성에 상당한 기간이 걸려 기한까지 자료를 제출할 수 없는 경우
⑥ ①부터 ⑤까지에 준하는 사유가 있어 기한까지 자료를 제출할 수 없다고 판단되는 경우

국제거래정보통합보고서는 다음 각 보고서를 말한다(국제령 21의 2 ②).

① 개별기업보고서: 납세의무자의 조직구조, 사업내용, 국외특수관계인과의 거래 내역, 거래에 관한 가격산출정보, 재무현황을 포함한 보고서

② 통합기업보고서: 납세의무자 및 납세의무자와 특수관계에 있는 법인 전체에 대한 조직구조, 사업내용, 무형자산 내역, 자금조달 활동, 재무현황을 포함하는 보고서

통합기업보고서는 요건을 갖춘 둘 이상의 납세의무자가 있는 경우 해당 납세의무자 중 어느 하나의 납세의무자가 제출할 수 있다(국제령 21의 2 ③).

개별기업보고서 및 통합기업보고서는 한글로 작성하여 제출(국세정보통신망을 활용한 제출을 포함)하여야 한다(국제령 21의 2 ④). 통합기업보고서는 영문으로 작성하여 제출(국세정보통신망을 활용한 제출을 포함)할 수 있다. 이 경우 제출 후 1개월 이내에 한글로 작성한 통합기업보고서를 추가로 제출하여야 한다(국제령 21의 2 ⑤).

2. 과세당국의 자료제출요구 및 기한

2.1 자료의 제출요구

과세당국은「정상가액에 의한 과세조정(국제법 4)」,「정상가격의 산출방법(국제법 5)」및「정상가격분담액 등에 대한 과세조정(국제법 6의 2)」규정을 적용하기 위하여 필요한 거래가격산정방법 등의 관련자료를 제출할 것을 납세의무자에게 요구할 수 있다(국제법 11 ③).

2.2 자료제출요구시 제출기한 및 기한연장

자료제출을 요구받은 자는 자료제출을 요구받은 날부터 **60일** 이내에 해당 자료를 제출하여야 한다. 다만, **정당한 사유**로 제출기한의 연장을 신청하는 경우에는 과세당국은 한 차례만 60일까지 연장할 수 있다(국제법 11 ④).

3. 국제거래 관련 정보제공

과세당국은 국제거래에 관한 조세의 부과·징수 및 국세의 정상가격과 관세의 과세가격 간의 조정을 위하여 필요한 경우에는 세관장에게 정보 또는 자료를 요구할 수

있다(국제법 11의 2 ①).

정보제공 요구를 받은 세관장은 정당한 사유가 없으면 요구에 따라야 한다(국제법 11의 2 ②).

4. 자료제출의무 불이행에 대한 제재

4.1 과태료의 부과

다음의 어느 하나에 해당하는 자가 정당한 사유 없이 자료를 기한까지 제출하지 아니하거나 거짓의 자료를 제출하는 경우에는 **1억원 이하**의 과태료를 부과한다(국제법 12 ①).

① 국제거래명세서 또는 국제거래정보통합보고서를 제출할 의무가 있는 자
② 자료 제출을 요구받은 자

과태료는 과세당국이 부과·징수한다(국제법 12 ②).

4.2 지연제출 자료의 과세자료 불활용

자료제출을 요구받은 자가 정당한 사유없이 자료를 기한까지 제출하지 아니하고, 불복신청 또는 상호합의절차시 자료를 제출하는 경우 과세당국 및 관련기관은 해당 자료를 과세자료로 이용하지 아니할 수 있다(국제법 11 ⑤).

제11절 가산세 적용의 특례

1. 과소신고가산세 적용배제

과세당국은 다음의 어느 하나에 해당하는 경우에는 「국세기본법」에 따른 과소신고가산세를 부과하지 아니한다(국제법 13 ①).

① **신고된 거래가격과 정상가격과의 차이**에 대하여 **납세의무자의 과실이 없다**고 **상호합의절차의 결과에 따라 확인되는 경우**(상호합의절차에 따르지 아니하고 정상가격 산출방법을 사전승인한 경우에는 납세의무자의 과실이 없다고 국세청장이 판

정하는 경우를 말함)

② 납세의무자가 소득세나 법인세를 신고할 때 적용한 정상가격 산출방법에 관한 증명자료를 보관·비치하고, 합리적 판단에 따라 그 정상가격 산출방법을 선택하여 적용한 것으로 인정되는 경우

③ 정상가격 산출방법의 사전승인을 받은 거주자가 소득금액계산의 특례신청절차에 따라 법인세 과세표준 및 세액을 수정신고하는 경우(국제령 23 ④)

④ 신고시점에는 확인할 수 없었던 정상가격 산출방법 관련 중요 자료가 신고기한 후 확인된 경우 그 사실을 알게 된 때부터 60일 이내에 법인세 과세표준 및 세액을 수정신고하는 경우(국제령 23 ⑤)

2. 납세의무자의 과실이 없는 것으로 보는 경우

납세의무자의 과실여부를 판정할 때 다음의 각 요건에 해당하는 경우에는 **납세의무자의 과실이 없는 것**으로 본다(국세법 13 ① (1), 국제령 23 ①).

① 납세의무자가 과세표준 및 세액의 확정신고시 작성된 서류를 통하여 정상가격의 산출방법 중 가장 합리적인 방법을 선택한 과정을 제시할 것

② 납세의무자가 ①에 따라 선택된 방법을 실제로 적용할 것

③ ① 및 ②의 정상가격 산출방법과 관련하여 필요한 자료를 보관·비치할 것

연 습 문 제

용어 설명

1. 이전가격세제
2. 정상가격
3. 정상가격의 산출방법
4. 정상가격의 적용순위
5. 비교가능 제3자 가격방법
6. 재판매가격방법
7. 원가가산방법
8. 이익분할방법
9. 거래순이익방법
10. 정상가격 산출방법의 사전승인

논술 문제

[1] 국외특수관계인과의 거래에 대한 과세조정에 대해 설명하시오.

[2] 이전가격세제에 대해 설명하시오.

[3] 국외특수관계인과의 거래에 대한 과세조정에 있어 정상가격의 산출방법과 적용순위에 대해 설명하시오.

[4] 정상가격 산출방법의 시전승인에 대해 설명하시오.

[5] 무형자산을 공동개발하기 위한 정상원가분담액 등에 대한 과세조정에 대해 설명하시오.

[6] 이전가격세제에 있어 소득처분에 대해 설명하시오.

객관식 문제

1. 국내사업장이 없는 외국법인의 국내원천소득을 계산함에 있어서 해당 외국법인이 특수관계가 있는 다른 외국법인에 상품을 판매하고 그 판매가격이 정상가격에 미달하는 경우에는 정상가격을 해당 수입금액으로 한다. 이 경우에 정상가격의 산출방법에 해당하지 않는 것은?

► 공인회계사 2000

① 매가환원방법
② 이익분할방법
③ 원가가산방법
④ 재판매가격방법
⑤ 비교가능 제3자가격방법

풀이 정상가격 산출방법은 비교가능 제3자가격방법, 재판매가격방법, 원가가산방법, 기타 합리적인 방법(이익분할방법, 거래순이익률방법, 기타 거래의 실질 또는 관행에 비추어 합리적이라고 인정되는 방법)에 의하여 도출함. 정답 ①

2. 「국제조세조정에 관한 법률」에 의하면 국제거래에 대하여는 「법인세법」에 따른 부당행위계산부인 규정이 적용되지 않지만 '일정한 거래'에 대하여는 그러하지 아니한다. 다음 중 그 '일정한 거래'에 해당하지 않는 것은? ► 세무사 2008

① 자산을 무상으로 이전(현저히 저렴한 대가로 이전하는 경우를 제외한다)하거나 채무면제가 있는 경우
② 출연금을 대신 부담한 경우
③ 수익이 없는 자산의 매입 또는 현물출자를 받았거나 그 자산에 대한 비용을 부담한 경우
④ 업무와 관련 없는 비용의 지출이 있는 경우
⑤ 법인의 감자에 있어서 주주의 소유주식 비율에 의하지 아니하고 일부 주주의 주식을 소각하여 주주인 법인이 특수관계자인 다른 주주에게 이익을 분여한 경우

풀이 ④의 경우에는 「법인세법」에 따른 부당행위계산부인 규정이 적용되지 않고 이전가격세제가 적용됨. 정답 ④

3. 「국제조세조정에 관한 법률」상 국외특수관계인과의 거래에 대한 과세조정에 관한 설명으로 옳지 않은 것은? ► 세무사 2009

① 정상가격의 산출방법은 비교가능 제3자 가격방법, 재판매가격방법, 원가가산방법, 이익분할방법, 거래순이익률방법 중 가장 합리적인 방법에 의하여 계산한 가격으로 하되, 이들 방법으로 정상가격을 산출할 수 없는 경우에는 그 밖에 합리적이라고 인정되는 방법을 적용할 수 있다.
② 거주자가 일정기간의 과세연도에 대하여 정상가격산출방법을 적용하고자 하는 경우에는 법령이 정하는 바에 따라 정상가격산출방법을 적용하고자 하는 일정기간의 과세연도 중 최초의 과세연도 종료일까지 국세청장에게 승인신청을 할 수 있다.
③ 과세당국은 정상가격에 의한 과세조정에 따라 익금에 산입되는 금액에 대해 소득처분 및 세무조정을 하는 경우 그 익금에 산입되는 금액이 국외특수관계인으로부터 내국법인에게 반환되었는지 여부를 확인하기 전까지는 임시유보로 처분한다.
④ 과세당국은 정상가격에 의한 과세조정에 따라 과세표준 및 세액을 결정하거나 경정한 날부터 4개월 이내에 부과제척기간이 만료되는 경우에는 임시유보로 처분한다.
⑤ 과세당국은 국제거래가격이 정상가격과 다른 경우에도 같은 국외특수관계인과의 같은 과세연도 내의 다른 국제거래를 통하여 그 차액을 상계하기로 사전에 합의하

고 거주자가 그 거래내용과 사실을 증명하는 때에는 그 상계되는 모든 국제거래를 하나의 국제거래로 보아 정상가격에 의한 과세조정 및 정상가격의 산출방법규정을 적용한다.

풀이 ④ '임시유보로 처분한다'가 아니라 '임시유보로 처분하지 아니하고 배당이나 출자의 증가 등으로 처분한다'임. 정답 ④

4. 국외특수관계인과의 거래에 대한 과세조정의 설명으로 옳지 않은 것은? (단, 거주자에는 내국법인과 국내사업장을 포함한다.) ► 세무사 2010

① 과세당국은 국제거래 가격이 정상가격과 다른 경우에도 같은 국외특수관계인과의 같은 과세연도 내의 다른 국제거래를 통하여 그 차액을 상계하기로 사전에 합의하고 거주자가 그 거래내용과 사실을 증명할 때에는 그 상계되는 모든 국제거래를 하나의 국제거래로 본다.

② 과세당국은 거래 당사자의 어느 한쪽이 국외특수관계인인 국제거래(그 어느 한쪽이 국내사업장인 경우로서 「소득세법」 제119조 또는 「법인세법」 제93조에 따른 국내원천소득을 발생시키는 거래는 제외)에서 그 거래가격이 정상가격보다 낮거나 높은 경우에는 정상가격을 기준으로 거주자의 과세표준 및 세액을 결정하거나 경정할 수 있다.

③ 정상가격의 산출방법으로는 비교가능 제3자 가격방법, 재판매가격방법 및 원가가산방법 등 가장 합리적인 것을 선택하되, 이 방법으로 정상가격을 산출할 수 없는 경우에만 법령으로 정하는 그 밖에 합리적이라고 인정되는 방법에 의한다.

④ 체약상대국이 거주자와 국외특수관계인의 거래가격을 정상가격으로 조정하고, 이에 대한 상호합의절차가 종료되기 전에 과세당국은 거주자의 각 과세연도 소득금액 및 결정세액을 조정하여야 한다.

⑤ 거주자는 일정 기간의 과세연도에 대하여 정상가격 산출방법을 적용하려는 경우에는 법령으로 정하는 바에 따라 정상가격 산출방법을 적용하려는 일정 기간의 과세연도 중 최초의 과세연도 종료일까지 국세청장에게 승인 신청을 할 수 있다.

풀이 ④ 체약상대국이 거주자와 국외특수관계인의 거래가격을 정상가격으로 조정하고, 이에 대한 상호합의절차가 종결된 경우에는 과세당국은 그 합의에 따라 거주자의 각 과세연도 소득금액 및 결정세액을 조정하여 계산할 수 있음. 정답 ④

5. 특수관계의 판단기준인 주식의 간접소유비율의 계산에 대한 설명으로 가장 틀린 것은?

► 세무사 2007

① 일방법인 A가 타방법인 D의 주주인 법인 B의 의결권 있는 주식의 60%를 소유하고 있고, 주주법인 B는 D의 의결권 있는 주식 중 30%를 소유하고 있는 경우 A는 D법

인주식의 18%를 간접소유하고 있다.

② 일방법인 A가 타방법인 D의 주주인 법인 B의 의결권 있는 주식의 40%를 소유하고 있고, 주주법인 B는 D의 의결권 있는 주식 중 30%를 소유하고 있는 경우 A는 D법인주식의 12%를 간접소유하고 있다.

③ 일방법인 A가 타방법인 D의 주주인 법인 B, C의 의결권 있는 주식을 각각 50% 소유하고 있고, 주주법인 B는 D법인주식의 30%를, 주주법인 C는 D법인주식의 40%를 소유하고 있는 경우 A는 D법인주식의 70%를 간접소유하고 있다.

④ 일방법인 A가 타방법인 D의 주주인 법인 B, C의 의결권 있는 주식을 각각 40% 소유하고 있고, 주주법인 B는 D법인주식의 30%를, 주주법인 C는 D법인주식의 20%를 소유하고 있는 경우 A는 D법인주식의 20%를 간접소유하고 있다.

⑤ 일방법인 A가 관계법인인 B의 주식 중 40%를 소유하고 있고, 관계법인 B는 주주법인인 C 주식의 30%를 소유하고 있으며, C주주법인은 타방법인 D의 의결권 있는 주식의 25%를 소유하고 있는 경우 A는 D법인주식의 3%를 간접소유하고 있다.

풀이 ① 일방법인이 타방법인의 주주인 법인의 의결권 있는 주식을 50% 이상 소유하는 경우, 간접소유비율은 그 주주인 법인의 타방법인에 대한 의결권 있는 주식소유비율에 의함. 따라서 A법인의 D법인에 대한 간접소유비율은 18%가 아닌 30%임. 정답 ①

제 4 장

국외지배주주에게 지급하는 이자에 대한 과세조정

CHAPTER 04 국외지배주주에게 지급하는 이자에 대한 과세조정

제 1 절 과세자본세제

세법에서는 타인자본비용에 해당하는 이자는 비용(손금)으로 인정하고 있으나 자기자본비용에 해당하는 배당은 비용으로 인정하고 있지 않다. 따라서, 다국적기업이 해외에 자회사 또는 지점을 설립하여 진출할 때 **자본금을 최소화하고 차입금을 증가**시켜 자회사 진출국의 과세대상 소득금액을 최소화하려는 경향이 있다. 즉, **내국법인에 투자**하려는 **국외지배주주**는 **자본의 출자보다 대여형식으로 투자**하려 할 것이다.

법인이 **국외지배주주 등으로부터의 차입금**과 **국외지배주주의 지급보증에 의해 제3자로부터 차입한 금액**이 **일정 비율을 초과하는 경우**에 그 **초과하는 차입금에 대한 지급이자**는 **손금에 산입하지 아니하고 배당으로 간주하여 과세**하는데, 이를 **과소자본세제**(過小資本稅制)라 한다. 과소자본세제는 다국적기업이 해외자회사에 자본금보다 차입금을 과다하게 증가시켜 **지급이자를 많이 계상**하여 **이익을 부당하게 감소**시킴으로써 **조세를 회피하려는 것을 방지**하려는 제도이다.

제 2 절 과소자본세제의 적용요건

1. 원 칙

내국법인(**외국법인의 국내사업장**을 포함)의 차입금 중 **국외지배주주로부터 차입한 금액**(친족 등 일정한 국외지배주주의 특수관계인[1])으로부터 차입한 금액을 포함)과 **국외지배주주의 지급보증**(담보의 제공 등 실질적으로 지급을 보증하는 경우를 포함)**에 의하여 제3자로부터 차입한 금액**이 그 국외지배주주가 주식 등으로 출자한 **출자금액의 2배를 초과하는 경우**에는 그 초과분에 대한 지급이자 및 할인료는 그 내국법인의 손금(損金)에 산입하지 아니하며 「법인세법」에 따른 배당 또는 기타사외유출로 처분된 것으로 본다(국제법 14 ①).

2. 제3자 개입거래의 특례

내국법인이 국외지배주주가 아닌 자로부터 차입한 금액이 **다음 각 요건을 모두 충족하는 경우**에는 이를 국외지배주주로부터 **직접 차입한 금액**으로 보아 과소자본세제에 의한 **지급이자 손금불산입 규정**을 적용한다. 다만, **내국법인이 국외지배주주가 아닌 국외특수관계인으로부터 차입한 경우**에는 아래 **②의 요건**에만 해당하여도 과소자본세제에 의한 **지급이자 손금불산입 규정**을 적용한다(국제법 15).

① 해당 내국법인과 국외지배주주간에 사전계약이 있을 것

② 차입조건이 해당 내국법인과 국외지배주주에 의하여 실질적으로 결정될 것

3. 통상적인 조건에 의한 차입금에 대한 과소자본세제의 적용배제(적용특례)

3.1 과소자본세제의 적용배제

국외지배주주의 출자금액에 대한 차입금의 배수가 3배(금융업은 6배)를 초과하는 경우에도 내국법인이 차입금의 규모 및 차입조건이 **특수관계가 없는 자간의 통상적인 차입규**

1) **국외지배주주와 차입금이 합산되는 특수관계인의 범위: 친족 등 일정한 국외지배주주의 특수관계인**은 국외지배주주와 「국세기본법」상 친족관계 및 경제적 연관관계에 있는 특수관계인을 말한다(국제령 24의 2).

모 및 차입조건과 같거나 유사한 것임을 증명하는 경우에는 그 차입금에 대한 지급이자 및 할인료에 대하여는 「**과소자본세제에 의한 지급이자의 손금불산입**」 **규정을 적용하지 아니한다**(국제법 14 ③).

3.2 과소자본세제 적용특례규정의 적용요건

국외지배주주의 출자금액에 대한 차입금의 배수가 2배를 초과하는 내국법인이 「배당으로 간주된 이자의 손금불산입 적용특례(국제법 14 ③)」 규정을 적용받으려는 경우에는 다음 각 자료를 법인세 과세표준 **신고기한**까지 과세당국에 제출하여야 한다(국제령 27 ①).[2)]

① 이자율, 만기일, 지급방법, 자본전환 가능성, 다른 채권과의 우선순위 등을 고려할 때 해당 차입금이 사실상 출자에 해당되지 아니함을 입증하는 자료

② 해당 내국법인과 같은 종류의 사업을 하는 비교가능한 법인의 자기자본에 대한 차입금의 배수(**비교대상배수**)에 관한 자료. 이 경우 **비교가능한 법인**은 해당 내국법인과 사업규모 및 경영여건 등이 유사한 내국법인 중 차입금의 배수를 기준으로 대표성이 있는 법인으로 한다.

제 3 절 배당으로 간주된 이자의 손금불산입

내국법인(외국법인의 국내사업장을 포함)의 차입금 중 **국외지배주주로부터 차입한 금액**(친족 등 일정한 국외지배주주의 특수관계인[3)]으로부터 차입한 금액을 포함)과 **국외지배주주의 지급보증**(담보의 제공 등 실질적으로 지급을 보증하는 경우를 포함)**에 의하여 제3자로부터 차입한 금액이 그 국외지배주주가 출자한 출자금액의 2배를 초과하는 경우**에는 그 초과분에 대한 지급이자 및 할인료는 그 내국법인의 손금(損金)에 산입하

---

2) 국외지배주주의 내국법인 출자금액에 대한 차입금의 배수가 비교대상배수를 초과하는 경우의 손금불산입액은 '3. 배당으로 간주된 이자의 손금불산입'에서 설명한 방법으로 계산하되 기준배수 대신 **비교대상배수**(해당 내국법인과 동종의 사업을 영위하는 비교가능한 법인의 자기자본에 대한 차입금 배수)를 적용하여 계산한다(국제령 27 ②).

3) **국외지배주주와 차입금이 합산되는 특수관계인의 범위: 친족 등 일정한 국외지배주주의 특수관계인**은 국외지배주주와 「국세기본법」상 친족관계 및 경제적 연관관계에 있는 특수관계인을 말한다(국제령 24의 2).

지 아니하며 「법인세법」에 따른 배당 또는 기타사외유출로 처분된 것으로 본다(국제법 14 ①).

1. 차입금의 범위

1.1 차입금의 범위

차입금의 범위는 이자 및 할인료를 발생시키는 부채로 한다. 다만, 「은행법」에 따른 외국은행의 국내지점이 정부(「한국은행법」에 따른 한국은행을 포함)의 요청에 따라 외화로 차입하는 금액 또는 다음의 어느 하나의 방법으로 사용하기 위하여 해당 외국은행의 본점·지점으로부터 외화로 예수하거나 차입하는 금액을 **제외**한다(국제령 24 ①).[4)]

① 「외국환거래법」에 따른 비거주자 또는 외국환은행에 대하여 외화로 예치하거나 대출하는 방법

② 「외국환거래법」에 따른 비거주자 또는 외국환은행이 발행한 외화표시증권을 인수하거나 매매하는 방법

국외지배주주에 외국주주와 외국법인이 모두 포함되어 있는 경우에는 외국법인으로부터 차입한 금액과 외국법인의 지급보증(담보의 제공 등 실질적으로 지급을 보증하는 경우를 포함)에 따라 **제3자로부터 차입한 금액**은 **외국주주로부터 차입한 금액**과 **외국주주의 지급보증에 따라 제3자로부터 차입한 금액**에 **합산**한다(국제령 24 ③).

1.2 차입금의 배수

(1) 비교대상 배수

국외지배주주의 출자금액에 대한 차입금의 배수는 금융업을 제외하고 2배를 적용한다(국제법 14 ②).

---

4) 이 규정을 적용할 때 외국은행의 본점·지점으로부터 외화로 예수하거나 차입한 금액인지가 불분명한 경우로서 해당 사업연도의 재무상태표(연평균 잔액 기준) 등에 계상(計上)된 자금의 원천비율로 그 구분이 가능한 경우에는 그 비율에 따라 계산된 금액을 본점·지점으로부터 차입한 금액으로 간주한다. 이 경우 연평균 잔액은 일별 또는 월별로 계산할 수 있다(국제령 24 ②).

(2) 업종별 배수

금융업에 적용하는 국외지배주주의 출자지분에 대한 차입금의 배수는 6배로 한다(국제령 26).[5]

1.3 차입금의 환산

내국법인이 국외지배주주로부터 차입하거나 국외지배주주의 지급보증으로 제3자로부터 차입한 금액은 사업연도 종료일 현재의 「외국환거래법」에 따른 기준환율 또는 재정환율을 적용하여 환산한다(국제령 24 ④).

금융업에 종사하는 내국법인은 차입한 금액을 환산할 때 다음 각 환율 중 어느 하나를 선택하여 적용할 수 있다. 이 경우 선택하여 적용한 환산방식은 해당 사업연도 개시일부터 최소한 **5년간 계속 적용**하여야 한다(국제령 24 ⑤).

① **사업연도 종료일 현재**의 「외국환거래법」에 따른 **기준환율 또는 재정환율**

② 「외국환거래법」에 따른 **일별 기준환율 또는 재정환율**

2. 손금불산입금액의 계산방법

손금에 산입하지 아니하는 것으로 보는 금액(**즉 과소자본으로 인한 지급이자 손금불산입액**)은 내국법인이 국외지배주주로부터 차입한 전체 차입금 중 **이자율이 높은 차입금**(같은 이자율이 적용되는 차입금이 둘 이상인 경우에는 **차입시기가 늦은 차입금부터 적용**함)**부터 차례대로** 각 차입금에 해당 이자율을 곱하여 합산한 이자 및 할인료로 하고, 합산하는 **한도**는 **이자율이 높은 차입금의 적수부터 누적한 적수가 초과적수가 될 때까지**로 하며, 누적한 적수가 초과적수보다 많아지게 되는 때의 마지막 차입금의 적수 중 **초과적수보다 많아지는 부분은 제외**한다(국제령 25 ① 전단).

$$\text{손금불산입액} = \Sigma[\text{국외지배주주 등으로부터 차입한 각 차입금의 적수} \times \text{각 차입금의 해당 이자율} \times \frac{1}{365}\ (\text{또는} \frac{1}{366})]$$

---

5) 금융업의 경우에는 일반 업종과 구분하여 출자지분의 6배를 초과하는 경우에 손금에 산입하지 아니하도록 함으로써 국내금융기관의 자금조달 비용을 낮추고 안정적으로 외화유동성을 공급하려는 취지이다.

이 경우 **초과적수**는 다음 계산식에 따른다(국제령 25 ① 후단).

> 초과적수 = 내국법인(외국법인의 국내사업장을 포함)의 국외지배주주(국외지배주주의 지급보증을 통하여 내국법인에 금전을 대여하는 제3자를 포함)에 대한 총 차입금 적수 - [국외지배주주의 내국법인 출자금액 적수 × 기준배수(2배 또는 금융업은 6배)]

2.1 국외지배주주에게 지급하여야 할 이자 및 할인료

이자 및 할인료는 (국외지배주주로부터 차입한 금액과 국외지배주주의 지급보증을 통하여 제3자로부터 차입한) 차입금에서 발생한 모든 이자소득(즉, 이자 및 할인료)으로서 내국법인이 국외지배주주에게 지급하여야 할 사채할인발행차금상각액, 융통어음 할인료 등 그 **경제적 실질이 이자에 해당하는 것**을 모두 포함한다. 다만, **건설자금이자**는 이자 및 할인료의 범위에서 **제외**한다(국제령 25 ②).

2.2 국외지배주주의 내국법인 출자금액

국외지배주주의 내국법인 출자금액은 **다음 각 금액 중 큰 금액**에 해당 **내국법인**의 해당 사업연도 종료일 현재 납입자본총액에서 국외지배주주가 납입한 자본금이 차지하는 **비율**(국외지배주주에 차입금을 합산하는 외국주주와 외국법인이 모두 포함되어 있는 경우에는 외국주주가 납입한 자본금이 차지하는 비율을 외국주주와 외국법인이 납입한 자본금이 차지하는 비율로 봄)을 곱하여 산출한 금액으로 한다. 다만, **국내사업장의 경우**에는 각 사업연도 종료일 현재 그 국내사업장의 재무상태표상 자산총액에서 부채총액을 공제한 금액을 말한다(국제령 25 ③).[6)]

---

6) **사업연도 중 합병·분할 또는 증자·감자 등에 따라 자본이 변동된 경우**에는 해당 사업연도 개시일부터 자본 변동일 전날까지의 기간과 그 변동일부터 해당 사업연도 종료일까지의 기간으로 각각 나누어 계산한 자본의 적수를 합한 금액을 자본의 **적수** 또는 납입자본금의 적수로 한다(국제령 25 ④).

국외지배주주가 내국법인의 주식을 간접적으로 소유하고 있는 경우 납입자본총액 중 국외지배주주가 납입한 **자본금비율**은 다음 각 방법으로 계산한다(국제령 25 ⑤).

① 국외지배주주와 내국법인 사이에 주식 소유를 통하여 하나 이상의 법인이 개재되어 있고 이들이 모두 직렬로 연결되어 있는 관계(**직렬출자관계**)에 해당하는 경우에는 국외지배주주의 내국법인에 대한 납입자본금비율은 각 단계의 지분비율을 모두 곱하여 산출한다.

② 국외지배주주와 내국법인 사이에 둘 이상의 직렬출자관계가 있는 경우에는 국외지배주

① 해당 사업연도 종료일 현재 재무상태표상 자산의 합계에서 부채(충당금을 포함하며, 미지급법인세는 제외)의 합계를 뺀 금액

② 해당 사업연도 종료일 현재의 다음 계산식에 따라 계산한 납입자본금

자본금 + (주식발행액면 초과액 및 감자차액) - (주식할인발행차금 및 감자차손)

- 내국법인의 경우 :
  국외지배주주의 출자금액 = Max(①, ②) × [국외지배주주가 납입한 자본금/내국법인의 사업연도 종료일 현재 납입자본총액]
- 외국법인의 국내사업장의 경우 :
  국외지배주주의 출자금액 = 각 사업연도 종료일 현재 재무상태표상 자산총액 - 부채총액

예 제: 과소자본으로 인한 지급이자 손금불산입액의 계산

내국법인인 서울㈜는 국외 지배주주인 Rho Ltd. 로부터 60%를 출자받아 2013. 4. 20. 설립되었고 차입금 등의 내역은 다음과 같다. 2017사업연도(1. 1.~12. 31) 세무조정상 손금불산입액을 산출하시오.

► 세무사 2007

① Rho Ltd. 로부터 직전년도(2016년도) 말에 ₩4,000,000,000을 차입하였고 이자율은 6%이다. 동 차입금은 특수관계가 없는 자간의 통상적인 조건에 의한 차입금으로 입증되었으며, 회사는 동 차입금에 대해서 당기(2017년도) 지급이자로 ₩240,000,000을 인식하였다.

② 사업연도 종료일 현재 재무구조

㉠ 자 산 총 계	₩7,500,000,000
㉡ 주주차입금	4,000,000,000
㉢ 기 타 부 채	3,000,000,000
㉣ 부 채 총 계	7,000,000,000
㉤ 납입자본금	400,000,000(설립 이후 변동 없음)
㉥ 이익잉여금	100,000,000
㉦ 자 본 총 계	500,000,000

주의 내국법인에 대한 납입자본금비율은 각각의 직렬출자관계에서 산출한 납입자본금비율을 모두 합하여 산출한다.

③ 서울㈜와 동종의 사업을 영위하는 비교가능한 법인의 자기자본에 대한 차입금의 배수 즉, 비교대상배수는 7배이다(관련 자료는 정상적으로 제출되었음).
④ 손금불산입액 산출시 '국외지배주주의 내국법인 출자금액'은 다음 금액 중 큰 금액에 해당 내국법인의 해당 사업연도 종료일 현재 납입자본총액에서 국외지배주주가 납입한 자본금이 차지하는 비율을 곱하여 산출한 금액으로 할 것
㉠ 해당 사업연도 종료일 현재 재무상태표상의 자산이 합계액에서 부채의 합계액을 공제한 금액
㉡ 해당 사업연도 종료일 현재의 납입자본금

풀 이

차입금 및 출자금액이 연중 변동이 없으므로 일수계산을 할 필요가 없음.

1. **초과적수**=40억원−3억원[*1]×7배=19억원
2. **손금불산입액**=19억원×6%=114,000,000

   *1 국외지배주주의 내국법인 출자금액: max(①, ②)×60%=3억원

   ① 기말자기자본: (75억원−70억원)=5억원

   ② 납입자본금: 4억원

제 4 절 지급이자 손금불산입액에 대한 소득처분

국외지배주주로부터 차입한 금액에 대한 이자 중 손금에 산입되지 아니한 금액은 「법인세법」에 따른 **배당**으로 처분된 것으로 보며, 특수관계인으로부터 차입한 금액이나 **국외지배주주의 지급보증에 의하여 제3자로부터 차입한 금액에 대한 이자 중 손금에 산입되지 아니한 금액**은 「법인세법」에 따른 **기타사외유출**로 처분된 것으로 본다(국제령 25 ⑥).

구 분	소득처분
국외지배주주로부터 차입한 금액에 대한 이자 중 손금불산입된 금액	배당
특수관계인으로부터 차입한 금액이나 국외지배주주의 지급보증에 의하여 제3자로부터 차입한 금액에 대한 이자 중 손금불산입된 금액	기타사외유출

제 5 절 지급이자 손금불산입의 적용우선순위

과소자본세제에 의한 지급이자의 손금불산입 규정은 「정상가격에 의한 과세조정」(이전가격세제) 및 「**법인세법**」**의 지급이자손금불산입 규정**에 **우선하여 적용**한다(국제법 16 ①).[7)]

손금불산입대상 지급이자	소득처분	근 거
1. 배당으로 간주된 지급이자	배당 또는 기타사외유출	국제조세조정에 관한 법률
2. 채권자불분명사채이자	대표자상여*1	법인세법
3. 수령자불분명 채권·증권의 이자	대표자상여*1	법인세법
4. 건설자금이자	유보	법인세법
5. 업무무관부동산 등 관련 지급이자	기타사외유출	법인세법

*1 **원천징수세액**은 **기타사외유출**로 소득처분함.

과소자본세제에 의한 지급이자의 손금불산입 규정을 적용할 때 서로 다른 이자율이 적용되는 이자 또는 할인료가 함께 있는 경우에는 **높은 이자율이 적용되는 것부터 먼저 손금에 산입하지 아니한다**(국제법 16 ②).

제 6 절 원천징수세액과의 상계조정

1. 원천징수세액의 상계

「과소자본세제에 의한 지급이자 손금불산입」 규정을 적용받는 내국법인이 각 사업연도 중에 지급한 이자 및 할인료에 대하여 국외지배주주에 대한 소득세 또는 법인세를 원천징수한 경우에는 배당으로 간주된 이자의 **손금불산입액(배당으로 간주된 금액)**

7) 「법인세법」이나 「조세특례제한법」에서 규정하고 있는 지급이자의 손금불산입은 지급이자 중 특정한 것을 손금부인하는 것이나, 「국제조세조정에 관한 법률」에서 규정하고 있는 배당으로 간주된 이자의 손금불산입은 지급이자가 아닌 것을 지급이자로 처리한 부분을 손금부인하는 것이기 때문에 모든 지급이자 손금불산입 중 최우선 순위로 부인한다.

에 대한 소득세 또는 법인세를 계산할 때 이미 원천징수한 세액과 상계하여 조정한다(국제법 14 ④).

추가납부세액(환급신청세액) =	배당간주금액에 대한 소득세 또는 법인세	−	지급이자에 대한 기원천징수세액

2. 납부 또는 환급의 신청

내국법인은 위 규정에 따라 원천징수세액에 대한 상계조정을 한 결과 **납부할 세액이 있는 경우**에는 법인세 과세표준 및 세액의 신고기한이 속하는 달의 다음 달 10일까지 납세지 관할세무서장에게 납부하여야 하며, **환급받을 세액이 있는 경우**에는 납세지 관할세무서장에게 환급을 신청할 수 있다(국제령 28).

연 습 문 제

용어 설명

1. 국외지배주주에 지급하는 이자에 대한 과세조정
2. 과소자본세제
3. 차입금의 범위와 배수
4. 과소자본으로 인한 지급이자 손금불산입금액의 산정방법
5. 과소자본으로 인한 지급이자 손금불산입금액에 대한 소득처분
6. 과소자본으로 인한 지급이자 손금불산입의 적용순위

논술 문제

[1] 국외지배주주에 지급하는 이자에 대한 과세조정에 대해 설명하시오.

[2] 과소자본세제에 대해 설명하시오.

[3] 과소자본세제에 있어 배당으로 간주된 이자의 손금불산입에 대해 설명하시오.

[4] 과소자본으로 인한 지급이자 손금불산입금액에 대한 소득처분과 지급이자 손금불산입의 적용순위에 대해 제에 대해 설명하시오.

객관식 문제

1. 「국제조세조정에 관한 법률」상 국외지배주주에게 지급하는 이자에 대한 과세조정에 관한 설명으로 옳지 않은 것은? ► 세무사 2009

① 내국법인의 차입금 중 국외지배주주로부터 차입한 금액(국외지배주주의 특수관계인으로부터 차입한 금액을 포함)과 국외지배주주의 지급보증에 의하여 제3자로부터 차입한 금액이 그 국외지배주주가 주식 등으로 출자한 출자지분의 2배(금융업은 6배)를 초과하는 경우에는 그 초과분에 대한 법에 정한 지급이자는 그 내국법인의 손금에 산입하지 아니한다.

② 내국법인의 차입금 중 내국법인이 국외지배주주가 아닌 국외특수관계인으로부터 차입한 경우에 차입조건을 해당 내국법인과 국외지배주주가 실질적으로 결정하는 경우에는 이를 국외지배주주로부터 직접 차입한 금액으로 본다.

③ 배당으로 간주된 이자의 손금불산입 규정을 적용함에 있어서 서로 다른 이자율이 적용되는 이자 또는 할인료가 함께 있는 경우에는 낮은 이자율이 적용되는 것부터 먼저 손금에 산입하지 아니한다.

④ 내국법인이 국외지배주주가 아닌 제3자로부터 차입한 금액에 대한 지급이자 중 손금불산입된 금액에 대하여 해당 차입거래가 제3자 개입거래에 해당되어 국외지배주주로부터 직접 차입한 것으로 보는 경우에는 배당으로 처분한다.

⑤ 내국법인이 국외지배주주의 지급보증에 의하여 국외지배주주가 아닌 제3자로부터 차입한 금액에 대한 지급이자 중 손금불산입된 금액은 기타사외유출로 처분한다.

풀이 ③ '낮은'이 아니라 '높은'임. 정답 ③

제 5 장

특정 외국법인의 유보소득에 대한 합산과세

CHAPTER 05 특정 외국법인의 유보소득에 대한 합산과세

제 1 절 특정 외국법인의 유보소득에 대한 과세조정

다국적기업이 법인세 부담이 낮은 국가 또는 지역(**조세피난처**)에 **자회사**를 설립하고 이를 통하여 국제적인 경영활동을 함으로써 세부담을 절감한 후 그 자회사의 소득을 국내의 모회사에 배당하지 않고 유보하면 해외에 지점형태로 진출할 때에 비하여 세부담을 부당하게 감소시킬 수 있다.

이러한 조세회피를 방지하기 위하여 국내 모회사가 **배당을 받지 않은 경우**에도 법인세 부담이 낮은 국가 또는 지역에 설립된 자회사의 유보소득 중 **일정 금액을 배당받은 것으로 보아 법인세를 과세**한다. 이를 **특정 외국법인의 유보소득에 대한 합산과세**라 한다.

즉, **특정 외국법인**의 각 사업연도말 현재 **실제발생소득이 2억원을 초과하는 경우** 각 사업연도말 현재 배당가능한 유보소득 중 **내국인**에게 귀속될 금액은 내국인이 배당받은 것으로 본다(국제법 17 ① 국제령 34의 2).

제 2 절 특정 외국법인의 유보소득의 배당간주

1. 특정 외국법인의 유보소득의 배당간주

법인의 부담세액이 실제발생소득의 15% 이하인 국가 또는 지역**에 본점 또는 주사무소를 둔 외국법인**에 대하여 **내국인이 출자한 경우에**는 그 외국법인 중 내국인과 특수관계(의결권 있는 주식의 50% 이상을 직접 또는 간접으로 소유하고 있는 경우 그 양쪽 간의 관계에 해당하는지를 판단할 때에는 일정한 내국인의 특수관계인[1])이 직접 또는 간접으로 보유하는 주식을 포함)가 있는 법인(**특정 외국법인**)의 **각 사업연도 말 현재 배당가능한 유보소득 중 내국인에게 귀속될 금액**은 **내국인이 배당받은 것**으로 본다(국제법 17 ①).

1.1 특정 외국법인

특정 외국법인은 법인의 **부담세액이 실제발생소득의 15% 이하인 국가 또는 지역에 본점 또는 주사무소를 둔 외국법인**에 대하여 **내국인이 출자한 경우에**는 그 외국법인 중 내국인과 특수관계가 있는 법인을 말한다(국제법 17 ①).

1.2 실제발생소득

법인의 **실제발생소득**은 해당 법인의 본점 또는 주사무소가 있는 국가 또는 지역(**거주지국**)에서 재무제표 작성 시에 **일반적으로 인정되는 회계원칙**[2])에 따라 산출한 **법인세 차감전당기순이익**을 말한다.[3]) 다만, 해당 거주지국에서 일반적으로 인정되는 회계원칙

---

1) **일정한 내국인의 특수관계인**은 다음 각 관계에 있는 특수관계인을 말한다(국제령 30의 2 ①).
① 내국인과 「국세기본법」의 특수관계인 중 친족관계 및 경제적 연관관계에 있는 자
② 내국인과 「국제조세조정에 관한 법률」의 특수관계에 있는 자

2) **일반적으로 인정되는 회계원칙**: 재무제표 작성 시에 적용되는 일반적으로 인정되는 회계원칙은 거주지국 정부 또는 정부의 위임을 받은 기관이 제정하거나 승인한 회계기준으로서 그 거주지국 기업이 재무제표 작성 시에 적용하여야 하는 회계처리 및 보고에 관한 일반적인 기준으로 한다(국제칙 8 ①).
우리나라의 기업회계기준은 「법인세법」에서 정하는 것으로 한다(국제칙 8 ②).

3) **법인세 차감 전 당기순이익**은 외국법인의 거주지국 세법에 따라 산출된 법인 소득에 대한 조세 및 이에 부수되는 조세에 의하여 부담되는 금액을 빼기 전의 순이익을 말한다(국제령 29 ②).
법인세 차감 전 당기순이익에 기획재정부령으로 정하는 자산에 대한 평가이익 및 평가손실(**평가손익**)이 반영되어 있는 경우 그 평가이익을 빼고 평가손실을 더한 금액으로 하되,

이 우리나라의 「기업회계기준」과 현저히 다른 경우에는 우리나라의 「기업회계기준」을 적용하여 산출한 재무제표상의 법인세차감전당기순이익을 실제발생소득으로 본다(국제령 29 ①).

1.3 실제발생소득이 2억원을 초과하는 경우 실제발생소득의 범위에서 제외되는 금액의 계산

특정 외국법인의 각 사업연도 말 현재 실제발생소득을 각 사업연도말 현재 「외국환거래법」에 따른 기준환율 또는 재정환율로 환산한 금액이 **2억원 이하인 경우**에는 「특정 외국법인의 유보소득의 배당간주」 규정을 적용하지 아니한다(국제법 17 ③, 국제령 34의2 전단). 이 경우 **사업연도가 1년 미만인 경우**에는 다음 계산식에 따라 산출한 금액으로 한다(국제령 34의2 후단).

$$\frac{2억원}{12} \times 해당\ 사업연도의\ 개월\ 수$$

1.4 내국인

내국인은 **특정 외국법인의 각 사업연도 말 현재 발행주식의 총수 또는 출자금액의 10% 이상을 직접 또는 간접으로 보유**하고 있는 자로 한다. 이 경우 발행주식의 총수 또는 출자금액의 10%를 판단할 때에는 「국세기본법」의 특수관계인 중 친족관계 및 경제적 연관관계에 있는 자가 직접 보유하고 있는 발행주식 또는 출자지분을 포함한다(국제법 17 ②).

1.5 법인의 부담세액이 실제발생소득의 15% 이하인 국가 또는 지역

법인의 부담세액이 실제발생소득의 15% 이하인 국가 또는 지역은 해당 거주지국 세법에 따라 그 법인의 해당 사업연도를 포함한 **최근 3사업연도**(3사업연도에 미달하는 경우에는 해당 사업연도까지의 기간으로 함)의 법인세차감전당기순이익의 합계(법인세

해당 사업연도에 그 자산을 매각하거나 그 자산에서 생기는 배당금 또는 분배금을 받는 경우 그 사업연도 이전에 그 자산에 대한 평가손익이 있을 때에는 그 금액을 포함시킨다. 다만, 해당 거주지국에서 평가손익의 전부 또는 일부가 법인의 과세소득 계산 시 반영되어 있는 경우에는 그 평가손익을 더하거나 빼지 아니한다(국제령 29 ③).

차감전당기순이익이 결손인 사업연도의 경우 그 결손은 없는 것으로 봄)에 대한 조세의 합계가 그 법인의 최근 3사업연도의 법인세차감전당기순이익의 합계의 **15% 이하**인 국가 또는 지역으로 한다. 이 경우 실제로 부담한 세액은 해당 법인의 실제발생소득에 대하여 해당 거주지국 외의 국가에서 납부한 세액을 포함한다(국제령 30 ②).

2. 적용범위의 특례

특정 외국법인 가공회사를 설립하여 **조세를 부당하게 회피할 목적**이 아니라면 조세피난처에서 사업을 영위하는 경우에도「특정 외국법인의 유보소득의 배당간주」규정을 적용하지 아니한다.

2.1 고정된 시설을 두고 사업을 하는 경우 특정 외국법인의 유보소득의 배당간주 규정의 적용배제

특정 외국법인이 법인의 부담세액이 실제발생소득의 15% 이하인 국가 또는 지역에 사업을 위하여 필요한 사무소, 점포, 공장 등의 **고정된 시설을 가지고 있고, 그 법인이 스스로 사업을 관리하거나 지배 또는 운영을 하며, 그 국가 또는 지역에서 주로 사업을 하는 경우**에는「특정 외국법인의 유보소득의 배당간주」**규정을 적용하지 아니한다**(국제법 18 ① 본문).

2.2 도매업 등에 대한 특정 외국법인의 유보소득의 배당간주 규정의 적용배제 특례

다음의 어느 하나에 해당하는 특정 외국법인의 경우에는「특정 외국법인의 유보소득의 배당간주」**규정을 적용**한다(국제법 18 ① 단서, 국제령 35 ①②, 36).

① 도매업,[4] 금융 및 보험업, 부동산업 및 임대업, 전문, 과학 및 기술 서비스업(건축기술, 엔지니어링 및 관련 기술서비스업은 제외), 사업시설관리 및 사업지원서비스업을 하는 특정 외국법인으로서 다음 각 요건에 해당하는 법인(국제령 35 ①②)

---

4) **도매업에 대한 적용 범위의 특례: 도매업**을 하는 특정 외국법인이 같은 국가 또는 같은 지역에 있는 특수관계가 없는 자에게 판매하는 경우로서 다음 부등식에 해당하는 경우에는「특정 외국법인의 유보소득의 배당간주」**규정을 적용하지 아니한다**(국제법 18 ④, 국제령 36의 2).
기획재정부령으로 정하는 같은 지역 또는 국가에 있는 특수관계가 없는 자에게 판매한 금액 > 총매출액 × 50%

㉠ 해당 업종에서 발생한 수입금액의 합계 또는 매입원가의 합계가 총수입금액 또는 총매입원가의 50%를 초과할 것. 다만, 도매업의 경우에는 최근 3 사업연도(3사업연도에 미달하는 경우에는 해당 사업연도까지의 기간으로 함)의 평균금액을 기준으로 한다.

㉡ 해당 업종에서 발생한 수입금액의 합계 또는 매입원가의 합계 중 특수관계인과 거래한 금액이 이들 업종에서 발생한 총수입금액의 합계 또는 총매입원가의 합계의 50%를 초과할 것

② 주식 또는 채권의 보유, 지적재산권의 제공, 선박·항공기·장비의 임대, 투자신탁 또는 기금에 대한 투자를 주된 사업으로 하는 법인. **주된 사업**은 해당 특정외국법인의 총수입금액 중 50%를 초과하는 수입금액을 발생시키는 사업으로 한다(국제령 36).

2.3 조세조약상 특례가 있는 경우

과세당국은 외국법인의 사업의 실질적 관리장소가 법인의 부담세액이 실제발생소득의 15% 이하인 국가 또는 지역에 있는 경우에는 사업의 실질적 관리장소를 본점 또는 주사무소로 보아 「특정 외국법인의 유보소득의 배당간주」 규정을 적용할 수 있다(국제법 18 ②).

3. 주식 또는 채권 등의 보유에서 발생하는 소득에 대한 적용특례

3.1 특례 적용 행위와 적용기준

2.1 고정된 시설을 두고 사업을 하는 경우와 **2.2 도매업에 대한 적용 배제 특례**에 따라 「특정외국법인의 유보소득의 배당간주 규정」을 적용받지 아니하는 특정외국법인이 **다음 각 행위에서 발생하는 소득의 합계가 해당 특정외국법인의 총수입금액의 5%를 초과하는 경우**[5]에는 해당 소득을 배당 가능한 유보소득으로 본다(국제법 18 ⑤, 국제령 36의 3 ① 본문).

① 주식 또는 채권의 보유

② 지식재산권의 제공

③ 선박·항공기·장비의 임대

④ 투자신탁 또는 기금에 대한 투자

---

5) 다만, 해당 특정외국법인이 다른 외국법인의 주식을 10% 이상 보유한 경우로서 그 주식에서 발생하는 배당금은 해당 소득의 합계에서 제외한다(국제령 36의 3 ① 단서).

2.2 배당가능한 유보소득으로 보는 금액의 계산

배당 가능한 유보소득은 다음의 금액으로 한다(국제령 36의 3 ②).

배당가능한 유보소득으로 보는 금액 = 배당가능 유보소득 × (위의 각 행위에서 발생하는 소득의 합계*1 ÷ 특정외국법인의 총수입금액)

*1 해당 특정외국법인이 다른 외국법인의 주식을 10% 이상 보유한 경우로서 그 주식에서 발생하는 배당금은 해당 소득의 합계에서 제외함.

제 3 절 배당간주금액의 산출

1. 배당간주금액의 계산

1.1 배당간주금액

배당으로 간주하는 금액은 다음과 같이 계산한다(국제령 32 ①).6)

배당간주금액 = 특정 외국법인의 배당가능한 유보소득 × 해당 내국인의 특정 외국법인 주식보유비율

1.2 배당간주금액의 외화환산

배당간주금액은 해당 특정외국법인의 각 사업연도 종료일의 다음 날부터 60일이 되는 날 현재의 「외국환거래법」에 따른 기준환율 또는 재정환율을 적용하여 환산한다(국제령 33, 국제칙 10).

6) 내국인과 특정 외국법인 사이에 주식 보유를 통하여 하나 이상의 법인이 개재되어 있고 이들이 모두 직렬출자관계로 연결되어 있는 경우에는 내국인의 특정 외국법인 주식 보유비율은 각 단계의 지분비율을 모두 곱하여 산출한다(국제령 32 ②). 이 규정을 적용할 때 내국인과 특정 외국법인 사이에 주식 보유를 통하여 하나 이상의 내국법인이 개재되어 있는 경우 내국인 간에는 배당 간주 금액을 산출하지 아니한다(국제령 32 ④).
내국인과 특정 외국법인 사이에 둘 이상의 직렬출자관계가 있는 경우에는 내국인의 특정 외국법인 주식 보유비율은 각각의 직렬출자관계에서 산출한 주식 보유비율을 모두 합하여 산출한다(국제령 32 ③).

2. 배당가능한 유보소득의 산출

각 사업연도 말 현재 배당 가능한 유보소득은 해당 특정외국법인의 거주지국에서 재무제표 작성 시에 일반적으로 인정되는 회계원칙에 따라 산출한 처분 전 **이익잉여금**(해당 사업연도 중에 있었던 이익잉여금 처분에 의한 중간배당액을 포함)으로부터 **기획재정부령으로 정하는 사항을 조정**[7]한 금액에서 다음 각 금액을 뺀 금액으로 한다. 다만, 그 거주지국에서 일반적으로 인정되는 회계원칙이 우리나라의 기업회계기준과 현저히 다른 경우에는 우리나라의 기업회계기준을 적용하여 산출한 처분 전 이익잉여금으로부터 기획재정부령으로 정하는 사항을 조정한 금액에서 다음의 금액을 뺀 금액을 배당 가능한 유보소득으로 본다.

처분전 이익잉여금
- ① 해당 사업연도 이익잉여금처분액 중 이익의 배당금(해당 사업연도 중에 있었던 이익잉여금 처분에 의한 중간배당액을 포함) 또는 잉여금의 분배금
- ② 해당 사업연도 이익잉여금처분액 중 상여금, 퇴직급여 및 그 밖의 사외유출
- ③ 해당 사업연도의 이익잉여금처분액 중 거주지국의 법령으로 정하는 의무적립금 또는 의무적인 이익잉여금 처분액
- ④ 해당 사업연도의 개시일 이전에 해당 내국인에게 배당된 것으로 보아 이미 과세된 금액 중 ①에 따른 이익잉여금 처분이 되지 아니한 금액
- ⑤ 특정 외국법인의 유보소득에 대한 배당간주 규정이 적용되지 아니할 때 발생한 이익잉여금(⑥의 금액은 제외) 중 ① 및 ②에 따른 이익잉여금 처분이 되지 아니한 금액
- ⑥ 자산의 평가이익 중 해당 사업연도 말 현재 실현되지 아니한 금액
- ⑦ 실제발생소득을 기준환율 또는 재정환율로 환산한 금액이 2억원 이하인 경우 그 금액

= 배당가능유보소득

---

7) **잉여금의 조정**: 기획재정부령으로 정하는 사항은 다음의 어느 하나에 해당하는 것을 말한다(국제칙 9의 2 ①).
① 해당 사업연도 전의 이익잉여금 처분 명세 중 임의적립금으로 취급되는 금액을 포함시키는 것
② 해당 사업연도 전의 이익잉여금 처분 명세 중 임의적립금 이입액으로 취급되는 금액을 제외시키는 것
③ 특정외국법인이 1996년 12월 31일 이전에 산출한 배당 가능한 유보소득을 보유한 경우에는 다음 계산식에 따라 계산한 금액을 제외시키는 것

해당 배당 가능한 유보소득 - 1996년 12월 31일 후에 있었던 이익잉여금 처분 누계액

제 4 절 배당간주금액의 과세

1. 배당간주금액의 익금귀속시기

배당으로 간주된 금액(**배당간주금액**)은 특정 외국법인의 해당 사업연도 종료일의 다음 날부터 **60일**이 되는 날이 속하는 내국인의 과세연도의 **익금 또는 배당소득(익금등)**에 이를 산입한다(국제법 19 ①).

2. 배당간주 금액에 대한 외국납부세액 공제

2.1 외국납부세액의 세액공제

특정 외국법인이 내국인에게 실제로 배당을 지급할 때에 외국에 납부한 세액이 있는 경우 익금 등에 산입한 과세연도의 간주배당금액은 국외원천소득으로 보고, 실제 배당시 외국에 납부한 세액은 익금 등에 산입한 과세연도에 외국에 납부한 세액으로 보아 「법인세법」 또는 「소득세법」의 **외국납부세액공제** 규정을 적용한다(국제법 19 ②).[8)]

2.2 간접외국납부세액 공제

익금 등에 산입한 배당간주금액은 「법인세법」의 간접외국납부세액공제 규정을 적용할 때 이를 익금 등에 산입한 과세연도의 수입배당금액으로 본다(국제법 19 ③).

2.3 경정청구

외국납부세액에 대한 세액공제 규정을 적용받으려는 자는 실제로 배당을 받은 과세연도의 소득세·법인세 신고기한으로부터 1년 이내에 납세지 관할세무서장에게 경정을 청구할 수 있다(국제법 19 ④).

---

8) 이 규정을 적용받으려는 자는 「외국납부세액 공제세액 계산서」를 첨부하여 간주배당금액으로 익금에 산입한 과세연도의 소득세·법인세 과세표준 및 세액을 다시 계산하여 그 금액의 환급에 대하여 경정을 청구하여야 한다(국제령 36의 5 ①).
경정을 청구하려는 자가 외국정부의 배당소득에 대한 세액의 결정·통지가 지연되거나, 과세기간이 다르다는 사유 등으로 소득세·법인세 신고 시 경정청구를 할 수 없는 경우에는 외국정부의 국외배당소득에 대한 세액결정 통지를 받은 날부터 45일 이내에 증명서류를 첨부하여 경정을 청구할 수 있다(국제령 36의 5 ②).

3. 실제배당금액 등의 익금불산입

3.1 유보소득이 실제로 배당된 경우 실제배당금의 익금불산입

특정 외국법인의 유보소득이 내국인의 익금 등으로 산입된 후 그 법인이 **그 유보소득을 실제로 배당(의제배당을 포함)한 경우**에는 「법인세법」의 이월익금 또는 「소득세법」에 따른 배당소득(실제배당)에 해당하지 아니하는 것으로 본다(국제법 20 ①).[9]

3.2 주식 등을 양도하는 경우 익금불산입

특정 외국법인의 유보소득이 내국인의 익금 등으로 산입된 후 그 내국인이 그 특정 외국법인의 주식 등을 양도한 경우에는 다음 **①의 금액에서 ②의 금액을 뺀 금액**(①에서 ②를 뺀 금액이 **영 이하인 경우**에는 영으로 봄)을 **이월익금**으로 보거나 「소득세법」의 국외자산(주식 또는 출자지분)의 양도에 따른 **양도소득에 해당되지 아니하는 것**으로 본다. 이 경우 이월익금으로 보거나 양도소득에 해당되지 아니하는 것으로 보는 금액이 **해당 주식의 양도차익을 초과할 때**에는 그 초과하는 금액은 없는 것으로 본다(국제법 20 ②).

① 양도한 주식에 대한 배당으로 간주된 금액의 합계에 상당하는 금액

② 그 양도한 주식에 대하여 실제로 배당한 금액

3.3 장부 및 증명서류의 보관

이월된 익금 등의 계산에 필요한 장부 및 증명서류는 배당 또는 양도일이 속하는 과세연도의 법정신고기한까지 보존하여야 한다(국제법 20 ③).

제 5 절 해외지주회사 유보소득의 배당간주 특례

주식의 보유를 주된 사업으로 하는 특정 외국법인으로서 자회사(해당 특정 외국법인이 주식을 보유한 법인으로서 일정한 요건을 모두 갖춘 외국법인[10]을 말함)의 주

9) 이것은 이미 과세된 소득에 대한 이중과세를 방지하기 위한 취지이다.

10) **자회사 해당 요건: 일정한 요건을 갖춘 외국법인(자회사)**은 다음 각 요건을 모두 갖춘 외국법인

식 등을 보유한 법인(**해외지주회사**)이 다음의 각 **요건**을 모두 갖춘 경우에는 사무소, 점포, 공장 등의 고정된 시설을 통한 사업의 경영 여부와 관계없이 「특정 외국법인의 유보소득의 배당간주」 **규정을 적용하지 아니한다**(국제법 18의 2, 국제령 36의 3 ②).

① 해외지주회사가 자회사의 주식 등을 그 자회사의 배당기준일 현재 6월 이상 계속하여 보유하고 있을 것

② 해외지주회사가 ①의 자회사 중 같은 국가 등에 본점 또는 주사무소를 두고 있는 자회사로부터 받은 이자소득, 배당소득, 그 밖에 일정한 소득을 합친 금액이 그 해외지주회사의 소득금액(사무실, 점포, 공장 등의 고정된 시설을 가지고 그 시설을 통하여 도매업 등에 해당하는 사업 외의 사업을 실질적으로 운영함에 따라 발생하는 소득과 자회사의 주식을 처분함에 따라 발생하는 소득은 제외)에서 차지하는 비율이 90% 이상일 것

제 6 절 특정 외국법인에 대한 자료의 제출

특정 외국법인의 유보소득에 대한 합산과세 규정의 적용대상이 되는 내국인은 다음 각 서류를 「소득세법」의 종합소득 과세표준 확정신고 및 성실신고확인서 제출 규정 또는 「법인세법」의 과세표준 신고 규정에 따른 신고기한까지 납세지 관할 세무서장에게 제출하여야 한다(국제법 20의 2, 국제령 37 ①).

① 특정외국법인의 재무제표

② 특정외국법인의 법인세 신고서 및 부속서류

③ 특정외국법인의 유보소득 계산 명세서

④ 특정외국법인의 유보소득 합산과세 판정 명세서

⑤ 특정외국법인의 유보소득 합산과세 적용범위 판정 명세서

⑥ 국외 출자 명세서

을 말한다(국제령 36의 3 ①).

① 특정 외국법인이 발행주식총수 또는 출자총액의 40% 이상을 소유하고 있을 것

② 「특정 외국법인의 유보소득의 배당간주」 규정을 적용받지 아니할 것

연 습 문 제

용어 설명

1. 특정 외국법인의 유보소득에 대한 합산과세
2. 특정 외국법인의 유보소득의 배당간주
3. 배당간주금액
4. 배당가능한 유보소득의 산출

논술 문제

[1] 특정 외국법인의 유보소득에 대한 합산과세에 대해 설명하시오.

[2] 특정 외국법인의 유보소득에 대한 합산과세 중 배당간주금액의 산출과 과세에 대해 설명하시오.

[3] 특정 외국법인의 유보소득에 대한 합산과세 중 배당가능한 유보소득의 산출에 대해 설명하시오.

객관식 문제

1. 「국제조세조정에 관한 법률」상 특정외국법인의 유보소득의 배당간주 제도에 대한 설명으로 가장 틀린 것은? ► 세무사 2007 수정

① 법인의 부담세액이 실제발생소득의 100분의 15 이하인 국가 또는 지역에 본점 또는 주사무소를 둔 외국법인에 법 소정의 내국인이 출자한 경우에는 특정외국법인의 유보소득의 배당간주 규정이 적용된다.

② 사업연도가 1년인 특정외국법인의 각 사업연도말 현재 실제발생소득이 2억원 이하인 경우에는 특정외국법인의 유보소득의 배당간주 규정이 적용되지 않는다.

③ 각 사업연도말 현재 발행주식의 총수 또는 출자금액의 100분의 10 이상을 직접 또는 간접으로 보유한 내국인에 대하여는 특정외국법인의 유보소득의 배당간주 규정이 적용된다.

④ 특정외국법인이 법인의 부담세액이 실제 발생소득의 15% 이하인 국가 또는 지역에 사업을 위하여 필요한 사무소·점포·공장 등의 고정된 시설을 가지고 있고, 그 법인이 스스로 사업을 관리·지배·운영하며, 그 국가 또는 지역에서 주로 사업을 하는 경우에는 도매업 또는 금융보험업 등을 영위하는 법인이더라도 유보소득의 배당간주규정을 적용하지 아니한다.

⑤ 특정외국법인의 유보소득이 배당간주되어 내국법인의 익금으로 산입된 후 그 외국법인이 그 유보소득을 실제로 배당한 경우(의제배당 포함)에는 이를 법인세법상 이월익금으로 본다.

풀이 ④ 도매업 또는 금융보험업 등을 영위하는 법인은 유보소득의 배당간주규정을 적용받음.

정답 ④

제 6 장

국외증여에 대한 증여세 과세특례

CHAPTER 06 국외증여에 대한 증여세 과세특례

제 1 절 국외증여에 대한 증여세 과세특례

1. 국외증여에 대한 증여세 과세특례의 의의

「**상속세 및 증여세법**」은 **국내**소재자산이 **거주자**와 **비거주자**에게 증여되거나, **국외**소재자산이 **거주자**에게 증여되는 경우에만 증여세를 과세하므로, **거주자가 국외소재자산을 비거주자에게 증여하는 경우**에는 **증여세가 과세되지 아니한다.**[1] 이를 보완하기 위하여 「**국제조세조정에 관한 법률**」은 거주자가 국외소재자산을 비거주자에게 증여하는 경우에 (외국에서 과세하지 않는 한 「상속세법 및 증여세법」에 불구하고) **증여자에게 증여세를 부과**할 수 있는 **특례**를 규정하고 있다.

2. 국외증여에 대한 증여세 과세특례

거주자[2]**가 비거주자에게 국외에 있는 재산을 증여**(증여자의 사망으로 인하여 효력이

1) 이 경우 비거주자의 국가가 유산과세제도(증여자 과세방식)를 채택하고 있다면 수증재산이 해당 국가에 소재하지 않는 한 과세되지 않기 때문에 어느 국가에서도 과세되지 않는다는 문제점이 발생하게 된다. 우리나라는 취득과세형(수증자 과세방식)을 채택하여 수증자에게 증여세를 과세한다.

2) **거주자**에는 본점이나 주된 사무소의 소재지가 국내에 있는 비영리법인을 포함하며, **비거주자**에는 본점이나 주된 사무소의 소재지가 국내에 없는 비영리법인을 포함한다(국제법 21 ⑤).

발생하는 증여는 **제외**)하는 경우 그 증여자는 「국제조세조정에 관한 법률」에 따라 **증여세를 납부할 의무**가 있다. 다만, 수증자가 증여자의 「국세기본법」에 따른 특수관계인이 아닌 경우로서 해당 재산에 대하여 **외국의 법령에 의하여 증여세**(실질적으로 이와 같은 성질을 가지는 조세를 포함)**가 부과되는 경우**(세액을 면제받는 경우를 포함)에는 증여세 납부의무를 면제한다(국제법 21 ①).

제 2 절 증여재산가액의 평가: 시가산정

증여재산의 가액은 증여재산이 있는 국가의 **증여 당시**의 현황을 반영한 **시가**에 따른다(국제법 21 ②).

증여재산의 시가를 산정하는 경우 다음의 어느 하나에 해당하는 가액이 확인될 때에는 그 가액을 해당 증여재산의 **시가**로 한다(국제령 38 ①).

① 증여재산의 **증여일 전후 6개월 이내**에 이루어진 **실제매매가액**

② 증여재산의 증여일 전후 6개월 이내에 공신력있는 감정기관이 평가한 **감정가액**

③ 증여재산의 증여일 전후 6개월 이내에 수용 등을 통하여 확정된 증여재산의 **보상가액**

다만, **시가를 산정하기 어려울 때**는 해당 재산의 종류, 규모, 거래상황 등을 고려하여 정하는 「상속세 및 증여세법(보충적 평가방법)」 규정을 준용하여 증여재산가액을 평가한다(국제법 21 ② 단서, 국제령 38 ② 본문). 다만 「상속세 및 증여세법」을 준용하여 증여재산가액을 평가하는 방법이 적절하지 아니한 경우에는 「부동산가격공시 및 감정평가에 관한 법률」에 따른 **감정평가업자**가 평가하는 것으로 한다(국제령 38 ② 단서). **유가증권**가액의 산정은 「상속세 및 증여세법」에 따른 유가증권 평가방법을 준용한다(국제령 38 ③).

제 3 절 외국납부세액공제

1. 외국납부세액의 공제

외국의 법령에 따라 증여세를 납부한 경우에는 그 납부한 증여세에 상당하는 금액을 증여세 산출세액에서 공제한다(국제법 21 ③).

증여세 산출세액에서 공제할 증여세 납부액은 다음 각 세액(가산세 및 가산금은 제외)으로서 증여세 납부의무자가 실제로 외국정부(지방자치단체를 포함)에 납부한 세액(외국납부세액)으로 한다(국제령 38의 2 ①).

① 증여를 원인으로 과세하고, 증여한 재산의 가액을 과세표준으로 하여 외국의 법령에 따라 부과된 조세(실질적으로 이와 같은 성질을 가지는 조세를 포함)의 세액

② ①에 따른 세액의 부가세액

2. 외국납부세액공제의 계산

외국납부세액은 「상속세 및 증여세법」에 따른 증여세 산출세액에 다음 계산식에 따른 비율을 곱하여 산출한 금액을 한도로 하여 증여세 산출세액에서 공제한다. 이 경우 다음 계산식에 따른 비율이 1보다 큰 경우에는 비율을 1로 본다(국제령 38의 2 ②).

외국납부세액공제: min(①, ②)
① 외국납부세액(가산세 및 가산금 제외)
② 한도: 「상속세 및 증여세법」에 따른 증여세 산출세액×(외국의 법령에 따라 증여세를 납부한 증여재산의 과세표준÷「상속세 및 증여세법」에 따른 증여세 과세표준)

3. 외국납부세액의 환산과 공제신청

증여재산의 과세표준에 대한 원화환산은 증여일 현재의 「외국환거래법」에 따른 기준환율 또는 재정환율에 따르고, 외국납부세액에 대한 원화환산은 외국의 법령에 따라 증여세를 납부한 날의 「외국환거래법」에 따른 기준환율 또는 재정환율에 따른다(국제령 38의 2 ③, 국제칙 11의 2 ①).

외국납부세액을 공제받으려는 자는 증여세 과세표준을 신고할 때 외국납부세액 공제 신청서와 증명서류를 납세지 관할 세무서장에게 제출하여야 한다(국제령 38의 2 ④).

제 4 절 상속세 및 증여세법의 준용

「국외증여에 대한 증여세 과세특례」 규정에 따라 증여세를 과세하는 경우에 과세표준, 세율, 절차 등 「상속세 및 증여세법」 규정을 준용한다(국제법 21 ③).

연 습 문 제

용어 설명

1. 국외증여에 대한 증여세 과세특례
2. 증여재산가액의 평가

논술 문제

[1] 국외증여에 대한 증여세 과세특례에 대해 설명하시오.

[2] 국외증여에 대한 증여세 과세특례 중 증여재산사액의 평가에 대해 설명하시오.

객관식 문제

1. 「국제조세조정에 관한 법률」에서 규정하고 있는 국외증여에 대한 증여세과세특례와 관련된 다음의 설명 중 틀린 것은? ► 세무사 2000

① 거주자가 비거주자에게 국외에 있는 재산을 증여하는 경우에는 「상속세 및 증여세법」의 규정에 불구하고 증여자는 「국제조세조정에 관한 법률」에 의하여 증여세를 납부할 의무가 있다. 다만, 해당 재산에 대하여 외국의 법령에 의하여 증여세가 부과되는 경우에는 그러하지 아니하다.

② 국외증여에 대하여 「국제조세조정에 관한 법률」에 의해 증여세를 납부하기 위해 증여재산의 시가를 산정하는 경우, 증여재산의 증여일 전후 6월 이내에 이루어진 실제매매가액이나 증여재산의 증여일 전후 6월 이내에 평가된 공신력 있는 감정기관의 감정가액, 증여재산의 증여일 전후 6월 이내에 적용 등을 통하여 확정된 증여재산의 보장가액이 확인되는 때에는 이를 해당 증여재산의 시가로 한다.

③ 국외증여에 대하여 「국제조세조정에 관한 법률」에 의해 증여세를 납부할 때 시가를 산정하기 어려울 때는 해당 재산의 종류·규모·거래상황 등을 참작하여 「상속세 및 증여세법」의 규정을 준용하여 증여재산가액을 평가한다.

④ 국외증여에 대하여 「국제조세조정에 관한 법률」에 의해 증여세를 납부할 때 「상속세 및 증여세법」의 규정을 준용하여 증여재산가액을 평가하는 것이 적절하지 아니한 경우에는 감정평가법인이 평가한 가액을 이용한다.

⑤ 국외증여에 대하여 「국제조세조정에 관한 법률」에 의해 증여세를 납부할 때 상장

주식가액의 산정은 평가기준을 전 3개월의 종가평균에 의한다.

풀이 국외증여에 대하여 「국제조세조정에 관한 법률」에 따라 증여세를 납부할 때 증여재산의 가액은 시가에 의하되, 시가의 산정이 어려울 경우에는 「상속세및증여세법」상의 보충적 평가방법에 의함. 따라서 상장주식가액은 시가에 의하되, 시가가 불분명한 경우에는 「상속세 및 증여세법」상의 보충적 평가액(평가기준일 이전·이후 각 2월간의 종가평균)에 의함.

정답 ⑤

제 7 장

상호합의절차

CHAPTER 07 상호합의절차

제 1 절 상호합의절차

국제거래에 대해서는 국내법보다 **조세조약**의 규정이 우선하여 적용된다. **조세조약의 해석 및 적용 등에 관하여 체약당사국간에 의견이 일치되지 않는 경우**에는 국가간에 조세분쟁이 발생할 수 있다. 따라서 조세조약에는 이러한 **조세분쟁**을 해결하기 위하여 **정부간 협의하는 절차(상호합의절차)**에 관한 규정을 두고 있다.

상호합의절차는 **조세조약의 해석**이나 **부당한 과세처분** 또는 **과세소득의 조정**에 대하여 우리나라의 권한 있는 당국과 체약상대국의 권한 있는 당국간에 **협의**를 통하여 해결하는 절차를 말한다(국제법 2 ① (5)).

제 2 절 상호합의절차의 개시

1. 상호합의절차의 개시사유

1.1 신청에 의한 상호합의절차의 개시요청

우리나라 국민·거주자 또는 내국법인과 비거주자 또는 외국법인은 다음의 **①에**

해당하는 경우에는 기획재정부장관에게, ② **및** ③**에 해당하는 경우**에는 국세청장에게 상호합의절차의 개시를 **신청**할 수 있다(국제법 22 ①).

상호합의절차 개시의 신청사유	신청기관
① 조세조약의 적용 및 해석에 관하여 체약상대국과 협의할 필요성이 있는 경우	**기획재정부장관**에게 상호합의절차의 개시를 신청할 수 있음
② 체약상대국의 과세당국으로부터 조세조약의 규정에 부합하지 아니하는 과세처분*1을 받았거나 받을 우려가 있는 경우	**국세청장**에게 상호합의절차의 개시를 신청할 수 있음(국세청장은 기획재정부장관에게 보고함)
③ 조세조약에 따라 우리나라와 체약상대국간에 조세조정이 필요한 경우	

*1 **조세조약의 규정에 부합하지 아니하는 과세처분**에는 ① 세법의 규정에 부합하지 아니하거나 과세방법이 잘못된, 체약상대국의 부당한 과세처분, ② 형평에 크게 어긋나거나 차별적으로 이루어진 체약상대국의 부당한 과세처분을 포함함(국제령 39 ①).

1.2 직권에 의한 상호합의절차의 개시요청

기획재정부장관 또는 국세청장은 신청을 받지 아니한 때에도 상호합의절차 개시 신청사유가 있는 경우에는 **직권**으로 체약상대국의 권한 있는 당국에 상호합의절차의 개시를 요청할 수 있다(국제법 22 ④⑤).

2. 상호합의절차의 개시요청 및 통지

2.1 상호합의절차의 개시요청과 통지

기획재정부장관 또는 국세청장은 상호합의절차 개시의 신청을 받은 경우에는 **다음의 어느 하나에 해당하는 경우**를 **제외**하고는 **체약상대국**의 권한 있는 당국에게 상호합의절차의 개시를 **요청**하여야 하고 신청인에게 그 요청사실을 **통지**하여야 한다(국제법 22 ②).

① 국내 또는 국외에서 법원의 확정판결이 있은 경우
② 조세조약상 신청자격이 없는 자가 신청한 경우
③ 납세자가 조세회피를 목적으로 상호합의절차를 이용하려고 하는 사실이 인정되는 경우
④ 과세사실을 안 날부터 3년이 경과하여 신청한 경우

2.2 상호합의절차 개시신청의 보고와 지시

국세청장은 상호합의절차의 개시 신청을 받은 경우에는 기획재정부장관에게 **보고**하여야 하며, 기획재정부장관은 필요한 경우 상호합의절차와 관련된 **지시**를 할 수 있다(국제법 22 ③).

3. 상호합의절차의 개시일과 종료일

3.1 상호합의절차의 개시일

상호합의절차의 개시일은 다음의 어느 하나에 해당하는 날로 한다(국제법 23 ①).

구 분	개시일
체약상대국의 권한 있는 당국으로부터 상호합의절차의 개시요청을 받은 경우	이를 **수락하는 의사**를 체약상대국의 권한 있는 당국에 통보한 날
체약상대국의 권한 있는 당국에게 상호합의절차의 개시요청을 한 경우	체약상대국의 권한 있는 당국으로부터 이를 **수락하는 의사**를 통보받은 날

3.2 상호합의절차의 종료일

상호합의절차의 종료일은 다음의 어느 하나에 해당하는 날로 한다(국제법 23 ②③④).

	구 분	종료일
일반원칙	① 상호합의가 이루어진 경우	우리나라와 체약상대국의 권한 있는 당국간에 **문서**에 의하여 **합의가 이루어진 날**
	② 상호합의가 이루어지지 아니한 경우	개시일의 다음 날부터 **5년**이 되는 날*1
상호합의절차 진행 중 법원의 확정판결이 있는 경우		확정판결일
상호합의절차 진행 중 신청인이 상호합의절차 개시 신청을 철회하는 경우		신청철회일

*1 우리나라와 체약상대국의 권한 있는 당국간에 **상호합의절차를 계속 진행하기로 합의하는 경우**에는 ②의 규정에 불구하고 상호합의절차가 종료되지 아니함. 이 경우 상호합의절차의 종료일은 개시일의 다음 날부터 **8년을 초과할 수 없음**(국제법 23 ③).

제 3 절 불복신청기간과 징수유예 등의 적용특례[1)]

1. 국세기본법 및 지방세기본법과 관련된 적용특례

1.1 불복청구기간과 결정기간에의 불산입

상호합의절차가 시작된 경우 상호합의절차의 개시일부터 종료일까지의 기간은 「국세기본법」의 심사청구·심판청구·행정소송 및 「지방세기본법」의 심사청구기간과 「국세기본법」과 「지방세기본법」의 결정기간에 산입하지 아니한다(국제법 24 ①).

1.2 부과제척기간의 특례

체약상대국과 상호합의절차가 개시된 경우에 상호합의절차의 종료일의 다음 날부터 **1년**간의 기간과 「국세기본법」의 **국세부과제척기간** 또는 「지방세법」의 **부과제척기간 중 나중에 도래하는 기간**이 만료된 날 후에는 국세 또는 지방세를 부과할 수 없다(국제법 25 ①②).

2. 국세징수법과 관련된 적용특례 : 징수유예와 체납처분유예

2.1 상호주의

상호합의기간에 대한 징수유예와 체납처분유예는 체약상대국이 상호합의절차의 진행 중에 징수유예 및 체납처분유예를 허용하는 경우에만 적용한다(국제법 24 ④).

2.2 고지전 징수유예와 체납처분유예

(1) 고지 전에 상호합의절차가 개시된 경우 : 고지의 유예

납세지 관할세무서장 또는 지방자치단체의 장은 **납부할 세액을 고지하기 전에 상호합의절차가 시작된 경우**에는 상호합의절차의 종료일까지 **세액의 고지를 유예**하거나 **결정한 세액을 분할하여 고지**할 수 있다. 이 경우 납세지 관할세무서장 및 지방자치단체의

1) 이 규정을 적용받으려는 자는 납세지 관할세무서장 또는 지방자치단체의 장에게 징수유예 또는 체납처분유예의 적용특례를 신청하여야 한다(국제법 24 ⑥).

장은 납부할 세액을 상호합의절차의 종료일의 다음 날부터 30일 이내에 고지하여야 한다(국제법 24 ②).

(2) 고지 또는 독촉을 받은 후 상호합의절차가 개시된 경우: 징수유예 또는 체납처분유예

납세지 관할세무서장 또는 지방자치단체의 장은 **납세자가 납세의 고지 또는 독촉을 받은 후 상호합의절차가 시작된 경우**에는 상호합의절차의 개시일부터 종료일까지는 세액의 **징수를 유예**하거나 체납처분에 의한 재산의 **압류나 압류재산의 매각을 유예**할 수 있다. 이 경우 납세지 관할세무서장 및 지방자치단체의 장은 상호합의절차의 종료일의 다음 날부터 30일 이내에 납부기한을 다시 정하여 유예된 세액을 징수하여야 한다(국제법 24 ③).

(3) 징수유예 등의 금지·취소와 징수

납세지 관할세무서장 또는 지방자치단체의 장은 「**(2) 고지전 징수유예와 체납처분유예**」 규정을 적용할 때 다음의 어느 하나에 해당하는 경우에는 고지유예, 징수유예 또는 체납처분유예를 허용해서는 아니된다. 이 경우 고지유예, 징수유예 또는 체납처분유예가 이미 허용되었을 때에는 이를 즉시 취소하고 유예에 관계되는 세액 및 체납액을 한꺼번에 징수하여야 한다(국제령 40 ④).

① 신청인이 과거에 체납한 사실이 있는 경우
② 신청인이 자료제출의무를 이행하지 아니한 경우
③ 조세채권이 일실될 가능성이 매우 높은 경우

2.3 이자상당액의 가산징수

납세지 관할세무서장과 지방자치단체의 장은 **상호합의기간에 대해 징수유예 및 체납처분유예를 허용하는 경우**에는 그 기간에 대하여 징수유예 또는 체납처분유예를 한 해당 국세 또는 지방세 금액에 **이자상당액**을 가산하여 **징수**한다(국제법 24 ⑤, 국제령 41).

> 이자상당가산액 = 징수유예 또는 체납처분유예를 한 해당 국세 또는 지방세 금액(상호합의절차에 의한 조정이 이루어진 경우에는 그 조정금액) × 세액 납부기한의 다음 날 또는 상호합의절차 개시일 중 나중에 도래하는 날부터 상호합의절차 종료일까지의 날짜 × 3 / 10,000

2.4 소득세·법인세에 부가되는 지방세의 고지유예 등

소득세액 또는 법인세액에 대하여 고지유예, 분할고지, 징수유예 또는 체납처분 유예 중 하나가 적용되는 경우에는 그 소득세액 또는 법인세액에 부가되는 **지방세액**에 대해서도 별도의 절차를 거치지 아니하고 그 고지유예 등이 그대로 적용되는 것으로 한다. 이 경우 국세청장은 지방자치단체의 장에게 고지유예 등의 사실을 통지하여야 한다(국제법 24 ⑦).

제 4 절 납세자의 협조의무

기획재정부장관이나 국세청장은 상호합의절차의 개시를 신청한 납세자에게 **상호합의절차의 진행에 필요한 서류를 제출**하도록 요구할 수 있다(국제법 26 ①).

기획재정부장관이나 국세청장은 납세자가 자료제출요구에 성실하게 협조하지 아니하는 경우에는 상호합의절차를 직권으로 종료할 수 있다. 이 경우 상호합의절차의 종료일은 그 신청인이 그 절차가 종료되었음을 통지받은 날로 한다(국제법 26 ②).

제 5 절 상호합의결과의 시행

1. 상호합의절차의 종결보고와 통보

국세청장은 상호합의절차가 종결된 경우에는 그 결과를 기획재정부장관에게 보고하여야 한다(국제법 27 ①). 기획재정부장관이나 국세청장은 상호합의절차가 종결된 경우에는 과세당국, 지방자치단체의 장, 조세심판원장, 그 밖의 관계기관 및 상호합의 절차 개시 신청인에게 그 결과를 **상호합의절차의 종료일의 다음 날부터 15일 내에** (「상호합의종결통보서」에 의하여) **통보**하여야 한다. 이 경우 기획재정부장관은 그 합의내용을 고시할 수 있다(국제법 27 ②, 국제령 42 ②).

2. 상호합의절차의 결과처리

과세당국이나 지방자치단체의 장은 상호합의결과에 따라 **부과처분, 경정결정 또는 그 밖에 세법상 필요한 조치**를 하여야 한다(국제법 27 ③).

상호합의절차가 종결된 후에 법원의 확정판결이 있은 경우로서 그 **확정판결 내용이 해당 상호합의 결과와 다를 때**에는 그 상호합의는 **처음부터 없는 것**으로 한다(국제법 27 ④).

제 6 절 상호합의결과의 확대적용

과세당국이나 지방자치단체의 장은 상호합의가 종결된 후 상호합의절차의 개시를 신청한 자가 「상호합의종결통보서」를 받은 날부터 3년 이내에 상호합의 결과를 **신청인과 상호합의대상국 외의 국가에 있는 특수관계인간의 거래**에 대해서도 적용하여 줄 것을 **신청**하는 경우로서 다음 각 **요건**을 모두 갖춘 경우에는 그 **상호합의결과를 상호합의 대상국 외의 국가에 있는 특수관계인간의 거래에 대하여도 적용**할 수 있다(국제법 27의 2 ①, 국제령 42의2 ②).

① 상호합의결과와 같은 유형의 거래일 것

② 상호합의결과와 같은 방식으로 과세되었을 것

③ 정상가격 산출시 적용한 통상의 이윤 또는 거래순이익률이 같아야 하는 것

위 규정에 따라 상호합의 결과를 상호합의 대상국 외의 국가에 있는 특수관계인에게 확대 적용하는 경우에는 상호합의 결과의 시행 규정을 준용한다(국제법 27의 2 ②).

연 습 문 제

용어 설명

1. 상호합의절차
2. 상호합의절차의 개시사유
3. 상호합의절차의 개시일과 종료일

논술 문제

[1] 「국제조세조정에 관한 법률」에 있어 상호합의절차에 대해 설명하시오.

객관식 문제

1. 다음은 「국제조세조정에 관한 법률」의 상호합의절차에 관하여 설명한 것이다. 가장 잘못된 것은? ► 세무사 2001

① 우리나라 국민·거주자 또는 내국법인은 조세조약의 적용 및 해석에 관하여 체약상대국과 협의할 필요성이 있는 경우, 체약상대국의 과세당국으로부터 조세조약의 규정에 부합하지 아니하는 과세처분을 받았거나 받을 우려가 있는 경우, 조세조약에 따라 우리나라와 체약상대국간에 조세조정이 필요한 경우에는 상호합의절차의 개시를 신청할 수 있다.

② 상호합의절차의 종료일은 우리나라와 체약상대국의 권한있는 당국간에 문서에 의하여 합의가 이루어진 날로 한다. 다만, 상호합의가 이루어지지 아니한 경우에는 개시일의 다음 날부터 5년이 되는 날을 상호합의절차의 종료일로 한다. 상호합의절차가 진행 중인 때에 법원의 확정판결이 있는 경우에는 그 확정판결일을 상호합의절차의 종료일로 한다.

③ 기획재정부장관 또는 국세청장은 상호합의절차가 종결된 경우에는 과세당국, 지방자치단체의 장, 국세심판원장 기타 관계기관 및 상호합의절차 개시 신청인에게 그 결과를 상호합의절차의 종료일의 다음 날부터 15일내에 통보하여야 한다.

④ 체약상대국과 상호합의절차가 개시된 경우에 상호합의절차의 종료일의 다음 날부터 5년간의 기간과 「국세기본법」상의 국세부과 제척기간중 먼저 도래하는 기간이 만료된 날 후에는 국세를 부과할 수 없다.

⑤ 기획재정부장관 또는 국세청장은 상호합의절차의 개시를 신청한 납세자에게 상호합의절차의 진행에 필요한 서류를 제출하도록 요구할 수 있으며 납세자가 이러한 자료제출요구에 성실하게 협조하지 아니하는 경우에는 상호합의절차를 직권으로 종료할 수 있다.

풀이 ④ 체약상대국과 상호합의절차가 개시된 경우에 상호합의절차의 종료일의 다음 날부터 1년간의 기간과 「국세기본법」에서 규정하는 제척기간 중 나중에 도래하는 기간이 만료된 날 후에는 국세를 부과할 수 없음(국제법 25). 정답 ④

2. 기획재정부장관이나 국세청장이 조세조약에 관하여 상호합의절차 개시의 신청을 받은 때에는 '법령에 정한 경우'를 제외하고는 체약상대국의 권한 있는 당국에 상호합의절차 개시를 요청하여야 한다. '법령에 정한 경우'에 해당하지 않는 것은? ► 세무사 2010

① 국외에서 법원의 확정판결이 있는 경우
② 국내에서 기획재정부 및 국세청의 유권해석이 있는 경우
③ 조세조약상 신청 자격이 없는 자가 신청한 경우
④ 납세자가 조세 회피를 목적으로 상호합의절차를 이용하려고 하는 사실이 인정되는 경우
⑤ 과세 사실을 안 날부터 3년이 지나 신청한 경우

풀이 ② 유권해석이 있는 경우 이에 대해 협의의 필요성이 있는 경우에는 상호합의절차의 개시를 요청할 수 있음. 정답 ②

제 8 장

국가간 조세협력

CHAPTER 08 국가간 조세협력

제 1 절 조세조약상 소득구분의 우선적용

비거주자 또는 외국법인의 **국내원천소득의 구분**에 관하여는 「소득세법」 및 「법인세법」의 국내원천소득에 관한 규정에 불구하고 **조세조약**이 **우선하여 적용**된다(국제법 28).

제 2 절 이자·배당 및 사용료에 대한 원천징수세율의 적용특례

조세조약의 규정상 비거주자 또는 외국법인의 국내원천소득 중 이자·배당 또는 지적재산권 등의 사용대가에 대하여는 조세조약상의 **제한세율**과 「소득세법」 및 「법인세법」상 **원천징수세율** 중 **낮은 세율**을 적용하며, 조세조약의 대상조세에 지방소득세가 포함되는 경우에는 이를 반영한 것을 제한세율로 한다.

1. 제한세율

일반적으로 조세조약은 **이자·배당 또는 사용료소득**에 대하여 원천지국에서 과세할 수 있는 최고세율을 규정하고 있는데 이를 **제한세율**이라 한다. 제한세율은 원천지국에서 높은 세율로 과세할 경우 거주지국의 과세권을 침해할 수 있으므로 원천지국과 거주지국간에 세원을 배분하기 위한 것이다.

2. 원천징수세율의 적용특례

조세조약의 규정상 비거주자 또는 외국법인의 국내원천소득 중 **이자, 배당 또는 지적재산권 등의 사용대가**(조세조약에서 「소득세법」 및 「법인세법」에 따른 산업상·상업상·과학상의 기계·설비·장치 등을 임대함으로써 발생하는 소득을 지식재산권 등의 사용대가로 구분하는 경우 그 사용대가를 포함)에 대해서는 **조세조약상의 제한세율과 다음의 어느 하나에 규정된 세율**(즉 「소득세법」 및 「법인세법」상 **원천징수세율**) 중 **낮은 세율을 적용**한다. 다만, 「소득세법」의 비거주자에 대한 원천징수 **특례** 또는 「법인세법」의 외국법인에 대한 원천징수 **특례 규정**에 해당되는 경우에는 「소득세법」 또는 「법인세법」의 규정에 따라 원천징수한다. 이 경우 「소득세법」 또는 「법인세법」 규정에 따라 **과세표준과 세액을 경정하는 경우**에는 ① **조세조약상의 제한세율**과 ② **다음의 어느 하나에 규정된 세율** 중 **낮은 세율을 적용**한다(국제법 29 ①).

① 조세조약의 대상 조세에 **지방소득세 소득분이 포함되지 아니하는 경우**에는 「소득세법」 또는 「법인세법」에서 규정하는 원천징수 세율

② 조세조약의 대상조세에 **지방소득세 소득분이 포함되는 경우**에는 「소득세법」 또는 「법인세법」에서 규정하는 세율에 「지방세법」의 **지방소득세 소득분에 대한 세율을 반영한 원천징수 세율**

3. 거주자 증명

3.1 거주자 증명제도

거주자증명제도는 제한세율을 이용한 조세회피를 규제하기 위한 제도로, 제한세율이 적용되는 **체약상대국의 거주자가 아닌 경우**에는 **제한세율을 적용하지 않는 것**을 말한다. 조세조약을 체결한 체약상대국에서 조세조약상 제한세율을 적용할 경우 우리나라의 거주자임을 입증할 것을 요구할 수 있으며, 거주자 증명을 요구하는 때에는 우리나라의 거주자임을 요구하여야 제한세율을 적용할 수 있다.

3.2 거주자 증명의 발급

과세당국은 체약상대국이 **제한세율의 적용**과 관련하여 거주자나 내국법인에게 **거주자증명을 요구하는 경우**에는 그 **증명을 발급**할 수 있다[1](국제법 29 ②).

제 3 절 조세징수의 위탁과 수탁

1. 조세징수의 위탁

납세지 관할세무서장 또는 지방자치단체의 장은 **국내에서 납부할 조세를 징수하기 곤란하여 체약상대국에서 징수하는 것이 불가피하다고 판단되는 경우**에는 국세청장에게 체약상대국에 대하여 조세 징수를 위하여 필요한 조치를 하도록 요청할 수 있다(국제법 30 ①). 국세청장은 징수위탁의 요청을 받은 경우에는 체약상대국의 권한있는 당국에게 그 조세를 징수해 주도록 위탁할 수 있다(국제법 30 ②).

2. 조세징수의 수탁

체약상대국에 납부할 조세를 우리나라에서 징수해 주도록 조세조약에 따라 체약상대국의 권한 있는 당국으로부터 위탁을 받은 경우에는 기획재정부장관이나 국세청장은 **납세지 관할세무서장에게 국세징수의 예에 따라 징수**하도록 할 수 있다(국제법 30 ③).

1) 체약상대국으로부터 제한세율을 적용받기 위하여 거주자증명서를 체약상대국에 제출하려는 자는 거주자증명서 발급 신청서를 납세지 관할 세무서장에게 제출하여야 한다(국제령 43 ①). 납세지 관할세무서장은 거주자증명서 발급 신청을 받은 경우에는 사실 확인을 거쳐 거주자증명서를 발급하여야 한다. 다만, 체약상대국 정부가 발행한 거주자증명서 서식에 따라 발급해 줄 것을 신청받은 경우에는 그 서식에 따라 거주자증명서를 발급할 수 있다(국제령 43 ②).

제 4 절 조세정보 및 금융정보의 교환

1. 조세정보의 교환

권한 있는 당국은 **조세의 부과와 징수, 조세불복에 대한 심리 및 형사소추 등을 위하여 필요한 조세정보**와 **국제적 관행으로 일반화되어 있는 조세정보**를 **다른 법률에 저촉되지 아니하는 범위**에서 획득하여 체약상대국과 교환할 수 있다(국제법 31 ①).

2. 금융정보의 제공

2.1 금융정보의 제공과 제공금지

(1) 금융정보제공을 요구할 수 있는 경우(금융정보의 제공)

1) 체약상대국의 권한 있는 당국이 요청하는 경우

권한 있는 당국은 체약상대국의 권한있는 당국이 **조세조약에 따라 거주자·내국법인 또는 비거주자·외국법인의 금융정보**(「금융실명거래 및 비밀보장에 관한 법률」에 따른 금융거래의 내용에 대한 정보 또는 자료를 말함)**를 요청하는 경우** 동법의 규정에 불구하고 다음의 어느 하나에 해당하는 금융정보의 제공을 금융회사 등(「금융실명거래 및 비밀보장에 관한 법률」에 따른 금융회사 등을 말함)의 특정 점포(「상속세 및 증여세법」에 따른 금융재산 일괄 조회에 해당하는 경우와 체약상대국의 권한 있는 당국이 요청하는 정보가 특정 금융거래와 관련된 명의인의 인적 사항을 특정할 수 없는 집단인 경우에는 금융회사 등의 장을 말함)에 대하여 요구할 수 있으며, 그 금융회사 등에 종사하는 사람은 이를 거부하지 못한다(국제법 31 ②).

① 조세에 관한 법률에 따라 제출의무가 있는 과세자료에 해당하는 금융정보
② 상속·증여재산의 확인에 필요한 금융정보
③ 체약상대국의 권한 있는 당국이 조세탈루의 혐의를 인정할 만한 명백한 자료의 확인에 필요한 금융정보
④ 체약상대국 체납자의 재산조회에 필요한 금융정보
⑤ 체약상대국의 권한 있는 당국이 「국세징수법」의 납기전징수에 해당하는 사유로 필요한 금융정보

2) 상호주의에 따른 정기적인 금융정보의 교환을 위하여 필요한 경우

권한 있는 당국은 조세조약에 따라 체약상대국과 상호주의에 따른 정기적인 금융정보의 교환을 위하여 필요한 경우 「금융실명거래 및 비밀보장에 관한 법률」에도 불구하고 체약상대국의 조세 부과 및 징수와 납세의 관리에 필요한 거주자·내국법인 또는 비거주자·외국법인의 금융거래 내용 등 금융정보의 제공을 금융회사 등의 장에게 요구할 수 있다. 이 경우 그 금융회사 등에 종사하는 사람은 이를 제공하여야 한다[2](국제법 31 ③).

(2) 금융회사 등에 대한 금융거래상대방을 미리확인하기 위하여 필요한 경우

금융회사 등은 국가간 금융정보의 교환을 지원하기 위하여 권한 있는 당국의 위의 2)에 따른 요구가 없는 경우에도 그 사용 목적에 필요한 최소한의 범위에서 해당 금융회사 등의 금융거래 상대방(조세조약에 따른 체약상대국이 아닌 다른 국가의 금융거래 상대방을 포함)에 대한 납세자번호(개별 국가에서 납세자를 식별하기 위한 고유번호를 말함)를 포함한 인적 사항 등을 미리 확인·보유할 수 있다(국제법 31 ④).

금융정보를 제공하거나 금융정보를 확인하려는 금융회사 등의 장은 금융거래의 상대방에게 인적 사항 등의 확인을 위하여 필요한 자료의 제출을 요청할 수 있다(국제법 31 ⑩).

2.2 금융정보제공요구 요건위배시 거부(금융정보의 제공금지)

금융회사 등에 종사하는 사람은 **위의 「금융정보의 제공」 규정을 위반**하여 금융정보의 제공을 요구받으면 그 요구를 거부하여야 한다(국제법 31 ⑥).

2.3 비밀유지

「금융정보의 제공」 규정에 따라 금융정보를 알게 된 사람은 그 금융정보를 체약상대국의 권한 있는 당국 외의 자에게 제공 또는 누설하거나 그 목적 외의 용도로 이용하여서는 아니되며, 누구든지 금융정보를 알게 된 자에게 그 금융정보의 제공을 요

---

2) 권한 있는 당국은 금융회사 등으로부터 제공받은 정보에 명백한 오류가 있다고 판단되거나 체약상대국의 권한 있는 당국이 교환받은 정보에 대하여 조세조약에 따라 그 오류의 시정을 요구하는 경우에는 금융회사 등의 장에게 해당 정보의 오류에 대한 시정을 지체 없이 요구하여야 한다(국제령 47 ⑧).

구하여서는 아니된다(국제법 31 ⑦).

「금융정보의 제공 및 비밀유지」 규정을 위반하여 제공되거나 누설된 금융정보를 취득한 사람은 그 위반사실을 알게 된 경우 그 금융정보를 타인에게 제공하거나 누설하여서는 아니된다(국제법 31 ⑧).

2.4 납세의무자의 조세정보 또는 금융정보의 교환방해 및 지연금지

다음의 어느 하나에 해당하는 자는 조세정보 또는 금융정보의 획득, 교환 또는 제공을 부당하게 방해하거나 지연시켜서는 아니 된다(국제법 31 ⑤).

① 위의 (1) 금융정보의 제공을 요구할 수 있는 경우의 규정에 따른 조세정보 또는 금융정보와 관련된 자

② 위의 (2) 금융회사 등에 대한 금융거래상대방을 미리확인하기 위하여 필요한 경우의 규정에 따른 따른 금융거래의 상대방

2.5 금융정보 및 조세정보 제공사실의 통보

권한있는 당국은 「조세정보의 교환」 및 「금융정보의 제공」 규정에 따라 체약상대국의 권한있는 당국의 요청에 따라 특정 납세의무자의 조세정보 또는 금융정보를 제공한 경우에는 제공한 날(통지를 유예한 경우에는 통지유예기간이 끝난 날)부터 10일 이내에 조세정보 또는 금융정보 등의 제공사실 및 제공내용 등을 정보제공내용통지서에 따라 해당 납세의무자 또는 그 대리인에게 통지하여야 한다(국제령 47 ③).

권한있는 당국은 체약상대국으로부터 다음의 어느 하나에 해당하는 **사유**에 의한 **통지의 유예를 서면으로 요청받았을 때**에는 유예요청기간(② 또는 ③의 사유에 의한 요청을 받은 경우로서 그 유예요청기간이 6개월 이상인 경우에는 6개월) 동안 통지를 유예할 수 있다(국제령 47 ④).

① 해당 통지가 사람의 생명이나 신체의 안전을 위협할 우려가 있는 경우

② 해당 통지가 증거인멸·증인위협 등 공정한 사법절차의 진행을 방해할 우려가 명백한 경우

③ 해당 통지가 질문·조사 등의 행정절차 진행을 방해하거나 지나치게 지연시킬 우려가 명백한 경우

2.6 벌 칙

「금융정보제공요구 요건위배시 거부」와 「비밀유지」 및 「해외금융계좌의 비밀유지」 규정을 위반한 자는 **5년 이하의 징역** 또는 **3천만원 이하의 벌금**에 처한다. 이 경우 징역형과 벌금형은 병과할 수 있다(국제법 31의2 ①②).

2.7 양벌규정

법인의 대표자나 법인 또는 개인의 대리인, 사용인, 그 밖의 종업원이 그 법인 또는 개인의 업무에 관하여 「금융정보제공요구 요건위배시 거부」와 「비밀유지」 규정의 위반행위(해외금융계좌의 비밀유지를 위반한 행위는 제외)를 하면 그 행위자를 벌하는 외에 그 법인 또는 개인에게도 해당 조문의 벌금형을 과(科)한다. 다만, 법인 또는 개인이 그 위반행위를 방지하기 위하여 해당 업무에 관하여 상당한 주의와 감독을 게을리하지 아니한 경우에는 그러하지 아니하다(국제법 31의 3).

2.8 과태료

금융정보의 제공을 요구받은 금융회사 등이 정당한 사유 없이 이를 제공하지 아니하거나 거짓으로 제공하는 경우에는 3천만원 이하의 과태료를 부과한다(국제법 31의 4 ①). 과태료는 과세당국이 부과·징수한다(국제법 31의 4 ②).

과태료의 부과기준은 다음과 같다. 다만, 금융회사 등의 장이 권한 있는 당국의 시정 요구에 따라 기한 내에 시정한 경우에는 해당 과태료를 부과하지 아니할 수 있다(국제령 51 ②).[3]

---

3) 과태료는 그 위반행위의 정도, 위반 횟수, 위반행위의 동기와 결과 등을 고려하여 해당 과태료 금액의 1/2의 범위에서 줄이거나 늘릴 수 있다. 다만, 늘리는 경우에는 과태료 금액의 한도를 초과할 수 없다(국제령 51 ④).
과태료는 다음의 어느 하나에 해당하는 경우에는 그 금액에 다음에서 정하는 감경비율을 적용하여야 한다(국제령 51 ⑤).
① 신고기한이 지난 후 **수정신고를 한 경우**(과세당국의 과태료 부과를 미리 알고 제출한 경우는 제외)에는 다음 각 구분에 따른 비율
㉠ 신고기한이 지난 후 6개월 이내에 수정신고한 경우: 해당 과태료 금액의 70%
㉡ 신고기한이 지난 후 6개월 초과 1년 이내에 수정신고한 경우: 해당 과태료 금액의 50%
㉢ 신고기한이 지난 후 1년 초과 2년 이내에 수정신고한 경우: 해당 과태료 금액의 20%
㉣ 신고기한이 지난 후 2년 초과 4년 이내에 수정신고한 경우: 해당 과태료 금액의 10%
② 신고기한이 지난 후 **기한 후 신고를 한 경우**(과세당국의 과태료 부과를 미리 알고 제출한

① 권한 있는 당국이 요구한 금융정보 전부를 제공하지 아니하거나 거짓으로 제공한 경우: 2천만원

② 권한 있는 당국이 요구한 금융정보 중 일부를 제공하지 아니한 경우: 1천만원

2.9 금융정보 제공의 제한(상호주의)

권한 있는 당국은 상호주의 원칙에 따라 체약상대국에 금융정보를 제공하는 것을 제한할 수 있다(국제법 31 ⑨).

제 5 절 세무조사의 협력

권한 있는 당국은 **조세조약이 적용되는 자와의 거래에 대하여 세무조사가 필요하다고 판단되는 경우**에는 그 거래에 대하여 체약상대국과 **동시**에 세무조사를 하거나 체약상대국에 세무공무원을 파견하여 **직접** 세무조사를 하게 하거나 체약상대국의 세무조사에 **참여**하게 할 수 있다(국제법 32 ①). 권한 있는 당국은 체약상대국이 조세조약에 따라 세무조사**협력**을 요청하는 경우 수락할 수 있다(국제법 32 ②).

제 6 절 조세조약의 시행

조세조약의 시행을 위하여 필요한 사항은 시행령으로 정한다(국제법 33).

경우는 제외)에는 다음 각 구분에 따른 비율

㉠ 신고기한이 지난 후 1개월 이내에 기한 후 신고를 한 경우: 해당 과태료 금액의 70%

㉡ 신고기한이 지난 후 1개월 초과 6개월 이내에 기한 후 신고를 한 경우: 해당 과태료 금액의 50%

㉢ 신고기한이 지난 후 6개월 초과 1년 이내에 기한 후 신고를 한 경우: 해당 과태료 금액의 20%

㉣ 신고기한이 지난 후 1년 초과 2년 이내에 기한 후 신고를 한 경우: 해당 과태료 금액의 10%

연 습 문 제

용어 설명

1. 국제간 조세협력
2. 이자, 배당 및 사용료에 대한 원천징수세율의 적용특례
3. 거주자 증명제도
4. 조세정보와 금융정보의 교환
5. 세무조사의 협력

논술 문제

[1] 「국제조세조정에 관한 법률」에 있어 국가간 조세협력에 대해 설명하시오.

객관식 문제

1. 다음은 「국제조세조정에 관한 법률」상 국가간 조세협력에 대한 설명이다. 틀린 것은?

► 세무사 2000

① 국세청장은 조세의 부과와 징수, 조세불복에 대한 심리 및 형사소추 등을 위하여 필요한 조세정보를 다른 법률에 저촉되지 아니하는 범위 내에서 체약상대국과 교환할 수 있다.

② 국세청장은 국외특수관계인과의 국제거래에 대하여 세무조사가 필요하다고 판단되는 경우에는 그 거래에 대하여 체약상대국과 동시에 세무조사를 할 수 있다.

③ 납세지 관할세무서장 또는 지방자치단체의 장은 국내에서 납부할 조세의 징수가 곤란하여 체약상대국에서 징수하는 것이 불가피하다고 판단되는 경우에는 국세청장에게 체약상대국에 대하여 조세의 징수를 위하여 필요한 조치를 하도록 요청할 수 있다.

④ 국세청장은 체약상대국의 권한있는 당국에게 위탁받은 조세징수와 관련된 법원의 확정판결문 등 조세징수대상자의 납세의무를 확인할 수 있는 자료를 요구할 수 있다.

⑤ 조세조약의 규정상 비거주자 또는 외국법인의 국내원천소득 중 이자·배당 또는 지적재산권 등의 사용대가에 대하여는 조세조약상의 제한세율을 적용한다.

풀이 조세조약의 규정상 비거주자 또는 외국법인의 국내원천소득 중 이자·배당 또는 지적재산권 등의 사용대가에 대하여는 조세조약상 제한세율과 「소득세법」 또는 「법인세법」에서 규정하는 세율(조세조약의 대상조세에 주민세가 포함되는 경우에는 주민세율을 반영한 세율) 중 낮은 세윤을 적용함(국제법 29 ①).

정답 ⑤

제 9 장

해외금융계좌의 신고

CHAPTER 09 해외금융계좌의 신고

제 1 절 용어의 정의

1. 해외금융회사

해외금융회사는 국외에 소재하는 금융업, 보험 및 연금업, 금융 및 보험 관련 서비스업 및 이와 유사한 업종을 하는 금융회사(내국법인의 국외사업장을 포함하고, 외국법인의 국내사업장은 제외) 등 또는 외국의 금융 관련 법령에 따라 설립된 금융회사 등 중 이와 유사한 금융회사 등을 말한다(국제법 34 ②, 국제령 49 ②).

2. 해외금융계좌

해외금융계좌는 해외금융회사와 금융거래(「금융실명거래 및 비밀보장에 관한 법률」의 금융거래 및 이와 유사한 거래를 포함)를 위하여 해외금융회사에 개설한 계좌로서 다음 각 계좌를 말한다(국제법 34 ③, 국제령 49 ③).

① 「은행법」에 따른 은행업무와 관련하여 개설한 계좌

② 「자본시장과 금융투자업에 관한 법률」에 따른 증권 및 이와 유사한 해외증권의 거래를 위하여 개설한 계좌

③ 「자본시장과 금융투자업에 관한 법률」에 따른 파생상품 및 이와 유사한 해외 파생상품의 거래를 위하여 개설한 계좌

④ ①부터 ③까지에서 규정한 계좌 외의 계좌로서 그 밖에 금융거래를 위하여 해외금융회사에 개설한 계좌

제 2 절 해외금융계좌의 신고

1. 해외금융계좌정보의 신고의무자

해외금융회사에 개설된 해외금융계좌를 보유한 **거주자 및 내국법인** 중에서 해당 연도의 매월 말일 중 어느 하루의 **보유계좌잔액**(보유계좌가 복수인 경우에는 각 계좌잔액을 합산함)**이 10억원을 초과하는 자**(**신고의무자**)[1]는 다음 각 정보(**해외금융계좌정보**)

---

1) **거주자 및 내국법인**은 신고대상 연도 종료일을 기준으로 판정한다(국제령 50 ①).
신고의무자의 매월 말일 **보유계좌잔액**은 신고의무자가 보유한 각 해외금융계좌(거래실적 등이 없는 계좌, 연도 중에 해지된 계좌 등 해당 연도 전체 기간 중에 보유한 모든 계좌를 포함하되, 「보험업법」에 따른 보험상품 및 이와 유사한 해외보험상품으로서, 순보험료가 위험보험료만으로 구성되는 보험계약에 해당하는 금융계좌는 제외)의 자산에 대하여 다음의 각 구분에 따라 산정한 금액을 해당 표시통화의 환율(「외국환거래법」에 따른 일별 기준환율 또는 재정환율을 말함)로 각각 환산한 후 합산하여 산출한다(국제령 50 ②).
① 현금: 매월 말일의 종료시각 현재의 잔액
② 「자본시장과 금융투자업에 관한 법률」에 따른 증권시장 또는 이와 유사한 해외 증권시장에 상장된 주식과 그 주식을 기초로 발행한 예탁증서: 매월 말일의 종료시각 현재의 수량×해당하는 매월 말일의 최종가격(해당하는 매월 말일의 거래일이 아닌 경우에는 그 직전 거래일의 최종가격)
③ 「자본시장과 금융투자업에 관한 법률」에 따른 증권시장 또는 이와 유사한 해외 증권시장에 상장된 채권: 해당하는 매월 말일의 종료시각 현재의 수량×해당하는 매월 말일의 최종가격(해당하는 매월 말일이 거래일이 아닌 경우에는 그 직전 거래일의 최종가격)
④ 「자본시장과 금융투자업에 관한 법률」에 따른 집합투자증권 및 이와 유사한 해외집합투자증권: 해당하는 매월 말일의 종료시각 현재의 수량×해당하는 매월 말일의 기준가격(해당하는 매월 말일의 기준가격이 없는 경우에는 해당하는 매월 말일 현재의 환매가격 또는 해당하는 매월 말일 전 가장 가까운 날의 기준가격)
⑤ 「보험업법」에 따른 보험상품 및 이와 유사한 해외보험상품: 해당하는 매월 말일의 종료시각 현재의 납입금액
⑥ ①부터 ⑤까지에서 규정한 자산 외의 자산: 해당하는 매월 말일의 종료시각 현재의 수량×해당하는 매월 말일의 시가(시가산정이 곤란한 경우에는 취득가액)

를 **다음 연도 6월 1일부터 30일까지** 납세지 관할 세무서장에게 **신고**하여야 한다(국제법 34 ①, 국제령 49 ①).

① 보유자의 성명·주소 등 신원에 관한 정보

② 계좌번호, 금융회사의 이름, 매월 말일의 보유계좌잔액의 최고금액 등 보유계좌에 관한 정보

③ 해외금융계좌 관련자에 관한 정보

해외금융계좌 관련자(해외금융계좌 중 실지명의에 의하지 않은 계좌 등 그 계좌의 명의자와 실질적 소유자가 다른 경우에는 명의자 및 실질적 소유자를, 공동명의 계좌인 경우에는 공동명의자 각각을 말함)는 해당 계좌를 각각 보유한 것으로 본다(국제법 34 ④).[2)]

2. 해외금융계좌정보 신고의무의 면제

신고의무자 중 다음의 어느 하나에 해당하는 경우 신고의무를 면제한다(국제법 34 ⑤, 국제령 49 ④⑤⑥).

① 「소득세법」에 따른 외국인 거주자 및 「재외동포의 출입국과 법적 지위에 관한 법률」의 재외국민으로서 해당 신고대상 연도 종료일 2년 전부터 국내에 거소

---

2) **실질적 소유자**는 해당 계좌의 명의와는 관계없이 해당 해외금융계좌와 관련한 거래에서 경제적 위험을 부담하거나 이자·배당 등의 수익을 획득하거나 해당 계좌를 처분할 권한을 가지는 등 해당 계좌를 사실상 관리하는 자(내국법인이 외국법인의 의결권 있는 주식의 100%를 직접 또는 간접으로 소유한 경우 그 내국법인을 포함하되, 조세조약의 체결여부 등을 고려하여 정하는 경우에는 그러하지 아니함)로 한다. 다만, 다음에 해당하는 경우에는 실질적 소유자로 보지 아니한다(국제령 50 ④).

① 해외금융계좌의 명의자가 「자본시장과 금융투자업에 관한 법률」에 따른 집합투자기구 또는 이와 유사한 외국에서 설립된 집합투자기구인 경우에 해당 집합투자기구에 투자한 자

② 해외금융계좌의 명의자가 「자본시장과 금융투자업에 관한 법률」에 따른 투자중개업자 또는 한국예탁결제원인 경우에 해당 해외금융자산에 투자한 자

③ 해외금융계좌의 명의자가 「자본시장과 금융투자업에 관한 법률」에 따른 금전신탁계약의 신탁업자인 경우에 해당 해외금융자산에 투자한 자

④ 해외금융계좌의 명의자가 「중소기업창업 지원법」에 따른 중소기업창업투자조합인 경우에 해당 해외금융자산에 투자한 자

⑤ 해외금융계좌의 명의자가 「벤처기업육성에 관한 특별조치법」에 따른 한국벤처투자조합인 경우에 해당 해외금융자산에 투자한 자

해외금융계좌 관련자는 해당 계좌의 잔액 전부를 각각 보유한 것으로 본다(국제령 50 ⑤).

를 둔 기간의 합계가 183일 이하인 자(이 경우 국내에 거소를 둔 기간의 계산은 「소득세법」에 따른 거주기간의 계산방법에 따름)

② 국가, 지방자치단체 및 「공공기관의 운영에 관한 법률」에 따른 공공기관

③ 금융회사 등

④ 해외금융계좌 관련자 중 어느 하나가 본인의 해외금융계좌정보를 함께 제출함에 따라 납세지 관할 세무서장이 본인이 보유한 모든 해외금융계좌정보를 확인할 수 있는 자

⑤ 다른 법령에 따라 국가의 관리·감독이 가능한 기관으로 다음의 어느 하나에 해당하는 자를 말한다.

㉠ 「자본시장과 금융투자업에 관한 법률」에 따른 금융투자업관계기관, 집합투자기구, 집합투자기구평가회사 및 채권평가회사

㉡ 「금융지주회사법」에 따른 금융지주회사

㉢ 「외국환거래법」에 따른 외국환업무취급기관 및 외국환중개회사

㉣ 「신용정보의 이용 및 보호에 관한 법률」에 따른 신용정보회사

3. 해외금융계좌 수정신고 및 기한 후 신고

해외금융계좌정보를 **수정신고**하려는 자는 「해외금융계좌 수정신고서」에 다음의 각 사항을 적어 납세지 관할세무서장에게 제출하여야 한다(국제령 50의 3 ①).

① 처음 신고한 해외금융계좌정보

② 수정신고하는 해외금융계좌정보

해외금융계좌정보를 **기한 후 신고**하려는 자는 「해외금융계좌 기한후신고서」를 납세지 관할세무서장에게 제출하여야 한다(국제령 50의 3 ②).

제 3 절 해외금융계좌 신고의무 불이행에 대한 벌칙

1. 신고의무 불이행에 대한 벌칙

해외금융계좌정보의 신고의무자로서 신고기한 내에 신고하지 아니한 금액이나

과소 신고한 금액(**신고의무 위반금액**)이 **50억원을 초과하는 경우**에는 2년 이하의 징역 또는 신고의무 위반금액의 20% 이하에 상당하는 벌금에 처한다. 다만, 정당한 사유가 있는 경우에는 그러하지 아니하다(국제법 34의 2 ①).

이 경우 징역형과 벌금형은 병과할 수 있다(국제법 34의 2 ②). 이 규정에 따라 처벌되는 경우 과태료는 부과하지 아니한다(국제법 34의 2 ③).

2. 양벌규정

내국법인의 대표자, 내국법인 또는 거주자의 대리인, 사용인, 그 밖의 종업원이 그 내국법인 또는 거주자의 업무에 관하여 위에서 규정하는 범칙행위를 하면 그 행위자를 벌할 뿐만 아니라 그 내국법인 또는 거주자에게도 벌금형을 과(科)한다. 다만, 내국법인 또는 거주자가 그 위반행위를 방지하기 위하여 해당 업무에 관하여 상당한 주의와 감독을 게을리하지 아니한 경우에는 그러하지 아니하다(국제법 34의 2 ④).

제 4 절 해외금융계좌 신고의무 위반금액의 출처에 대한 소명

1. 소명요구

거주자인 신고의무자가 신고기한 내에 해외금융계좌정보를 신고하지 아니하거나 과소 신고한 경우에는 해당 납세지 관할세무서장은 그 신고의무자에게 신고의무 위반금액의 출처에 대하여 소명을 요구할 수 있다(국제법 34의 3 ①).

2. 소명방법과 소명기간의 연장

2.1 소명방법

소명을 요구받은 해당 신고의무자는 통지를 받은 날부터 90일 이내(**소명기간**)에 소명을 하여야 한다(국제법 34의 3 ② 본문). 소명을 요구받은 신고의무자가 신고의무 위반금액의 출처에 대하여 소명하려는 경우에는 해외금융계좌 신고의무 위반금액 출처 확인서를 납세지 관할세무서장에게 제출하여야 한다(국제령 50의 2 ①).

소명을 요구받은 신고의무자가 소명을 요구받은 금액의 80% 이상에 대하여 출처를 소명한 해외금융계좌에 대해서는 신고의무 위반으로 소명을 요구받은 전액에 대하여 소명한 것으로 본다(국제령 50의 2 ②).

2.2 소명기간의 연장

신고의무자가 자료의 수집·작성에 상당한 기간이 걸리는 등 다음의 부득이한 사유로 소명기간의 연장을 신청하는 경우에는 납세지 관할 세무서장은 한 차례만 60일까지 연장할 수 있다(국제법 34의 3 ② 단서, 국제령 50의 2 ③).

① 신고의무자가 화재·재난 및 도난 등의 사유로 자료를 제출할 수 없는 경우
② 신고의무자가 사업이 중대한 위기에 처하여 자료를 제출하기 매우 곤란한 경우
③ 관련 장부·서류가 권한 있는 기관에 압수되거나 영치된 경우
④ 자료의 수집·작성에 상당한 기간이 걸려 기한까지 자료를 제출할 수 없는 경우
⑤ ①부터 ④까지에 준하는 사유가 있어 기한까지 자료를 제출할 수 없다고 판단되는 경우

3. 수정신고 및 기한 후 신고를 한 경우

신고의무자가 수정신고 및 기한 후 신고를 한 경우(과세당국의 과태료 부과를 미리 알고 신고한 경우는 제외)에는 1. **소명요구**와 2. **소명방법과 소명기간의 연장** 규정을 적용하지 아니한다(국제법 34의 3 ③).

제 5 절 해외금융계좌 신고의무 불이행에 대한 과태료

1. 신고불이행에 대한 과태료

해외금융계좌정보의 신고의무자가 신고기한 내에 해외금융계좌정보를 **신고하지 않거나 과소 신고한 경우**에는 다음에 따라 계산한 금액의 **20% 이하에 상당하는 과태료**를 부과한다(국제법 35 ①).

① **신고를 하지 않은 경우**: 미신고 금액

② **과소 신고한 경우**: 실제 신고한 금액과 신고하여야 할 금액과의 차액

신고의무자가 **신고의무 위반금액의 출처에 대하여 소명하지 아니하거나 거짓으로 소명한 경우**에는 소명하지 아니하거나 거짓으로 소명한 금액의 20%에 상당하는 과태료를 부과한다. 다만, 천재지변 등 정당한 사유가 있는 경우[3]에는 부과하지 아니한다(국제법 35 ②).

과태료는 과세당국이 부과·징수한다(국제법 35 ③).

2. 과태료의 부과기준

과태료의 부과기준은 다음과 같다(국제령 51 ③).[4]

① 신고하지 아니하거나 과소 신고한 금액이 **20억원 이하**인 경우: 해당 금액의 10%

② 신고하지 아니하거나 과소 신고한 금액이 **20억원 초과 50억원 이하**인 경우: 2억

---

3) **천재지변 등 정당한 사유가 있는 경우**는 천재지변 등 불가항력적 사유 및 해외금융계좌 소재 국가의 사정 등으로 인하여 신고의무자가 신고의무 위반금액의 출처에 대하여 소명을 하는 것이 불가능한 경우를 말한다(국제령 51 ⑧).

4) 과태료는 그 위반행위의 정도, 위반 횟수, 위반행위의 동기와 결과 등을 고려하여 해당 과태료 금액의 1/2의 범위에서 줄이거나 늘릴 수 있다. 다만, 늘리는 경우에는 과태료 금액의 한도를 초과할 수 없다(국제령 51 ④).
과태료는 다음의 어느 하나에 해당하는 경우에는 그 금액에 다음에서 정하는 감경비율을 적용하여야 한다(국제령 51 ⑤).
① 신고기한이 지난 후 **수정신고를 한 경우**(과세당국의 과태료 부과를 미리 알고 제출한 경우는 제외)에는 다음의 각 구분에 따른 비율
㉠ 신고기한이 지난 후 6개월 이내에 수정신고한 경우: 해당 과태료 금액의 70%
㉡ 신고기한이 지난 후 6개월 초과 1년 이내에 수정신고한 경우: 해당 과태료 금액의 50%
㉢ 신고기한이 지난 후 1년 초과 2년 이내에 수정신고한 경우: 해당 과태료 금액의 20%
㉣ 신고기한이 지난 후 2년 초과 4년 이내에 수정신고한 경우: 해당 과태료 금액의 10%
② 신고기한이 지난 후 **기한 후 신고를 한 경우**(과세당국의 과태료 부과를 미리 알고 제출한 경우는 제외)에는 다음의 각 구분에 따른 비율
㉠ 신고기한이 지난 후 1개월 이내에 기한 후 신고를 한 경우: 해당 과태료 금액의 70%
㉡ 신고기한이 지난 후 1개월 초과 6개월 이내에 기한 후 신고를 한 경우: 해당 과태료 금액의 50%
㉢ 신고기한이 지난 후 6개월 초과 1년 이내에 기한 후 신고를 한 경우: 해당 과태료 금액의 20%
㉣ 신고기한이 지난 후 1년 초과 2년 이내에 기한 후 신고를 한 경우: 해당 과태료 금액의 10%

원+해당 금액 중 20억원을 초과한 금액의 15%

③ 신고하지 아니하거나 과소 신고한 금액이 **50억원 초과**인 경우: 6억 5천만원+해당 금액 중 50억원을 초과한 금액의 20%

과태료를 부과할 때 보유계좌잔액 합산의 오류 등 단순 착오에 따라 신고하지 아니하였다고 인정할 만한 사유가 있는 경우에는 과태료를 부과하지 아니할 수 있으며, 신고하지 아니하거나 과소 신고한 계좌가 추가로 확인되는 경우에 추가로 부과하는 과태료는 신고하지 아니하거나 과소 신고한 전체 금액을 기준으로 부과할 과태료에서 이미 부과한 과태료를 뺀 금액을 부과한다(국제령 51 ⑦).

제 6 절 해외금융계좌정보의 비밀유지

1. 세무공무원의 비밀유지와 정보의 제공

세무공무원은 해외금융계좌정보를 타인에게 제공 또는 누설하거나 목적 외의 용도로 사용해서는 아니 된다. 다만, 「국세기본법(81의 13 ①, 과세정보의 제공)」에 해당하는 경우에는 그 사용 목적에 맞는 범위에서 해외금융계좌정보를 제공할 수 있다(국제법 36 ①).

2. 비밀유지와 목적 외 사용 금지

해외금융계좌정보를 알게 된 사람은 이를 타인에게 제공 또는 누설하거나 그 목적 외의 용도로 사용해서는 아니 된다(국제법 36 ②).

3. 해외금융계좌정보의 비밀유지 위반자에 대한 벌칙

해외금융계좌정보의 비밀유지 규정을 위반한 사람은 5년 이하의 징역 또는 3천만원 이하의 벌금에 처한다(국제법 31의 2 ①). 이 경우 징역형과 벌금형은 병과(併科)할 수 있다(국제법 31의 2 ②).

제 7 절 해외금융계좌의 수정신고 및 기한 후 신고

1. 해외금융계좌의 수정신고

신고기한 내에 해외금융계좌정보를 신고한 자로서 과소 신고한 자는 과세당국이 **과태료를 부과하기 전까지** 해외금융계좌정보를 수정신고할 수 있다(국제법 37 ①).

2. 해외금융계좌의 기한 후 신고

신고기한 내에 해외금융계좌정보를 신고하지 아니한 자는 과세당국이 **과태료를 부과하기 전까지** 해외금융계좌정보를 신고할 수 있다(국제법 37 ②).

제 8 절 자진신고에 대한 특례[5)]

1. 자진신고

기획재정부장관은 「국세기본법」과 세법에도 불구하고 국세청장의 요청에 따라 1회의 특정 기간을 정하여 국제거래 및 국외에서 발생한 소득과 세법상 신고의무가 있는 국외재산(상속·증여로 인한 재산을 포함)으로서 **법정 신고기한 내에 신고하지 아니하거나 과소하게 신고한 소득과 재산이 있는 내국인**(관련 세무조사 또는 수사가 진행 중인 자 등 일정한 자는 제외)에게 해당 소득과 재산을 신고하고 세법에 따라 납부하여야 할 세액을 납부(**자진신고제도**)하게 할 수 있다(국제법 38 ①).

기획재정부장관 및 관계 중앙행정기관의 장은 자진신고제도를 효과적으로 운영하기 위하여 행정적·재정적 지원을 할 수 있다(국제법 38 ③).

5) 이 절에서 설명하는 내용은 2016년 12월 31일까지 유효하다.

2. 가산세와 과태료의 감면

자진신고한 자에 대해서는 신고한 소득과 재산에 대하여 「국세기본법」, 세법 또는 「외국환거래법」상 부과되는 가산세(「국세기본법」에 따른 납부불성실가산세를 제외) 및 과태료를 감면할 수 있고 명단공개를 면제할 수 있다(국제법 38 ②).

3. 정보의 제공

국세청장은 「국세기본법」의 비밀유지 규정에도 불구하고 자진신고와 관련된 정보를 관계 중앙행정기관의 장에게 제공할 수 있다(국제법 38 ④).

연 습 문 제

용어 설명

1. 해외금융계좌의 신고
2. 해외금융계좌 신고의무 불이행에 대한 과태료
3. 해외금융계좌정보의 비밀유지
4. 해외금융계좌의 수정신고 및 기한 후 신고

논술 문제

[1] 「국제조세조정에 관한 법률」에 있어 해외금융계좌의 신고에 대해 설명하시오.

객관식 문제

1. 해외금융계좌 신고에 관한 설명으로 옳지 않은 것? ► 세무사 2015

① 해외금융회사에 개설된 해외금융계좌를 보유한 거주자 및 내국법인 중에서 해당 연도의 매월 말일 중 어느 하루의 보유계좌잔액(보유계좌가 복수인 경우에는 각 계좌잔액을 합산한다)이 10억원을 초과하는 자로서 법령에서 신고의무가 면제된 자를 제외하고는 해외금융계좌 신고의무가 있다.

② 해외금융계좌 신고의무자는 해외금융계좌정보를 다음 연도 6월 1일부터 30일까지 납세지 관할 세무서장에게 신고하여야 한다.

③ 금융회사는 해외금융계좌 신고의무를 면제한다.

④ 신고의무자 중 재외국민으로서 해당 신고대상 연도 종료일 2년 전부터 국내에 거소를 둔 기간의 합계가 183일 이하인 자는 해외금융계좌의 신고의무를 면제한다.

⑤ 신고기한 내에 해외금융계좌정보를 신고한 자가 신고기한이 지난 후 6개월 이내에 수정신고를 하는 경우(과세당국의 과태료부과를 미리 알고 제출한 경우는 제외)에는 해당 과태료 금액의 100분의 50을 감경한다.

풀이 ⑤ 100분의 50이 아니라 100분의 70을 감경함. 정답 ⑤

부 록

국제조세조정에 관한 법률

[부 록] 국제조세조정에 관한 법률

국제조세조정에 관한 법률 [법률 제13553호, 2017.1.1., 일부개정]	국제조세조정에 관한 법률 시행령 [대통령령 제27472호, 2016.8.31., 타법개정]	국제조세조정에 관한 법률 시행규칙 [기획재정부령 제559호, 2016.4.6., 일부개정]
제1장 총칙 <개정 2010.1.1>		
제1조(목적) 이 법은 국제거래에 관한 조세의 조정 및 국가 간의 조세행정 협조에 관한 사항을 규정함으로써 국가 간의 이중과세 및 조세 회피를 방지하고 원활한 조세협력을 도모함을 목적으로 한다. [전문개정 2010.1.1]		
제2조(정의) ① 이 법에서 사용하는 용어의 뜻은 다음과 같다. <개정 2010.12.27, 2011.12.31, 2013.1.1> 1. "국제거래"란 거래 당사자의 어느 한 쪽이나 양쪽이 비거주자 또는 외국법인(비거주자 또는 외국법인의 국내사업장은 제외한다)인 거래로서 유형자산 또는 무형자산의 매매·임대차, 용역의 제공, 금전의 대출·차용, 그 밖에 거래자의 손익(損益) 및 자산과 관련된 모든 거래를 말한다. 2. "조세조약"이란 소득·자본·재산에 대한 조세 또는 조세행정의 협력에 관하여 우리나라가 다른 나라와 체결한 조약·협약·협정·각서 등 국제법에 따라 규율되는 모든 유형의 국제적 합의를 말한다. 3. "체약상대국"(締約相對國)이란 우리나라와 조세조약을 체결한 국가를 말한다.	제2조(특수관계의 세부기준) ① 「국제조세조정에 관한 법률」(이하 "법"이라 한다) 제2조제1항제8호에 따른 특수관계는 다음 각 호의 어느 하나에 해당하는 관계로 한다. 1. 외국에 거주하거나 소재하는 자(주주 및 출자자를 포함하며, 이하 "외국주주"라 한다)가 내국법인 또는 국내사업장을 두고 있는 외국법인의 의결권 있는 주식(출자지분을 포함한다. 이하 같다)의 100분의 50 이상을 직접 또는 간접으로 소유한 경우 그 내국법인 또는 국내사업장과 외국주주의 관계 2. 거주자·내국법인 또는 국내사업장을 두고 있는 외국법인이 다른 외국법인의 의결권 있는 주식의 100분의 50 이상을 직접 또는 간접으로 소유한 경우 그 거주자·내국법인 또는 국내사업장과 다른 외국법인의 관계 3. 내국법인 또는 국내사업장을 두고 있는 외국법인의 의결권 있는 주식의 100분의 50 이상을 직접 또는 간접으로 소유하고 있는 자가 제3의 외국법인의 의결권 있는 주식의 100분의 50 이상을 직접 또는 간접으로 소유한 경우 그 내국법인 또는 국내사업장과 제3의 외국법인(그 외국법인의 국내사업장을 포함한다)의 관계 4. 거주자·내국법인 또는 국내사업장과 비거주자·외국법인 또는 이들의 국외사업장의 관계에서	

4. "권한 있는 당국"이란 우리나라의 경우에는 기획재정부장관 또는 그의 권한을 위임받은 자를 말하며, 체약상대국의 경우에는 조세조약에서 권한 있는 당국으로 지정된 자를 말한다.
5. "상호합의절차"란 조세조약의 해석이나 부당한 과세처분 또는 과세소득의 조정에 대하여 우리나라의 권한 있는 당국과 체약상대국의 권한 있는 당국 간에 협의를 통하여 해결하는 절차를 말한다.
6. "국내사업장"이란 「소득세법」 제120조에 따른 비거주자의 국내사업장 및 「법인세법」 제94조에 따른 외국법인의 국내사업장을 말한다.
7. "과세당국"이란 납세지 관할 세무서장 또는 지방국세청장을 말한다.
8. "특수관계"란 다음 각 목의 어느 하나에 해당하는 관계를 말하며 그 세부기준은 대통령령으로 정한다.
   가. 거래 당사자의 어느 한 쪽이 다른 쪽의 의결권 있는 주식(출자지분을 포함한다. 이하 같다)의 100분의 50 이상을 직접 또는 간접으로 소유하고 있는 관계
   나. 제3자가 거래 당사자 양쪽의 의결권 있는 주식의 100분의 50 이상을 직접 또는 간접으로 각각 소유하고 있는 경우 그 양쪽 간의 관계
   다. 거래 당사자 간에 자본의 출자관계, 재화·용역의 거래관계, 자금의 대여 등에 의하여 소득을 조정할 수 있는 공통의 이해관계가 있고, 어느 한 쪽이 다음 각 목의 어느 하나의 방법으로 다른 쪽의 사업 방침 전부 또는 중요한 부분을 실질적으로 결정할 수 있는 경우 그 어느 한 쪽과 다른 쪽의 관계

어느 한 쪽과 다른 쪽 간에 자본의 출자관계, 재화·용역의 거래관계, 자금의 대여 등에 의하여 소득을 조정할 수 있는 공통의 이해관계가 있고, 어느 한 쪽이 다음 각 목의 어느 하나의 방법으로 다른 쪽의 사업 방침 전부 또는 중요한 부분을 실질적으로 결정할 수 있는 경우 그 어느 한 쪽과 다른 쪽의 관계

가. 다른 쪽 법인의 대표임원이나 총 임원 수의 절반 이상에 해당하는 임원이 어느 한 쪽 법인의 임원 또는 종업원의 지위에 있거나 사업연도 종료일부터 소급하여 3년 이내에 어느 한 쪽 법인의 임원 또는 종업원의 지위에 있었을 것
나. 어느 한 쪽이 조합이나 신탁을 통하여 다른 쪽의 의결권 있는 주식의 100분의 50 이상을 소유할 것
다. 다른 쪽이 사업활동의 100분의 50 이상을 어느 한 쪽과의 거래에 의존할 것
라. 다른 쪽이 사업활동에 필요한 자금의 100분의 50 이상을 어느 한 쪽으로부터 차입하거나 어느 한 쪽에 의한 지급보증을 통하여 조달할 것
마. 다른 쪽이 어느 한 쪽으로부터 제공되는 지식재산권에 100분의 50 이상을 의존하여 사업활동을 할 것

5. 거주자·내국법인 또는 국내사업장과 비거주자·외국법인 또는 이들의 국외사업장의 관계에서 어느 한 쪽과 다른 쪽 간에 자본의 출자관계, 재화·용역의 거래관계, 자금의 대여 등에 의하여 소득을 조정할 수 있는 공통의 이해관계가 있고 제3자, 어느 한 쪽 및 다른 쪽 간의 관계가 다음 각 목의 어느 하나에 해당하는 경우 그 어느 한 쪽과 다른 쪽의 관계
   가. 거주자·내국법인 또는 국내사업장이 의결권 있는 주식의 100분의 50 이상을 직접 또는 간접으로 소유하는 어느 한 쪽과 그 거주자·내국법인 또는 국내사업장과 제4호 각 목의 어느 하나에 해당하는 관계에 있는 다른 쪽의 관계

다. 자본의 출자관계, 재화·용역의 거래관계, 자금의 대여 등에 의하여 거래 당사자 간에 공통의 이해관계가 있고 거래 당사자의 어느 한 쪽이 다른 쪽의 사업 방침을 실질적으로 결정할 수 있는 관계

라. 자본의 출자관계, 재화·용역의 거래관계, 자금의 대여 등에 의하여 거래 당사자 간에 공통의 이해관계가 있고 제3자가 거래 당사자 양쪽의 사업 방침을 실질적으로 결정할 수 있는 경우 그 거래 당사자 간의 관계

9. "국외특수관계인"이란 거주자, 내국법인 또는 국내사업장과 특수관계에 있는 비거주자 또는 외국법인(비거주자 또는 외국법인의 국내사업장은 제외한다)을 말한다.

10. "정상가격"이란 거주자, 내국법인 또는 국내사업장이 국외특수관계인이 아닌 자와의 통상적인 거래에서 적용되거나 적용될 것으로 판단되는 가격을 말한다.

11. "국외지배주주"란 내국법인이나 외국법인의 국내사업장을 실질적으로 지배하는 다음 각 목의 어느 하나에 해당하는 자를 말하며 그 세부기준은 대통령령으로 정한다.

가. 내국법인의 경우에는 외국의 주주·출자자(이하 "외국주주"라 한다) 및 그 외국주주가 출자한 외국법인

나. 비거주자·외국법인 또는 이들의 국외사업장이 의결권 있는 주식의 100분의 50 이상을 직접 또는 간접으로 소유하는 어느 한 쪽과 그 비거주자·외국법인 또는 이들의 국외사업장과 제4호 각 목의 어느 하나에 해당하는 관계에 있는 다른 쪽의 관계

다. 「독점규제 및 공정거래에 관한 법률 시행령」 제3조 각 호의 어느 하나에 해당하는 기업집단에 속하는 계열회사인 어느 한 쪽과 그 기업집단 소속의 다른 계열회사가 의결권 있는 주식의 100분의 50 이상을 직접 또는 간접으로 소유하는 다른 쪽의 관계

라. 제3자가 거래 당사자 양쪽의 사업 방침을 제4호 각 목의 어느 하나의 방법으로 전부 또는 중요한 부분을 실질적으로 결정할 수 있는 경우 그 거래 당사자 양쪽 간의 관계

② 제1항제1호부터 제3호까지 및 제5호에서 규정하는 주식의 간접소유비율은 다음 각 호의 방법으로 계산한다.

1. 어느 한 쪽 법인이 다른 쪽 법인의 주주인 법인(이하 "주주법인"이라 한다)의 의결권 있는 주식의 100분의 50 이상을 소유하고 있는 경우에는 주주법인이 소유하고 있는 다른 쪽 법인의 의결권 있는 주식이 그 다른 쪽 법인의 의결권 있는 주식에서 차지하는 비율(이하 "주주법인의 주식소유비율"이라 한다)을 어느 한 쪽 법인의 다른 쪽 법인에 대한 간접소유비율로 한다. 다만, 주주법인이 둘 이상인 경우에는 주주법인별로 계산한 비율을 합계한 비율을 어느 한 쪽 법인의 다른 쪽 법인에 대한 간접소유비율로 한다.
2. 어느 한 쪽 법인이 다른 쪽 법인의 주주법인의 의결권 있는 주식의 100분의 50 미만을 소유하고 있는 경우에는 그 소유비율에 주주법인의 주식소유비율을 곱한 비율을 어느 한 쪽 법인의 다른 쪽 법인에 대한 간접소유비율로 한다. 다만, 주주법인이 둘 이상인 경우에는 주주법인별로 계산한 비율을 합계한 비율을 어느 한 쪽 법인의 다른 쪽 법인에 대한 간접소유비율로 한다.
3. 다른 쪽 법인의 주주법인과 어느 한 쪽 법인 사

나. 외국법인의 국내사업장의 경우에는 외국법인의 본점·지점, 그 외국법인의 외국주주 및 그 외국법인·외국주주가 출자한 외국법인 12. "제한세율"이란 조세조약에 따라 체약상대국의 거주자 또는 법인에 대하여 과세할 수 있는 최고세율을 말한다. ② 제1항에 규정된 것 외의 용어에 관하여는 이 법에서 특별히 정하는 경우를 제외하고는 「조세특례제한법」 제2조제1항에 따른 용어의 예와 같은 법 제3조제1항제1호부터 제12호까지, 제18호 및 제19호에 규정된 법률에 따른 용어의 예에 따른다. [전문개정 2010.1.1]	이에 하나 이상의 법인이 개재되어 있고 이들 법인이 주식소유관계를 통하여 연결되어 있는 경우에도 제1호와 제2호의 계산방법을 준용한다. [전문개정 2012.2.2] 제3조(국외지배주주의 범위) ① 법 제2조제1항제11호가목에 따른 내국법인의 국외지배주주는 각 사업연도 종료일 현재 다음 각 호의 어느 하나에 해당하는 자로 한다. 1. 내국법인의 의결권 있는 주식의 100분의 50 이상을 직접 또는 간접으로 소유하고 있는 외국주주 2. 제1호에 따른 외국주주가 의결권 있는 주식의 100분의 50 이상을 직접 또는 간접으로 소유하고 있는 외국법인 3. 내국법인과 제2조제1항제4호의 관계가 있는 외국주주 ② 법 제2조제1항제11호나목에 따른 외국법인의 국내사업장에 대한 국외지배주주는 다음 각 호의 어느 하나에 해당하는 자로 한다. 1. 국내사업장이 있는 외국법인의 본점·지점(국외에 있는 지점을 말한다. 이하 같다) 2. 제1호에 따른 외국법인의 의결권 있는 주식의 100분의 50 이상을 직접 또는 간접으로 소유하는 외국주주 3. 제1호에 따른 본점 또는 제2호에 따른 외국주주가 의결권 있는 주식의 100분의 50 이상을 직접 또는 간접으로 소유하는 외국법인 ③ 제1항과 제2항에서 규정하는 주식의 간접소유비율에 관하여는 제2조제2항을 준용한다. [전문개정 2012.2.2]	
제2조의2(국제거래에 관한 실질과세) ① 국제거래에서 과세의 대상이 되는 소득, 수익, 재산, 행위 또는 거래의 귀속에 관하여 사실상 귀속되는 자가 명의자와 다른 경우에는 사실상 귀속되는 자를 납세의무자로 하여 조세조약을 적용한다. ② 국제거래에서 과세표준의 계		

산에 관한 규정은 소득, 수익, 재산, 행위 또는 거래의 명칭이나 형식과 관계없이 그 실질 내용에 따라 조세조약을 적용한다. ③ 국제거래에서 조세조약 및 이 법의 혜택을 부당하게 받기 위하여 제3자를 통한 간접적인 방법으로 거래하거나 둘 이상의 행위 또는 거래를 거친 것으로 인정되는 경우에는 그 경제적 실질에 따라 당사자가 직접 거래한 것으로 보거나 연속된 하나의 행위 또는 거래로 보아 조세조약과 이 법을 적용한다. [전문개정 2010.1.1]		
제3조(다른 법률과의 관계) ① 이 법은 국세와 지방세에 관하여 규정하는 다른 법률보다 우선하여 적용한다. ② 국제거래에 대해서는 「소득세법」 제41조와 「법인세법」 제52조를 적용하지 아니한다. 다만, 대통령령으로 정하는 자산의 증여 등에 대해서는 그러하지 아니하다. [전문개정 2010.1.1]	제3조의2(부당행위계산 부인의 적용 범위) 법 제3조제2항 단서에서 "대통령령으로 정하는 자산의 증여 등"이란 다음 각 호의 경우를 말한다. 1. 자산을 무상(無償)으로 이전(현저히 저렴한 대가를 받고 이전하는 경우는 제외한다)하거나 채무를 면제하는 경우 2. 수익이 없는 자산을 매입하였거나 현물출자를 받았거나 그 자산에 대한 비용을 부담한 경우 3. 출연금을 대신 부담한 경우 4. 그 밖의 자본거래로서 「법인세법 시행령」 제88조제1항제8호 각 목의 어느 하나 또는 같은 항 제8호의2에 해당하는 경우 [전문개정 2012.2.2]	
제2장 국외특수관계인과의 거래에 대한 과세조정 <개정 2010.1.1, 2011.12.31>		
제4조(정상가격에 의한 과세조정) ① 과세당국은 거래 당사자의 어느 한 쪽이 국외특수관계인인 국제거래에서 그 거래가격이 정상가격보다 낮거나 높은 경우에는 정상가격을 기준으로 거주자(내국법인과 국내사업장을 포함한다. 이하 이 장에서 같다)의	제6조(정상가격 산출방법의 보완 등) ① 제5조제1항에 따라 가장 합리적인 방법을 선택하여 정상가격을 산출하는 경우에는 기획재정부령으로 정하는 바에 따라 납세자의 사업 환경 및 특수관계 거래 분석, 내부 및 외부의 비교가능한 거래에 대한 자료 수집, 정상가격 산출방법의 선택 및 가격·이윤 또는 거래순이익 산출, 비교가능한 거래의 선정 및 합리적인 차이 조정 등의 분석절차를 통하여 정상	

과세표준 및 세액을 결정하거나 경정할 수 있다. 다만, 제5조에 따른 정상가격 산출방법 중 동일한 정상가격 산출방법을 적용하여 둘 이상의 과세연도에 대하여 정상가격을 산출하고 그 정상가격을 기준으로 일부 과세연도에 대한 과세표준 및 세액을 결정하거나 경정하는 경우에는 나머지 과세연도에 대하여도 그 정상가격을 기준으로 과세표준 및 세액을 결정하거나 경정하여야 한다. <개정 2010.12.27, 2011.12.31>

② 납세자가 제2조제1항제8호 다목 및 라목에 따른 특수관계에 해당하지 아니한다는 명백한 사유를 제시한 경우에는 제1항을 적용하지 아니한다.

[전문개정 2010.1.1]

가격을 결정하여야 한다.

② 법 제5조에 따라 정상가격을 산출하는 경우 해당 거래와 특수관계가 없는 자 간의 거래 사이에서 제5조제2항에 따른 비교가능성 분석요소의 차이로 인하여, 적용하는 가격·이윤 또는 거래순이익에 차이가 발생할 때에는 그 가격·이윤 또는 거래순이익의 차이를 합리적으로 조정하여야 한다.

③ 법 제5조제1항제2호에 따른 재판매가격방법은 합리적인 정상가격 산출을 위하여 필요한 경우에는 용역거래와 그 밖의 국제거래에도 적용할 수 있다.

④ 법 제5조에 따라 정상가격을 산출하는 경우에는 특수관계가 없는 자 간에 있었던 둘 이상의 거래를 토대로 정상가격 범위를 산정하여 이를 법 제4조에 따른 정상가격에 의한 과세조정 여부의 판정에 사용할 수 있다.

⑤ 과세당국이 정상가격 범위를 벗어난 거래가격에 대하여 법 제4조에 따라 과세조정을 하는 경우에는 그 정상가격 범위의 거래에서 산정된 평균값, 중위값, 최빈값, 그 밖의 합리적인 특정 가격을 기준으로 하여야 한다.

⑥ 무형자산에 대한 정상가격을 산출하는 경우에는 그 특성에 따라 다음 각 호의 요소를 고려하여야 한다.

1. 무형자산으로 인하여 기대되는 추가적 수입 또는 절감되는 비용의 크기
2. 권리행사에 대한 제한 여부
3. 다른 사람에게 이전하거나 재사용을 허락할 수 있는지 여부

⑦ 거주자와 국외특수관계인의 국제거래에서 적용되는 자금거래의 정상이자율은 특수관계인이 아닌 자 간의 통상적인 자금거래에서 적용되거나 적용될 것으로 판단되는 이자율로서 다음 각 호의 사항을 고려하여 계산하여야 한다. 이 경우 거주자와 국외특수관계인의 자금거래는 통상적인 회수기간 및 지급기간이 지난 채권의 회수 및 채무의 지급 등 사실상의 자금거래를 포함한다.

1. 채무액
2. 채무의 만기
3. 채무의 보증 여부

4. 채무자의 신용 정도

⑧ 법 제5조제1항에 따라 정상가격 산출방법을 적용할 때 개별 거래들이 서로 밀접하게 연관되거나 연속되어 있어 거래별로 구분하여 가격·이윤 또는 거래순이익을 산출하는 것이 합리적이지 아니할 경우에는 개별 거래들을 통합하여 평가할 수 있다.

⑨ 법 제5조제1항에 따라 정상가격 산출방법을 적용할 때 경제적 여건이나 사업전략 등의 영향이 여러 해에 걸쳐 발생함으로써 해당 사업연도의 자료만으로 가격·이윤 또는 거래순이익을 산출하는 것이 합리적이지 아니할 경우에는 여러 사업연도의 자료를 사용할 수 있다.

[전문개정 2012.2.2]

제15조의2(익금에 산입되는 금액의 반환 확인 등)

① 법 제9조제1항에서 "대통령령으로 정하는 바에 따라 반환된 것임이 확인되지 아니하는 경우"란 제15조에 따른 임시유보 처분 통지서를 받은 날 또는 과세표준 및 세액을 수정신고한 날부터 90일 이내에 국외특수관계인이 내국법인에 법 제4조 또는 제6조의2에 따라 익금(益金)에 산입되는 금액 중 반환하려는 금액에 다음 계산식에 따라 산출한 반환이자를 더하여 반환하였음을 확인하는 서류(기획재정부령으로 정하는 이전소득금액 반환 확인서를 말한다)를 과세당국에 제출하지 아니한 경우를 말한다. 다만, 제15조제3항에 해당하는 경우에는 법 제4조 또는 제6조의2에 따라 과세표준 및 세액을 결정하거나 경정할 당시 익금에 산입되는 금액이 국외특수관계인으로부터 내국법인에 반환되는 것임이 확인되지 아니한 경우를 말한다. 반환이자=반환하려는 금액×거래일이 속하는 사업연도 종료일 다음 날부터 이전소득금액 반환일까지의 기간×국제금융시장의 실세이자율을 고려하여 기획재정부령으로 정하는 이자율÷365(윤년의 경우에는 366) <개정 2013.2.15>

② 내국법인이 법 제4조 또는 제6조의2에 따라 익금에 산입되는 금액 중 일부를 국외특수관계인으로부터 반환받는 경우에는 익금에 산입되는 금액의 발생순서에 따라 먼저 발생된 금액(해당 금액에 대한 반환이자를 포함한다)부터 반환된 것으로 본다.

	<신설 2013.2.15> [전문개정 2012.2.2] **제16조(반환이 확인되지 아니한 금액에 대한 처분 및 조정 등)** ① 제15조의2에 따른 반환이 확인되지 아니하는 경우 그 반환이 확인되지 아니한 금액은 다음 각 호의 방법에 따라 처분하거나 조정한다. 1. 국제거래의 상대방인 국외특수관계인이 내국법인의 주주에 해당하는 경우(제2조제1항제1호에 해당하는 경우를 포함한다)에는 그 국외특수관계인에게 귀속되는 배당으로 할 것 2. 국제거래의 상대방인 국외특수관계인이 내국법인이 출자한 법인에 해당하는 경우(제2조제1항제2호에 해당하는 경우를 포함한다)에는 그 국외특수관계인에 대한 출자의 증가로 할 것 3. 국제거래의 상대방인 국외특수관계인이 제1호 및 제2호 외의 자인 경우에는 그 국외특수관계인에게 귀속되는 배당으로 할 것 ② 과세당국은 제1항에 따라 처분이나 조정을 하는 경우 그 사실을 제15조의2에 따른 이전소득금액 반환 확인서의 제출기한 만료일(제15조제3항에 해당하는 경우에는 법 제4조 또는 제6조의2에 따라 과세표준 및 세액을 결정하거나 경정한 날)부터 15일 이내에 기획재정부령으로 정하는 이전소득금액 통지서에 따라 「소득세법 시행령」 제192조제1항 및 제4항을 준용하여 통지하여야 한다. 이 경우 배당은 그 통지서를 받은 날에 지급한 것으로 본다. ③ 과세당국이 제15조제3항에 따라 처분하거나 조정한 후 납세자가 제2항에 따른 통지서를 받은 날부터 90일 이내에 제15조의2에 따른 이전소득금액 반환 확인서를 제출한 경우에는 제15조제3항에 따른 처분이나 조정이 없었던 것으로 본다. ④ 내국법인의 익금에 산입되는 금액 중 제1항제3호의 국외특수관계인으로부터 내국법인에 반환되지 아니하여 2006년 5월 24일 전에 그 국외특수관계인에 대한 대여금으로 간주하여 사내유보(社內留保)로 처분한 금액은 내국법인이 제1항제3호에 따른 배당으로 처분할 수 있다. [전문개정 2012.2.2]	
제5조(정상가격의 산출방법) ①	**제4조(정상가격의 산출방법)** ① 법 제5조제1항제4호	

정상가격은 다음 각 호의 방법 중 가장 합리적인 방법으로 계산한 가격으로 한다. 다만, 제6호의 방법은 제1호부터 제5호까지의 방법으로 정상가격을 산출할 수 없는 경우에만 적용한다. <개정 2010.12.27, 2011.12.31>

1. 비교가능 제3자 가격방법: 거주자와 국외특수관계인 간의 국제거래에서 그 거래와 유사한 거래 상황에서 특수관계가 없는 독립된 사업자 간의 거래가격을 정상가격으로 보는 방법
2. 재판매가격방법: 거주자와 국외특수관계인이 자산을 거래한 후 거래의 어느 한 쪽인 그 자산의 구매자가 특수관계가 없는 자에게 다시 그 자산을 판매하는 경우 그 판매가격에서 그 구매자의 통상의 이윤으로 볼 수 있는 금액을 뺀 가격을 정상가격으로 보는 방법
3. 원가가산방법: 거주자와 국외특수관계인 간의 국제거래에서 자산의 제조·판매나 용역의 제공 과정에서 발생한 원가에 자산 판매자나 용역 제공자의 통상의 이윤으로 볼 수 있는 금액을 더한 가격을 정상가격으로 보는 방법
4. 이익분할방법: 거주자와 국외특수관계인 간의 국제거래에 있어 거래 쌍방이 함께 실현한 거래순이익을 합리적인 배부기준에 의하여 측정된 거래당사자들 간의 상대적 공헌도에 따라 배부하고 이와 같에 따른 이익분할방법을 적용할 때에는 다음 각 호의 사항을 고려하여야 한다.

1. 거래 양쪽이 함께 실현한 거래순이익은 제3자와의 거래에서 실현한 매출액에서 매출원가 및 영업비용(판매비와 일반관리비를 말한다. 이하 같다)을 뺀 금액으로 한다.
2. 합리적인 배부기준은 다음 각 목의 기준과 각 기준이 거래순이익의 실현에 미치는 중요도에 따라 측정한다.
   가. 사용된 자산 및 부담한 위험을 고려하여 평가된 거래 당사자가 수행한 기능의 상대적 가치
   나. 영업자산, 유형·무형의 자산 또는 사용된 자본
   다. 연구·개발, 설계, 마케팅 등 핵심 분야에 지출·투자된 비용
   라. 그 밖에 판매증가량, 핵심 분야의 고용인원 또는 노동 투입시간, 매장 규모 등 거래순이익의 실현과 관련하여 합리적으로 측정할 수 있는 배부기준
3. 거래순이익을 상대적 공헌도에 따라 배부할 때에는 거래 형태별로 거래 당사자들의 적절한 기본수입을 우선 배부하는 경우를 포함한다.
4. 상대적 공헌도는 유사한 상황에서 특수관계가 없는 독립된 사업자 간의 거래에 적용될 것으로 판단되는 배부기준에 따라 측정한다.

② 법 제5조제1항제5호에 따른 거래순이익률방법을 적용할 때에는 다음 각 호의 사항을 고려하여야 한다.

1. 통상의 거래순이익률은 다음 각 목에 따른 사항을 기초로 산출한다.
   가. 매출에 대한 거래순이익의 비율
   나. 자산에 대한 거래순이익의 비율
   다. 매출원가 및 영업비용에 대한 거래순이익의 비율
   라. 영업비용에 대한 매출총이익(거래순이익과 영업비용을 합산한 것을 말한다. 이하 같다)의 비율
   마. 그 밖에 합리적이라고 인정될 수 있는 거래순이익률
2. 거주자(내국법인과 국내사업장을 포함한다. 이하

이 배부된 이익을 기초로 산출한 거래가격을 정상가격으로 보는 방법

5. 거래순이익률방법: 거주자와 국외특수관계인 간의 국제거래에 있어 거주자와 특수관계가 없는 자 간의 거래 중 해당 거래와 비슷한 거래에서 실현된 통상의 거래순이익률을 기초로 산출한 거래가격을 정상가격으로 보는 방법
6. 대통령령으로 정하는 그 밖에 합리적이라고 인정되는 방법

② 제1항에 따른 정상가격 산출방법에 관한 구체적인 사항은 대통령령으로 정한다.

[전문개정 2010.1.1]

이 장에서 같다)가 거주자와 국외특수관계인 간의 국제거래와 비슷한 거래를 특수관계가 없는 자와는 한 적이 없는 경우에는 다음 각 목의 거래 중 해당 거래의 조건과 상황이 비슷한 거래의 거래순이익률을 사용할 수 있다.

가. 국외특수관계인과 특수관계가 없는 자 간의 거래
나. 특수관계가 없는 제3자 간의 거래

③ 법 제5조제1항제6호에서 "대통령령으로 정하는 그 밖에 합리적이라고 인정되는 방법"이란 법에서 정한 산출방법 외에 거래의 실질 및 관행에 비추어 합리적이라고 인정되는 방법(제6조의2제3항의 방법을 포함한다)을 말한다. <개정 2013.2.15>

[전문개정 2012.2.2]

제5조(정상가격 산출방법의 선택) ① 법 제5조제1항에 따라 정상가격을 산출할 때에는 다음 각 호의 기준을 고려하여 가장 합리적인 방법을 선택하여야 한다. <개정 2012.2.2>

1. 특수관계가 있는 자 간의 국제거래와 특수관계가 없는 자 간의 거래 사이에 비교가능성이 높을 것. 이 경우 비교가능성이 높다는 것은 다음 각 목의 어느 하나에 해당하는 경우를 말한다.
   가. 비교되는 상황 간의 차이가 비교되는 거래의 가격이나 순이익에 중대한 영향을 주지 아니하는 경우
   나. 비교되는 상황 간의 차이가 비교되는 가격이나 순이익에 중대한 영향을 주는 경우에도 그 영향에 의한 차이를 제거할 수 있는 합리적 조정이 가능한 경우
2. 사용되는 자료의 확보·이용 가능성이 높을 것
3. 특수관계가 있는 자 간의 국제거래와 특수관계가 없는 자 간의 거래를 비교하기 위하여 설정된 경제 여건, 경영 환경 등에 대한 가정(假定)이 현실에 부합하는 정도가 높을 것
4. 사용되는 자료 또는 설정된 가정의 결함이 산출된 정상가격에 미치는 영향이 적을 것
5. 특수관계가 있는 자 간의 거래와 정상가격 산출방법의 적합성이 높을 것

② 제1항제1호에 따라 비교가능성이 높은지를 평가

하는 경우에는 가격이나 이윤에 영향을 미칠 수 있는 재화나 용역의 종류 및 특성, 사업활동의 기능, 거래에 수반되는 위험, 사용되는 자산, 계약 조건, 경제 여건, 사업전략 등의 요소에 관하여 기획재정부령으로 정하는 사항을 분석하여야 한다. <개정 2012.2.2>

③ 제1항제5호에 따라 적합성이 높은지를 평가하는 경우에는 특수관계 거래에서 가격·이윤 또는 거래순이익 중 어느 지표가 산출하기 쉬운지 여부, 특수관계 거래를 구별하는 요소가 거래되는 재화나 용역인지 또는 수행되는 기능의 특성인지 여부, 거래순이익률방법 적용 시 거래순이익률 지표와 영업활동의 상관관계 등에 관하여 기획재정부령으로 정하는 바에 따라 분석하여야 한다. <개정 2012.2.2>

④ 삭제 <2010.12.30>

⑤ 과세당국은 특수관계가 없는 자 간의 거래가 거래 당사자에 의하여 임의로 조작되어 정상적인 거래로 취급될 수 없는 경우에는 그 거래를 비교가능한 거래로 선택하지 아니할 수 있다. <개정 2012.2.2>

[제목개정 2012.2.2]

제6조(정상가격 산출방법의 보완 등) ① 제5조제1항에 따라 가장 합리적인 방법을 선택하여 정상가격을 산출하는 경우에는 기획재정부령으로 정하는 바에 따라 납세자의 사업 환경 및 특수관계 거래 분석, 내부 및 외부의 비교가능한 거래에 대한 자료 수집, 정상가격 산출방법의 선택 및 가격·이윤 또는 거래순이익 산출, 비교가능한 거래의 선정 및 합리적인 차이 조정 등의 분석절차를 통하여 정상가격을 결정하여야 한다.

② 법 제5조에 따라 정상가격을 산출하는 경우 해당 거래와 특수관계가 없는 자 간의 거래 사이에서 제5조제2항에 따른 비교가능성 분석요소의 차이로 인하여, 적용하는 가격·이윤 또는 거래순이익에 차이가 발생할 때에는 그 가격·이윤 또는 거래순이익의 차이를 합리적으로 조정하여야 한다.

③ 법 제5조제1항제2호에 따른 재판매가격방법은 합리적인 정상가격 산출을 위하여 필요한 경우에는 용역거래와 그 밖의 국제거래에도 적용할 수 있다.

④ 법 제5조에 따라 정상가격을 산출하는 경우에는 특수관계가 없는 자 간에 있었던 둘 이상의 거래를 토대로 정상가격 범위를 산정하여 이를 법 제4조에 따른 정상가격에 의한 과세조정 여부의 판정에 사용할 수 있다.

⑤ 과세당국이 정상가격 범위를 벗어난 거래가격에 대하여 법 제4조에 따라 과세조정을 하는 경우에는 그 정상가격 범위의 거래에서 산정된 평균값, 중위값, 최빈값, 그 밖의 합리적인 특정 가격을 기준으로 하여야 한다.

⑥ 무형자산에 대한 정상가격을 산출하는 경우에는 그 특성에 따라 다음 각 호의 요소를 고려하여야 한다.

1. 무형자산으로 인하여 기대되는 추가적 수입 또는 절감되는 비용의 크기
2. 권리행사에 대한 제한 여부
3. 다른 사람에게 이전하거나 재사용을 허락할 수 있는지 여부

⑦ 거주자와 국외특수관계인의 국제거래에서 적용되는 자금거래의 정상이자율은 특수관계인이 아닌 자 간의 통상적인 자금거래에서 적용되거나 적용될 것으로 판단되는 이자율로서 다음 각 호의 사항을 고려하여 계산하여야 한다. 이 경우 거주자와 국외특수관계인의 자금거래는 통상적인 회수기간 및 지급기간이 지난 채권의 회수 및 채무의 지급 등 사실상의 자금거래를 포함한다.

1. 채무액
2. 채무의 만기
3. 채무의 보증 여부
4. 채무자의 신용 정도

⑧ 법 제5조제1항에 따라 정상가격 산출방법을 적용할 때 개별 거래들이 서로 밀접하게 연관되거나 연속되어 있어 거래별로 구분하여 가격·이윤 또는 거래순이익을 산출하는 것이 합리적이지 아니할 경우에는 개별 거래들을 통합하여 평가할 수 있다.

⑨ 법 제5조제1항에 따라 정상가격 산출방법을 적용할 때 경제적 여건이나 사업전략 등의 영향이 여러 해에 걸쳐 발생함으로써 해당 사업연도의 자료만으로 가격·이윤 또는 거래순이익을 산출하는 것

	이 합리적이지 아니할 경우에는 여러 사업연도의 자료를 사용할 수 있다. [전문개정 2012.2.2] **제8조(통상의 이윤의 계산)** ① 법 제5조제1항제2호에 따른 구매자의 통상의 이윤은 구매자가 특수관계가 없는 자에게 자산을 판매한 금액에 판매기준 통상이익률을 곱하여 계산된 금액으로 한다. 이 경우 판매기준 통상이익률은 구매자와 특수관계가 없는 자의 거래 중 해당 거래와 수행된 기능, 사용된 자산 및 부담한 위험의 정도가 유사한 거래에서 실현된 매출총이익률로 한다. ② 법 제5조제1항제3호에 따른 자산 판매자나 용역 제공자의 통상의 이윤은 다음 각 호의 원가에 원가기준 통상이익률을 곱하여 계산한 금액으로 한다. 이 경우 원가기준 통상이익률은 자산 판매자 또는 용역 제공자와 특수관계가 없는 자의 거래 중 해당 거래와 수행된 기능, 사용된 자산 및 부담한 위험의 정도가 유사한 거래에서 발생한 원가에 대한 매출총이익의 비율로 한다. 1. 자산 판매자가 그 자산을 정상가격으로 구입·건설 또는 제조하는 데 필요한 원가 2. 용역 제공자가 그 용역을 제공하는 과정에서 정상가격에 의하여 발생한 원가 ③ 법 제5조제1항제2호에 따른 자산 구매자나 같은 항 제3호에 따른 자산 판매자 또는 용역 제공자가 특수관계가 없는 자와의 거래에서 적정한 통상이익률을 산출할 수 없는 경우에는 특수관계가 없는 자 간의 제3의 거래 중 해당 거래와 수행된 기능, 사용된 자산 및 부담한 위험의 정도가 유사한 거래에서 발생한 통상이익률을 제1항에 따른 판매기준 통상이익률 또는 제2항에 따른 원가기준 통상이익률로 사용할 수 있다. [전문개정 2012.2.2]	
제6조(정상가격 산출방법의 사전승인 등) ① 거주자는 일정 기간의 과세연도에 대하여 정상가격 산출방법을 적용하려는 경우에는 대통령령으로 정하는 바에 따라 정상가격 산출방법을	**제9조(정상가격 산출방법의 사전승인 신청 등)** ① 법 제6조제1항에 따라 국세청장에게 정상가격 산출방법의 사전승인을 신청하려는 거주자(이하 이 장에서 "신청인"이라 한다)는 국제거래의 전부 또는 일부에 대하여 다음 각 호의 서류 2부씩을 정상가격 산출방법 신청 대상기간의 최초 과세연도 종료	

적용하려는 일정 기간의 과세연도 중 최초의 과세연도 종료일까지 국세청장에게 승인 신청을 할 수 있다.

② 국세청장은 거주자가 제1항에 따라 정상가격 산출방법에 대한 승인을 신청하는 경우 대통령령으로 정하는 바에 따라 체약상대국의 권한 있는 당국과의 상호합의절차를 거쳐 합의하였을 때에는 정상가격 산출방법을 승인할 수 있다. 다만, 대통령령으로 정하는 경우에는 상호합의절차를 거치지 아니하고 정상가격 산출방법을 사전승인(이하 이 조에서 "일방적 사전승인"이라 한다)할 수 있다.

③ 국세청장은 거주자가 승인신청 대상기간 이전의 과세연도에 대하여 정상가격 산출방법을 소급하여 적용해 줄 것을 신청하는 때에는 승인신청 대상기간 직전의 5년 이내에서 소급하여 적용하도록 승인할 수 있다. 다만, 일방적 사전승인의 경우에 정상가격 산출방법을 소급하여 적용하여 줄 것을 신청하는 때에는 승인신청 대상기간 직전의 3년 이내에서 소급하여 적용하도록 승인할 수 있다. <개정 2010.12.27>

④ 국세청장과 거주자는 제2항과 제3항에 따라 정상가격 산출방법이 승인된 경우에는 그 승인된 방법을 준수하여야 한다. 다만, 대통령령으로 정하는 경우에는 그러하지 아니하다.

⑤ 거주자는 제2항과 제3항에 따라 정상가격 산출방법이 승인

일까지 국세청장에게 제출하여야 한다. 이 경우 제4호에 해당하는 서류는 이동식 저장장치 등 전자적 정보저장매체에 수록하여 제출할 수 있다. <개정 2016.2.5>

1. 대상기간, 대상 국제거래, 거래 당사자 및 정상가격 산출방법 등을 적은 기획재정부령으로 정하는 정상가격 산출방법의 사전승인 신청서
2. 거래 당사자의 사업 연혁, 사업 내용, 조직 및 출자관계 등에 관한 설명자료
3. 거래 당사자의 최근 3년 동안의 재무제표, 세무신고서 사본, 국제거래에 관한 계약서 사본 및 이에 부수되는 서류
4. 신청된 정상가격의 세부 산출방법을 구체적으로 설명하는 다음 각 목의 자료
   가. 제5조제2항 및 제6조제2항에 따른 비교가능성 평가방법 및 요소별 차이 조정방법
   나. 비교대상 기업의 재무제표를 사용하는 경우 적용된 회계처리기준의 차이와 그 조정방법
   다. 거래별로 구분한 재무자료 또는 원가자료를 사용하는 경우 그 작성기준
   라. 두 개 이상의 비교대상 거래를 사용하는 경우 정상가격으로 판단되는 범위와 그 도출방법
   마. 정상가격 산출방법의 전제가 되는 조건 또는 가정에 대한 설명자료
5. 제7조제2항을 적용하는 경우에는 실제 거래가격과 정상가격의 차이를 조정하는 방법에 관한 설명자료
6. 승인 신청된 정상가격 산출방법에 관하여 관련 체약상대국(締約相對國)과의 상호합의를 신청하는 경우에는 기획재정부령으로 정하는 상호합의절차 개시 신청서
7. 그 밖에 사전승인 신청된 정상가격 산출방법의 적정성을 증명하는 자료

② 체약상대국의 권한 있는 당국에 제출한 서류가 제1항에 따라 제출한 서류와 다른 경우에는 체약상대국의 권한 있는 당국에 제출한 서류를 추가로 제출하여야 한다.

③ 정상가격 산출방법의 사전승인 신청 대상기간은 납세자가 정상가격 산출방법의 사전승인을 받으려

된 경우에는 이에 따라 산출된 정상가격 및 그 산출 과정 등이 포함된 보고서를 대통령령으로 정하는 바에 따라 국세청장에게 제출하여야 한다.
[전문개정 2010.1.1]

는 기간으로 한다.
④ 신청인은 국세청장의 사전승인을 받기 전까지는 처음의 사전승인 신청 내용을 변경하거나 사전승인 신청을 철회할 수 있다. 이 경우 국세청장은 신청이 철회되었을 때에는 제1항 또는 제2항에 따라 제출된 모든 자료를 신청인에게 반환하여야 한다.
⑤ 국세청장은 제1항 또는 제2항에 따라 제출된 자료를 사전승인의 심사 및 사후관리 외의 용도로는 사용할 수 없다.
[전문개정 2012.2.2]

제11조의2(일방적 사전승인 절차) ① 법 제6조제2항 단서에서 "대통령령으로 정하는 경우"란 다음 각 호의 어느 하나에 해당하는 경우를 말한다.
1. 납세자가 제9조제1항에 따른 정상가격 산출방법의 사전승인 신청 시 상호합의절차를 요구하지 아니하는 경우
2. 제11조제7항 각 호의 어느 하나에 해당하는 사유로 정상가격 산출방법의 상호합의절차가 중단된 경우

② 국세청장은 제1항 각 호의 어느 하나에 해당하는 경우에는 상호합의절차에 따르지 아니하고 정상가격 산출방법을 사전승인(이하 "일방적 사전승인"이라 한다)할 수 있다. 이 경우 국세청장은 상호합의절차가 개시되는 경우에는 일방적 사전승인이 취소될 수 있다는 내용의 조건을 붙일 수 있다.
③ 납세자가 제1항제2호에 해당되어 일방적 사전승인을 받으려는 경우에는 해당 통지를 받은 날부터 15일 이내에 국세청장에게 그 의사를 서면으로 제출하여야 하며, 서면제출을 하지 아니하였을 때에는 처음의 사전승인 신청은 철회된 것으로 본다.
④ 국세청장은 신청인이 일방적 사전승인을 신청하는 경우에는 신청일부터 2년 이내에 사전승인 여부를 결정하여야 한다.
⑤ 일방적 사전승인에 관하여 제출된 서류의 반환, 사전승인의 결정 내용 통지 및 동의 여부, 사전승인 신청의 철회, 사전승인 변경승인의 효력 및 사전승인의 통지에 관하여는 제11조제1항 및 제3항부터 제6항까지의 규정을 각각 준용한다.
⑥ 정상가격 산출방법의 사전승인을 받은 거주자는

제17조제2항에 따라 수정신고 또는 경정청구를 하여야 한다. 이 경우 조정되는 소득금액에 관하여는 제15조, 제15조의2, 제16조 및 제18조를 준용한다.
[전문개정 2012.2.2]

제12조(연례보고서의 제출 등) ① 거주자는 정상가격 산출방법의 사전승인을 받은 경우에는 매년 제7조제2항제1호에 따른 기한까지 납세지 관할 세무서장에게 승인 내용을 반영하여 신고하여야 하며, 법 제6조제5항에 따라 그 신고기한의 다음 날부터 6개월 이내에 국세청장에게 다음 각 호의 사항이 포함된 연례보고서 4부를 제출[국세정보통신망(「국세기본법」 제2조제19호에 따른 국세정보통신망을 말한다. 이하 같다)을 활용한 제출을 포함한다]하여야 한다. 이 경우 조정되는 소득금액에 관하여는 제15조, 제15조의2, 제16조 및 제18조를 준용한다. <개정 2015.2.3, 2016.2.5>

1. 사전승인된 정상가격 산출방법의 전제가 되는 근거 또는 가정의 실현 여부
2. 사전승인된 정상가격 산출방법을 적용하여 산출된 정상가격 및 그 산출 과정
3. 실제 거래가격과 정상가격이 다른 경우에는 그 차이에 대한 처리 내용
4. 그 밖에 사전승인 시에 연례보고서에 포함하도록 정한 사항

② 국세청장은 제1항에 따른 연례보고서를 검토할 때 추가적인 자료가 필요한 경우에는 해당 거주자에게 자료를 요구할 수 있다.
[전문개정 2012.2.2]

제13조(사전승인의 취소 등) ① 법 제6조제4항 단서에서 "대통령령으로 정하는 경우"란 다음 각 호의 어느 하나에 해당하는 경우를 말한다.

1. 제9조 또는 제12조에 따른 자료의 중요한 부분이 제출되지 아니하거나 거짓으로 작성된 경우
2. 거주자가 사전승인 내용 또는 그 조건을 준수하지 아니한 경우
3. 사전승인된 정상가격 산출방법의 전제가 되는 조건이나 가정의 중요한 부분이 실현되지 아니한 경우
4. 관련 법령 또는 조세조약이 변경되어 사전승인

내용이 적절하지 아니하게 된 경우
② 국세청장은 제1항 각 호의 어느 하나에 해당하는 경우에는 사전승인을 취소하거나 철회할 수 있다.
③ 거주자는 제1항제3호 또는 제4호에 해당하는 경우에는 그 사유가 발생한 과세연도의 과세표준 및 세액의 확정신고기한까지 해당 과세연도를 포함한 그 이후의 잔여 대상기간에 대하여 처음 사전승인 내용의 변경을 신청할 수 있다. 이 경우 제9조부터 제11조까지, 제11조의2 및 제12조를 준용하되, 제9조제1항에 따른 제출자료는 변경된 부분으로 한정한다.
④ 국세청장은 사전승인을 취소하거나 철회하는 경우에는 관련된 체약상대국의 권한 있는 당국에 그 사실을 지체 없이 통보하여야 한다.
[전문개정 2012.2.2]

제14조(체약상대국의 사전승인 등의 활용) 거주자 또는 국외특수관계인이 체약상대국의 권한 있는 당국에 법 제6조에 상응하는 정상가격 산출방법의 사전승인을 신청한 경우로서 우리나라와 상호합의절차를 개시할 필요가 있을 때에는 그 거주자는 국세청장에게 제9조에 따라 지체 없이 정상가격 산출방법의 사전승인을 신청하여야 한다.
[전문개정 2012.2.2]

제14조의8(사전조정의 절차 등) ① 국세청장은 법 제6조의3제1항 전단에 따른 신청을 받은 날부터 90일 이내에 같은 항 후단에 따른 사전조정 절차를 시작할 것인지를 신청자에게 통지하여야 한다. 이 경우 국세청장은 법 제6조의3제2항에 해당하지 아니하는 등의 사유로 사전조정 절차를 시작할 수 없으면 그 사유를 함께 통지하여야 한다.
② 신청자는 제1항 후단에 따라 사전조정 절차를 시작할 수 없다는 통지를 받은 경우에는 그 통지를 받은 날부터 30일 이내에 법 제6조제2항 단서에 따른 사전승인 절차와 「관세법」 제37조제1항제3호의 사항에 관한 사전심사를 따로 진행할 것인지를 국세청장에게 통지할 수 있다. 이 경우 국세청장은 그 통지받은 사항을 지체 없이 관세청장에게 알려야 한다.
③ 법 제6조의3제5항에 따른 사전조정 신청 방법

	및 절차 등에 관하여는 제9조, 제10조, 제11조의2, 제12조, 제13조 및 「관세법 시행령」 제31조를 준용한다. ④ 제1항부터 제3항까지에서 규정한 사항 외에 사전조정의 실시, 그 밖에 사전조정에 필요한 사항은 기획재정부령으로 정한다. [본조신설 2015.2.3]	
제6조의2(정상원가분담액 등에 의한 과세조정) ① 과세당국은 거주자가 국외특수관계인과 무형자산을 공동으로 개발 또는 확보(이하 이 조에서 “공동개발”이라 한다)하기 위하여 사전에 원가·비용·위험(이하 이 조에서 “원가등”이라 한다)의 분담에 대한 약정을 체결하고 이에 따라 공동개발하는 경우 거주자의 원가등의 분담액이 정상원가분담액보다 적거나 많을 때에는 정상원가분담액을 기준으로 거주자의 원가등의 분담액을 조정하여 거주자의 과세표준과 세액을 결정하거나 경정할 수 있다. <개정 2011.12.31> ② 과세당국은 거주자가 국외특수관계인과 공동개발한 무형자산에 대하여 적정하게 원가등을 배분하여 각 참여자의 지분을 결정한 후 공동개발한 무형자산으로부터 기대되는 편익(이하 이 조에서 “기대편익”이라 한다)이 대통령령으로 정하는 비율 이상 변동되었을 때에는 원래 결정된 각 참여자의 지분을 변동된 기대편익을 기준으로 조정하여 거주자의 과세표준과 세액을 결정하거나 경정할 수 있다. <개정 2011.12.31> ③ 제1항과 제2항을 적용할 때	제14조의2(무형자산을 공동개발하기 위한 정상원가분담액 등의 산정 등) ① 법 제6조의2제1항에 따른 무형자산은 다음 각 호의 어느 하나에 해당하는 것으로 한다. 1. 다음 각 목의 어느 하나에 해당하는 것 가. 「특허법」에 따른 특허권 나. 「실용신안법」에 따른 실용신안권 다. 「디자인보호법」에 따른 디자인권 라. 「상표법」에 따른 상표권 또는 서비스표권 마. 「저작권법」에 따른 저작권 2. 그 밖에 설계, 모형 및 노하우 등 무형의 자산으로서 그 자체로 사용되거나 다른 사람에게 이전 또는 사용을 허락할 수 있는 것 ② 법 제6조의2제1항에 따른 정상원가분담액은 거주자가 국외특수관계인이 아닌 자와의 통상적인 원가·비용 및 위험부담(이하 “원가등”이라 한다)의 분담에 대한 약정에서 적용되거나 적용될 것으로 판단되는 분담액으로서, 무형자산의 개발을 위한 원가등을 그 무형자산에 대한 제14조의3제1항에 따른 기대편익에 비례하여 배분한 금액으로 한다. 다만, 정상원가분담액에서 원가등의 분담 약정 참여자가 소유한 무형자산의 사용대가와 분담액 차입 시 발생하는 지급이자는 제외한다. <개정 2015.2.3> ③ 정상원가분담액은 그에 대한 약정을 체결하고 원가등을 분담한 경우에만 거주자의 과세소득금액 계산 시 손금으로 산입(算入)한다. [전문개정 2012.2.2] 제14조의3(기대편익의 범위 및 산정방법) ① 법 제6조의2제2항에 따른 기대편익은 무형자산으로부터 기대되는 다음 각 호의 어느 하나에 해당하는 편익으로 한다. 1. 원가의 절감	

무형자산의 범위, 정상원가분담액과 기대편익의 산정, 참여자의 지분 변동 산출 및 그 밖에 필요한 사항은 대통령령으로 정한다. [전문개정 2010.1.1]	2. 무형자산의 활용으로 인한 다음 각 목의 어느 하나에 해당하는 것의 증가 가. 매출액 나. 영업이익 다. 사용량, 생산량 또는 판매량 ② 기대편익은 무형자산의 공동개발 후 실현될 것으로 추정되는 제1항 각 호의 편익을 사용하여 산정한다. [전문개정 2012.2.2] **제14조의4(기대편익 변경에 따른 참여자 지분 조정과 원가등의 분담액 조정)** ① 법 제6조의2제2항에서 "대통령령으로 정하는 비율 이상 변동되었을 때"란 처음 약정 체결 시 예상한 총기대편익 중 거주자의 기대편익이 무형자산 개발 후 실현되는 기대편익과 비교하여 그 비율이 100분의 20 이상 증가하거나 감소한 경우를 말한다. ② 법 제6조의2제2항에 따라 참여자인 거주자의 지분을 조정하는 경우에는 거주자가 부담한 총원가등의 분담액을 조정된 거주자의 지분에 따라 다시 계산하여 초과 부담한 원가등의 분담액은 그 변동이 발생한 사업연도의 과세표준을 계산할 때에 조정한다. ③ 제2항에 따라 원가등의 분담액을 조정한 후 제1항에 따른 기대편익 변동이 다시 발생한 경우에는 제7조제2항 각 호의 어느 하나에 해당하는 기한까지 신고하거나 경정을 청구할 수 있다. 이 경우 조정되는 소득금액에 관하여는 제15조, 제15조의2, 제16조 및 제18조를 준용한다. ④ 과세당국은 법 제6조의2제2항에 따라 거주자의 과세표준과 세액을 결정하거나 경정하려는 경우에는 무형자산을 공동개발한 날이 속하는 과세연도에 대한 과세표준 신고기한의 다음 날부터 5년을 초과하여 거주자의 과세표준과 세액을 조정할 수 없다. [전문개정 2012.2.2]	
제6조의3(국세의 정상가격 산출방법과 관세의 과세가격 결정방법의 사전조정) ① 제6조제1항에 따라 국세의 정상가격 산출방법에 대하여 사전승인(같은 조 제2항 단서에 따른 일방적	**제14조의7(사전조정의 대상)** 법 제6조의3제2항에서 "대통령령으로 정하는 경우"란 해당 물품에 대한 국세의 정상가격 산출방법이 제1호 각 목의 어느 하나에 해당하는 방법에 따른 경우로서 그 물품에 대한 관세의 과세가격 결정방법이 제2호 각 목의 어느 하나에 해당하는 방법에 따른 경우를 말한다.	**제3조의3(사전조정 신청서의 제출)** 법 제6조의3제1항에 따라 국세의 정상가격 산출방법과 관세의 과세가격 결정방법

사전승인의 대상인 경우에 한정한다)을 신청하는 거주자는 「관세법」 제37조제1항제3호에 따른 관세 과세가격 결정방법의 사전심사(이하 이 조에서 "관세가격 사전심사"라 한다)를 국세청장에게 동시에 신청할 수 있다. 이 경우 국세청장은 관세청장과 협의하여 국세의 정상가격과 관세의 과세가격을 사전에 조정(이하 이 조에서 "사전조정"이라 한다)하여야 한다. ② 제1항에 따른 사전조정의 대상은 국세의 정상가격 산출방법과 관세의 과세가격 결정방법이 유사한 경우로서 대통령령으로 정하는 경우로 한정한다. ③ 제1항에 따라 사전조정을 하는 국세청장은 관세청장에게 관세가격 사전심사 신청서류를 첨부하여 신청을 받은 사실을 통보하고, 관세청장과 정상가격 산출방법, 과세가격 결정방법 및 사전조정 가격의 범위에 대하여 협의하여 결정하여야 한다. ④ 국세청장은 제3항에 따른 사전조정의 결과를 사전조정을 신청한 자와 기획재정부장관에게 통보하여야 한다. ⑤ 제1항부터 제4항까지의 규정에 따른 사전조정 신청 방법 및 절차 등에 관하여 필요한 사항은 대통령령으로 정한다. [본조신설 2014.12.23]	1. 국세의 정상가격 산출방법 가. 법 제5조제1항제1호에 따른 비교가능 제3자 가격방법 나. 법 제5조제1항제2호에 따른 재판매가격방법 다. 법 제5조제1항제3호에 따른 원가가산방법 2. 관세의 과세가격 결정방법 가. 「관세법」 제31조에 따른 동종·동질물품의 거래가격을 기초로 한 과세가격의 결정방법 나. 「관세법」 제32조에 따른 유사물품의 거래가격을 기초로 한 과세가격의 결정방법 다. 「관세법」 제33조에 따른 국내판매가격을 기초로 한 과세가격의 결정방법 라. 「관세법」 제34조에 따른 산정가격을 기초로 한 과세가격의 결정방법 [본조신설 2015.2.3] **제14조의8(사전조정의 절차 등)** ① 국세청장은 법 제6조의3제1항 전단에 따른 신청을 받은 날부터 90일 이내에 같은 항 후단에 따른 사전조정 절차를 시작할 것인지를 신청자에게 통지하여야 한다. 이 경우 국세청장은 법 제6조의3제2항에 해당하지 아니하는 등의 사유로 사전조정 절차를 시작할 수 없으면 그 사유를 함께 통지하여야 한다. ② 신청자는 제1항 후단에 따라 사전조정 절차를 시작할 수 없다는 통지를 받은 경우에는 그 통지를 받은 날부터 30일 이내에 법 제6조제2항 단서에 따른 사전승인 절차와 「관세법」 제37조제1항제3호의 사항에 관한 사전심사를 따로 진행할 것인지를 국세청장에게 통지할 수 있다. 이 경우 국세청장은 그 통지받은 사항을 지체 없이 관세청장에게 알려야 한다. ③ 법 제6조의3제5항에 따른 사전조정 신청 방법 및 절차 등에 관하여는 제9조, 제10조, 제11조의2, 제12조, 제13조 및 「관세법 시행령」 제31조를 준용한다. ④ 제1항부터 제3항까지에서 규정한 사항 외에 사전조정의 실시, 그 밖에 사전조정에 필요한 사항은 기획재정부령으로 정한다. [본조신설 2015.2.3]	의 사전조정을 신청하려는 자는 별지 제3호의2서식의 국세의 정상가격 산출방법과 관세의 과세가격 결정방법의 사전조정 신청서에 다음 각 호의 서류를 첨부하여 제출하여야 한다. 1. 제3조제1항에 따른 정상가격 산출방법의 사전승인 신청서 및 첨부서류 2. 「관세법 시행령」 제31조제1항에 따른 신청서 및 첨부서류 [본조신설 2015.3.13]
제7조(제3자 개입 거래) 거주자가 국외특수관계인이 아닌 자와 국제거래를 할 때에도 그 거래		

가 다음 각 호의 요건을 모두 충족하는 경우에는 국외특수관계인과 국제거래를 하는 것으로 보아 그 거래에 대하여 제4조, 제5조 및 제6조의2를 적용한다. <개정 2011.12.31> 1. 거주자와 국외특수관계인 간에 해당 거래에 대한 사전계약(거래와 관련된 증거에 의하여 사전에 실질적인 합의가 있는 것으로 인정되는 경우를 포함한다. 이하 같다)이 있을 것 2. 거래 조건이 해당 거주자와 국외특수관계인 간에 실질적으로 결정될 것 [전문개정 2010.1.1]		
제8조(상계거래의 인정 등) ① 과세당국은 국제거래 가격이 정상가격과 다른 경우에도 같은 국외특수관계인과의 같은 과세연도 내의 다른 국제거래를 통하여 그 차액을 상계(相計)하기로 사전에 합의하고 거주자가 그 거래 내용과 사실을 증명할 때에는 그 상계되는 모든 국제거래를 하나의 국제거래로 보아 제4조와 제5조를 적용한다. <개정 2011.12.31> ② 제1항에 따라 증명되는 상계거래에서 그 어느 하나의 거래가 「법인세법」 제98조, 제98조의2, 제98조의3 및 「소득세법」 제156조, 제156조의2에 따라 원천징수의 대상이 될 때에는 상계거래가 없는 것으로 보아 해당 원천징수 규정을 적용한다. [전문개정 2010.1.1]		
제9조(소득금액 조정에 따른 소	제15조(임시유보 처분 등) ① 과세당국은 법 제9조	제4조의2(이전소득금

득처분 및 세무조정) ① 제4조나 제6조의2를 적용할 때 익금(益金)에 산입(算入)되는 금액이 국외특수관계인으로부터 내국법인에 대통령령으로 정하는 바에 따라 반환된 것임이 확인되지 아니하는 경우에는 그 금액은 「법인세법」 제67조에도 불구하고 대통령령으로 정하는 바에 따라 국외특수관계인에 대한 배당으로 처분하거나 출자로 조정한다. <개정 2011.12.31, 2013.1.1>

② 제1항을 적용할 때 소득 처분의 방법 및 그 밖에 필요한 사항은 대통령령으로 정한다.

[전문개정 2010.1.1]

에 따른 소득처분 및 세무조정을 하는 경우에는 제15조의2에 따른 반환 여부를 확인하기 전까지는 임시유보로 처분한다.

② 과세당국은 제1항에 따라 임시유보로 처분하는 경우 그 사실을 기획재정부령으로 정하는 임시유보 처분 통지서에 따라 「소득세법 시행령」 제192조제1항 및 제4항을 준용하여 통지하여야 한다.

③ 제1항에도 불구하고 다음 각 호의 어느 하나에 해당하는 경우에는 임시유보로 처분하지 아니하고 제16조제1항 각 호에 따라 처분하거나 조정한다. <개정 2014.2.21>

1. 법 제4조 또는 제6조의2에 따라 과세표준 및 세액을 결정하거나 경정한 날부터 4개월 이내에 부과제척기간이 만료되는 경우
2. 기획재정부령으로 정하는 이전소득금액 처분 요청서를 제출하는 경우
3. 해당 내국법인이 폐업한 경우(사실상 폐업한 경우를 포함한다)

④ 제1항에 따라 임시유보 처분을 한 후에 제3항제2호 또는 제3호에 해당하는 사유가 발생한 경우에는 제16조제1항 각 호에 따라 다시 처분하거나 조정한다. <신설 2014.2.21>

[전문개정 2012.2.2]

제15조의2(익금에 산입되는 금액의 반환 확인 등) ①법 제9조제1항에서 "대통령령으로 정하는 바에 따라 반환된 것임이 확인되지 아니하는 경우"란 제15조에 따른 임시유보 처분 통지서를 받은 날 또는 과세표준 및 세액을 수정신고한 날부터 90일 이내에 국외특수관계인이 내국법인에 법 제4조 또는 제6조의2에 따라 익금(益金)에 산입되는 금액 중 반환하려는 금액에 다음 계산식에 따라 산출한 반환이자를 더하여 반환하였음을 확인하는 서류(기획재정부령으로 정하는 이전소득금액 반환 확인서를 말한다)를 과세당국에 제출하지 아니한 경우를 말한다. 다만, 제15조제3항에 해당하는 경우에는 법 제4조 또는 제6조의2에 따라 과세표준 및 세액을 결정하거나 경정할 당시 익금에 산입되는 금액이 국외특수관계인으로부터 내국법인에 반환되는 것임이 확인되지 아니한 경우를 말한다. 반환이자=반환하

액 반환 확인서 등) ① 「국제조세조정에 관한 법률」(이하 "법"이라 한다) 제9조제1항 및 영 제15조의2에 따라 익금(益金)에 산입(算入)되는 금액이 국외특수관계인으로부터 내국법인에 반환되었음을 확인받으려는 자는 별지 제6호의3서식의 이전소득금액 반환 확인서에 국외특수관계인이 내국법인에 실제로 반환한 금액의 송금 명세서를 첨부하여 제출하여야 한다.

② 영 제15조의2에서 "기획재정부령으로 정하는 이자율"은 이자계산대상 각 사업연도의 직전 사업연도 종료일의 통화별 12개월 만기 런던 은행 간 대출 이자율로 한다.

[전문개정 2012.2.28]

	려는 금액×거래일이 속하는 사업연도 종료일 다음 날부터 이전소득금액 반환일까지의 기간×국제금융시장의 실세이자율을 고려하여 기획재정부령으로 정하는 이자율÷365(윤년의 경우에는 366) <개정 2013.2.15> ② 내국법인이 법 제4조 또는 제6조의2에 따라 익금에 산입되는 금액 중 일부를 국외특수관계인으로부터 반환받는 경우에는 익금에 산입되는 금액의 발생순서에 따라 먼저 발생된 금액(해당 금액에 대한 반환이자를 포함한다)부터 반환된 것으로 본다. <신설 2013.2.15> [전문개정 2012.2.2]	
제10조(소득금액 계산의 특례) ① 체약상대국이 거주자와 국외특수관계인의 거래가격을 정상가격으로 조정하고, 이에 대한 상호합의절차가 종결된 경우에는 과세당국은 그 합의에 따라 거주자의 각 과세연도 소득금액 및 결정세액을 조정하여 계산할 수 있다. <개정 2011.12.31> ② 제1항에 따른 소득금액과 결정세액의 조정 신청, 조정 방법 등 필요한 사항은 대통령령으로 정한다. [전문개정 2010.1.1]	**제17조(소득금액 계산의 특례 신청절차 등)** ① 법 제10조제1항에 따른 소득금액 및 결정세액의 조정을 받으려는 거주자는 법 제27조제2항에 따른 통보를 받은 날부터 2개월 이내에 기획재정부령으로 정하는 소득금액 계산특례 신청서에 제42조제2항에 따라 국세청장이 발급한 상호합의 종결 통보서를 첨부하여 납세지 관할 세무서장에게 수정신고 또는 경정청구(국세정보통신망을 활용한 청구를 포함한다)를 하여야 한다. ② 제11조의2제2항에 따라 일방적 사전승인을 받은 거주자가 소득금액 및 결정세액의 조정을 받으려는 경우에는 같은 조 제5항에 따라 국세청장이 발급한 통지서를 받은 날부터 2개월 이내에 기획재정부령으로 정하는 소득금액 계산특례 신청서에 국세청장이 발급한 통지서를 첨부하여 납세지 관할 세무서장에게 수정신고 또는 경정청구를 하여야 한다. ③ 제1항 및 제2항에 따른 경정청구를 받은 납세지 관할 세무서장은 경정청구를 받은 날부터 2개월 이내에 과세표준 및 세액을 경정할 수 있다. 이 경우 경정하여야 할 이유가 없을 때에는 그 사실을 경정청구를 한 자에게 통지하여야 한다. [전문개정 2012.2.2] **제18조(소득금액 계산 특례 시 세무조정 방법)** ① 법 제10조제1항에 따라 감액 조정된 내국법인의 소득금액 중 국외특수관계인에게 반환되지 아니하고 사내유보되는 금액은 「법인세법」 제18조제2호에 따른 이월익금(移越益金)으로 보아 내국법인의 익금	

	에 산입하지 아니한다. ② 법 제10조제1항에 따라 내국법인이 아닌 거주자의 소득금액을 조정한 결과 감액되는 소득금액 중 국외특수관계인에게 반환되지 아니하는 금액은 그 거주자의 소득금액으로 보지 아니한다. [전문개정 2012.2.2]		
제10조의2(국세의 정상가격과 관세의 과세가격 간 조정을 위한 경정청구) ① 국외특수관계인으로부터 물품을 수입하는 거래와 관련하여 납세의무자가 과세당국에 법인세 또는 소득세의 과세표준신고서를 제출한 후 「관세법」 제38조의3제4항에 따른 세관장의 경정처분으로 인하여 관세의 과세가격과 신고한 법인세 또는 소득세의 과세표준 및 세액의 산정기준이 된 거래가격 간에 차이가 발생한 경우에는 그 경정처분이 있음을 안 날(처분의 통지를 받은 때에는 그 받은 날)부터 2개월 내에 대통령령으로 정하는 바에 따라 과세당국에 법인세 또는 소득세의 과세표준 및 세액의 경정을 청구할 수 있다. ② 제1항에 따른 경정청구를 받은 과세당국은 해당 거래와 관련한 법인세 또는 소득세의 과세표준 및 세액의 산정기준이 된 해당 수입물품의 거래가격 산출방법과 계산근거 등이 제5조의 규정에 적합하다고 인정되는 경우에는 세액을 경정할 수 있다. <신설 2014.12.23> ③ 과세당국은 제1항에 따른 경정청구를 받은 날부터 2개월 내에 과세표준 및 세액을 경정하거나 경정하여야 할 이유가 없다는	제17조의2(국세의 정상가격과 관세의 과세가격 간 조정을 위한 경정청구) 법 제10조의2제1항에 따라 경정청구를 하려는 자는 다음 각 호의 사항을 적은 경정청구서에 관련 증명자료를 첨부하여 제출(국세정보통신망을 활용한 제출을 포함한다)하여야 한다. 1. 청구인의 성명과 주소 또는 거소 2. 경정 전의 법인세 또는 소득세의 과세표준 및 세액 3. 경정 후의 법인세 또는 소득세의 과세표준 및 세액 4. 경정청구를 하는 이유 5. 그 밖에 필요한 사항 [본조신설 2012.2.2]		

뜻을 그 청구를 한 자에게 통지하여야 한다. <개정 2014.12.23> [본조신설 2011.12.31]		
제10조의3(국제거래가격에 대한 과세의 조정) ① 납세의무자는 제10조의2제3항의 통지를 받은 날(2개월 내에 통지를 받지 못한 경우에는 2개월이 경과한 날)부터 30일 내에 기획재정부장관에게 국세의 정상가격과 관세의 과세가격 간 조정을 신청할 수 있다. 이 경우 기획재정부장관은 과세당국 또는 세관장에게 거래가격에 대한 과세의 조정을 권고할 수 있고, 그 조정권고에 대한 과세당국 또는 세관장의 이행계획(불이행 시 그 이유를 포함한다)을 받아 납세의무자에게 그 조정의 신청을 받은 날부터 90일 내에 통지하여야 한다. <개정 2017.1.1> ② 제1항에 따른 조정의 신청, 조정 방법 등에 관하여 필요한 사항은 대통령령으로 정한다. ③ 제1항에 따라 조정을 신청한 날부터 통지를 받은 날까지의 기간은 「국세기본법」 제61조, 제66조, 제68조 및 「관세법」 제121조, 제131조, 제132조의 청구기간 또는 신청기간에 산입하지 아니한다. [본조신설 2011.12.31]	제17조의3(국제거래가격과세조정심의위원회의 설치·운영 등) ① 법 제10조의3에 따른 국제거래가격에 대한 과세의 조정권고에 관한 사항을 심의하기 위하여 기획재정부장관 소속으로 국제거래가격과세조정심의위원회(이하 "과세조정심의위원회"라 한다)를 둔다. ② 과세조정심의위원회는 위원장 1명을 포함한 15명 이내의 위원으로 구성한다. ③ 위원장은 기획재정부 세제실장이 되고, 위원은 다음 각 호의 사람이 된다. 1. 기획재정부 소속 3급 공무원 또는 고위공무원단에 속하는 공무원 중 위원장이 지명하는 사람 2. 국세청의 3급 공무원 또는 고위공무원단에 속하는 공무원 중 국세청장이 추천하는 사람 3. 관세청의 3급 공무원 또는 고위공무원단에 속하는 공무원 중 관세청장이 추천하는 사람 4. 국세의 정상가격 및 관세의 과세가격 산정에 대한 실무경험이 풍부한 변호사, 공인회계사, 세무사, 관세사 및 세법학·회계학 등을 가르치는 대학 교수로서 위원장이 위촉하는 사람 ④ 위원장은 과세조정심의위원회의 의장으로서 회의를 소집하고, 위원회의 업무를 총괄한다. ⑤ 위원장이 부득이한 사유로 직무를 수행할 수 없을 때에는 제3항제1호의 위원 중 위원장이 미리 지명한 위원이 그 직무를 대행한다. ⑥ 제3항제4호에 따른 위원의 임기는 2년으로 하고, 위원장은 위원이 심신장애, 직무태만, 품위손상, 그 밖의 사유로 위원으로 적합하지 아니하다고 인정되는 경우에는 임기 중이라도 위촉을 해제할 수 있다. ⑦ 과세조정심의위원회의 회의는 공개하지 아니한다. 다만, 위원장이 필요하다고 인정하는 경우에는 공개할 수 있다. ⑧ 과세조정심의위원회의 회의는 위원장과 위원장이 회의마다 지정하는 7명 이상 10명 이내의 위원으로 구성하되, 제3항제4호에 따른 위원 3명 이상을 포함하여야 한다.	

⑨ 과세조정심의위원회의 회의는 제8항에 따른 구성원 과반수의 출석으로 개의(開議)하고, 출석위원 과반수의 찬성으로 조정권고안을 의결한다.

⑩ 기획재정부장관은 특별한 사유가 없으면 제9항에 따른 조정권고안에 따라 과세당국 또는 세관장에게 조정권고 한다.

⑪ 제10항에 따라 조정권고를 받은 과세당국 또는 세관장은 지체 없이 그에 대한 이행계획을 기획재정부장관에게 제출하여야 한다.

⑫ 제1항부터 제11항까지에서 규정한 사항 외에 과세조정심의위원회의 구성·운영 등에 필요한 사항은 기획재정부령으로 정한다.

[본조신설 2012.2.2]

[대통령령 제23600호(2012.2.2) 부칙 제2조의 규정에 의하여 이 조는 2017년 6월 30일까지 유효함]

제17조의4(국제거래가격에 대한 과세의 조정 신청 등) ① 법 제10조의3제1항에 따라 국제거래가격에 대한 과세의 조정을 신청하려는 납세의무자는 다음 각 호의 사항을 적은 과세조정 신청서에 관련 증명자료를 첨부하여 제출하여야 한다.

1. 신청인의 성명과 주소 또는 거소
2. 세관장의 경정처분 내용
3. 과세조정 신청의 이유 및 내용
4. 그 밖에 필요한 사항

② 제17조의3제3항에 따른 위원장(이하 이 조에서 "위원장"이라 한다)은 과세조정 신청을 받은 해당 거래가 다음 각 호의 어느 하나에 해당하는 경우에는 심의하지 아니할 수 있다. 이 경우 납세의무자에게 그 내용을 통지하여야 한다.

1. 해당 거래에 대하여 「국세기본법」 제55조 및 「관세법」 제119조에 따른 이의신청, 심사청구 또는 심판청구, 「감사원법」 제43조에 따른 심사의 청구가 제기되어 있거나 「행정소송법」에 따른 소송이 계속(係屬) 중인 경우
2. 해당 거래가 법 제6조에 따른 정상가격 산출방법의 사전승인 및 「관세법」 제37조에 따른 과세가격 결정방법의 사전심사에 따른 것인 경우
3. 해당 거래에 대하여 법 제22조 및 조세조약에 따른 상호합의절차가 진행 중이거나 종료된 경우

	4. 해당 거래에 대한 국세의 정상가격 및 관세의 과세가격 간 산출방법의 차이 등으로 인하여 과세조정심의위원회에서 심의하기 곤란하다고 판단되는 경우 ③ 위원장은 제1항에 따른 과세조정신청 내용이 심의하기에 적합하지 아니하나 보정할 수 있다고 인정되는 경우, 납세의무자·국세청장 또는 관세청장에게 사실관계, 과세가격 적정 여부 등에 대하여 상당한 기간을 정하여 보정할 것을 요구할 수 있다. 이 경우 보정기간은 법 제10조의3제1항에 따른 조정기간에 산입하지 아니한다. <개정 2015.2.3> ④ 위원장은 제3항 전단에 따라 국세청장 또는 관세청장에게 보정을 요구한 경우에는 납세의무자에게 그 사실을 통보하여야 한다. <신설 2015.2.3> [본조신설 2012.2.2] [대통령령 제23600호(2012.2.2) 부칙 제2조의 규정에 의하여 이 조는 2017년 6월 30일까지 유효함]	
제11조(국제거래에 대한 자료제출 의무) ① 국외특수관계인과 국제거래를 하는 납세의무자는 기획재정부령으로 정하는 국제거래명세서를 「소득세법」 제70조, 제70조의2, 제71조, 제73조 및 제74조 또는 「법인세법」 제60조제1항 및 제76조의17제1항에 따른 신고기한까지 납세지 관할 세무서장에게 제출하여야 한다. 다만, 국외특수관계인과의 거래규모 및 납세의무자의 매출액이 대통령령으로 정하는 요건에 해당하는 경우에는 사업활동 및 거래내용 등에 관하여 대통령령으로 정하는 통합기업보고서, 개별기업보고서 및 국가별보고서(국제거래정보통합보고서)를 「법인세법」에 따른 사업연도 종료일이 속하는 달의 말일부터 12개월 이내에 추가로 제출하여야 한다. <개정 2011.12.31,	제19조(과세당국이 요구하는 자료의 범위와 제출방법) ① 법 제11조제3항에 따라 과세당국이 납세의무자에게 요구할 수 있는 자료의 범위는 납세의무자 또는 그의 국외특수관계인의 다음 각 호의 어느 하나에 해당하는 자료로 한다. <개정 2016.2.5> 1. 자산의 양도·매입 등에 관한 각종 관련 계약서 2. 제품의 가격표 3. 제조원가계산서 4. 특수관계가 있는 자와 특수관계가 없는 자를 구별한 품목별 거래 명세표 5. 용역의 제공이나 그 밖의 거래의 경우에는 제1호부터 제4호까지에 준하는 서류 6. 법인의 조직도 및 사무 분장표 7. 국제거래 가격 결정자료 8. 특수관계가 있는 자 간의 가격 결정에 관한 내부 지침 9. 해당 거래와 관련된 회계처리 기준 및 방법 10. 해당 거래와 관련된 자의 사업활동 내용 11. 특수관계가 있는 자와의 상호출자 현황 12. 법인세 및 소득세 신고 시 누락된 서식 또는 항목 13. 제6조의2에 따른 용역거래와 관련하여 그 거래 내용을 파악할 수 있는 자료로서 기획재정부령	제6조(국제거래명세서) ① 법 제11조제1항에 따른 국제거래명세서는 별지 제8호서식(갑)에 따른다. 이 경우 영 제6조의2에 따른 지급보증 용역거래가 있는 경우에는 별지 제8호서식(을)의 지급보증 용역거래 명세서를 함께 제출하여야 한다. ② 납세의무자는 제1항에 따른 국제거래명세서를 제출할 때에 국외특수관계인과의 국제거래 명세를 증명할 수 있는 별지 제8호의2서식의 국외특수관계인의 요약 손익계산서를 함께 제출하여야 한다. 다

2013.1.1, 2015.12.15, 2017.1.1>

② 납세지 관할 세무서장은 납세의무자가 대통령령으로 정하는 부득이한 사유로 국제거래명세서 또는 국제거래정보통합보고서를 제1항 본문 또는 단서에 따른 신고기한까지 제출할 수 없는 경우로서 납세의무자의 신청을 받은 경우에는 1년의 범위에서 그 제출기한의 연장을 승인할 수 있다. <신설 2015.12.15, 개정 2017.1.1>

③ 과세당국은 대통령령으로 정하는 바에 따라 제4조, 제5조 및 제6조의2를 적용하기 위하여 필요한 거래가격 산정방법 등의 관련 자료를 제출할 것을 납세의무자에게 요구할 수 있다. <개정 2015.12.15>

④ 제3항에 따라 자료 제출을 요구받은 자는 자료 제출을 요구받은 날부터 60일 이내에 해당 자료를 제출하여야 한다. 다만, 대통령령으로 정하는 정당한 사유로 제출 기한의 연장을 신청하는 경우에는 과세당국은 한 차례만 60일까지 연장할 수 있다. <개정 2015.12.15>

⑤ 제3항에 따라 자료 제출을 요구받은 자가 대통령령으로 정하는 정당한 사유 없이 자료를 기한까지 제출하지 아니하고, 불복신청 또는 상호합의절차 시 자료를 제출하는 경우 과세당국과 관련 기관은 그 자료를 과세자료로 이용하지 아니할 수 있다. <개정 2015.12.15>

⑥ 제1항 본문 또는 단서에 따른 국제거래명세서 또는 국제거래

으로 정하는 자료

14. 법 제6조의2에 따른 정상원가분담액 등에 의한 과세조정과 관련하여 원가분담 약정서 등 기획재정부령으로 정하는 자료

15. 그 밖에 적정 가격 산출을 위하여 필요한 자료

② 제1항에 해당하는 자료는 한글로 작성하여 제출하여야 한다. 다만, 과세당국이 허용하는 경우에는 영문으로 작성된 자료를 제출할 수 있다.

[전문개정 2012.2.2]

제20조(국제거래명세서 등의 제출기한 연장 신청 및 통지) ① 법 제11조제2항 및 제4항 단서에 따라 제출기한의 연장을 신청하려는 자는 제출기한 15일 전까지 기획재정부령으로 정하는 제출기한 연장 신청서를 과세당국에 제출(국세정보통신망을 활용한 제출을 포함한다)하여야 한다. <개정 2016.2.5>

② 과세당국은 제1항에 따른 제출기한 연장 신청이 접수된 날부터 7일 이내에 연장 여부를 신청인에게 통지하여야 한다. 이 경우 7일 이내에 통지를 하지 아니한 경우에는 연장을 신청한 기한까지 제출기한이 연장된 것으로 본다.

[전문개정 2012.2.2]

제21조(국제거래명세서 등의 제출기한 연장을 위한 사유) 법 제11조제2항에서 "대통령령으로 정하는 부득이한 사유"와 법 제11조제4항 단서, 같은 조 제5항 및 법 제12조제1항 각 호 외의 부분에서 "대통령령으로 정하는 정당한 사유"란 각각 다음 각 호의 어느 하나에 해당하는 경우를 말한다. <개정 2015.2.3, 2016.2.5>

1. 화재·재난 및 도난 등의 사유로 자료를 제출할 수 없는 경우
2. 사업이 중대한 위기에 처하여 자료를 제출하기 매우 곤란한 경우
3. 관련 장부·서류가 권한 있는 기관에 압수되거나 영치(領置)된 경우
4. 국외특수관계인의 과세연도 종료일이 도래하지 아니한 경우
5. 자료의 수집·작성에 상당한 기간이 걸려 기한까지 자료를 제출할 수 없는 경우
6. 제1호부터 제5호까지에 준하는 사유가 있어 기

만, 다음 각 호의 어느 하나에 해당하는 경우에는 해당 국외특수관계인의 요약손익계산서 제출을 생략할 수 있다. <개정 2015.3.13>

1. 해당 사업연도에 국외특수관계인과의 재화거래 금액의 합계가 10억원 이하이고 용역거래 금액의 합계가 2억원 이하인 경우
2. 해외현지법인 명세서 및 해외현지법인 재무상황표를 제출하는 경우

[전문개정 2012.2.28]

래정보통합보고서 제출의 구체적인 범위, 방법 및 절차 등에 필요한 사항은 대통령령으로 정한다. <개정 2017.1.1>	한까지 자료를 제출할 수 없다고 판단되는 경우 [전문개정 2012.2.2] **제21조의2(국제거래정보통합보고서의 제출)** ① 법 제11조제1항 단서에서 "해당 과세연도 거래규모 및 납세의무자의 매출액이 대통령령으로 정하는 금액을 초과하는 자"란 다음 각 호의 요건을 모두 갖춘 납세의무자(「법인세법」 제2조제1항제1호 및 제2호에 따른 납세의무자로 한정한다. 이하 이 조에서 같다)를 말한다. 1. 국외특수관계인과의 해당 과세연도 재화거래 등 기획재정부령으로 정하는 거래의 합계액이 500억원을 초과할 것 2. 해당 과세연도 매출액이 1,000억원을 초과할 것 ② 법 제11조제1항 단서에서 "대통령령으로 정하는 국제거래정보통합보고서"란 다음 각 호의 보고서를 말한다. 1. 개별기업보고서: 납세의무자의 다음 각 목의 사항을 포함한 기획재정부령으로 정하는 보고서 가. 조직구조 나. 사업내용 다. 국외특수관계인과의 거래내역 라. 다목의 거래에 관한 가격산출정보 마. 재무현황 2. 통합기업보고서: 납세의무자 및 납세의무자와 기획재정부령으로 정하는 특수관계에 있는 법인 전체에 대한 다음 각 목의 사항을 포함하는 기획재정부령으로 정하는 보고서 가. 조직구조 나. 사업내용 다. 무형자산 내역 라. 자금조달 활동 마. 재무현황 ③ 제2항제2호에 따른 통합기업보고서는 기획재정부령으로 정하는 바에 따라 제1항의 요건을 갖춘 둘 이상의 납세의무자가 있는 경우 해당 납세의무자 중 어느 하나의 납세의무자가 제출할 수 있다. ④ 제2항 각 호의 개별기업보고서 및 통합기업보고서는 한글로 작성하여 제출(국세정보통신망을 활용한 제출을 포함한다)하여야 한다.	

	⑤ 제4항에도 불구하고 제2항제2호에 따른 통합기업보고서는 영문으로 작성하여 제출(국세정보통신망을 활용한 제출을 포함한다)할 수 있다. 이 경우 제출 후 1개월 이내에 한글로 작성한 통합기업보고서를 추가로 제출하여야 한다. [본조신설 2016.2.5]	
제11조의2(국제거래 관련 정보제공) ① 과세당국은 국제거래에 관한 조세의 부과·징수 및 국세의 정상가격과 관세의 과세가격 간의 조정을 위하여 필요한 경우에는 세관장에게 대통령령으로 정하는 정보 또는 자료를 요구할 수 있다. ② 제1항에 따른 요구를 받은 세관장은 정당한 사유가 없으면 요구에 따라야 한다. [본조신설 2011.12.31]	제19조의2(국제거래 관련 정보제공의 범위) 법 제11조의2제1항에서 "대통령령으로 정하는 정보 또는 자료"란 다음 각 호의 어느 하나에 해당하는 것을 말한다. 1. 「관세법」 제116조제1항에 따른 과세정보 2. 그 밖에 관세의 과세가격 결정 또는 경정과 관련된 자료 [본조신설 2012.2.2]	
제12조(자료제출 의무 불이행에 대한 제재) ① 다음 각 호의 어느 하나에 해당하는 자가 대통령령으로 정하는 정당한 사유 없이 자료를 기한까지 제출하지 아니하거나 거짓의 자료를 제출하는 경우에는 1억원 이하의 과태료를 부과한다. <개정 2010.12.27, 2014.12.23, 2015.12.15> 1. 제11조제1항에 따른 국제거래명세서 또는 국제거래정보통합보고서를 제출할 의무가 있는 자 2. 제11조제3항에 따라 자료 제출을 요구받은 자 ② 제1항에 따른 과태료는 대통령령으로 정하는 바에 따라 과세당국이 부과·징수한다. [전문개정 2010.1.1]	제21조(국제거래명세서 등의 제출기한 연장을 위한 사유) 법 제11조제2항에서 "대통령령으로 정하는 부득이한 사유"와 법 제11조제4항 단서, 같은 조 제5항 및 법 제12조제1항 각 호 외의 부분에서 "대통령령으로 정하는 정당한 사유"란 각각 다음 각 호의 어느 하나에 해당하는 경우를 말한다. <개정 2015.2.3, 2016.2.5> 1. 화재·재난 및 도난 등의 사유로 자료를 제출할 수 없는 경우 2. 사업이 중대한 위기에 처하여 자료를 제출하기 매우 곤란한 경우 3. 관련 장부·서류가 권한 있는 기관에 압수되거나 영치(領置)된 경우 4. 국외특수관계인의 과세연도 종료일이 도래하지 아니한 경우 5. 자료의 수집·작성에 상당한 기간이 걸려 기한까지 자료를 제출할 수 없는 경우 6. 제1호부터 제5호까지에 준하는 사유가 있어 기한까지 자료를 제출할 수 없다고 판단되는 경우 [전문개정 2012.2.2] 제51조(과태료의 부과기준 등) ① 법 제12조제1항	

에 따른 과태료의 부과기준은 다음과 같다. <개정 2015.2.3, 2016.2.5>

1. 법 제11조제1항 본문에 따른 국제거래명세서 전부 또는 일부를 제출하지 아니하거나 거짓으로 제출한 경우: 1천만원

1의2. 법 제11조제1항 단서에 따른 국제거래정보통합보고서 전부 또는 일부를 제출하지 아니하거나 거짓으로 제출한 경우: 3천만원

2. 제19조제1항제1호부터 제5호까지, 제7호부터 제9호까지, 제13호 및 제14호의 자료 중 전부 또는 일부를 제출하지 아니하거나 거짓으로 제출한 경우: 5천만원

3. 제19조제1항제6호·제10호 및 제11호의 자료 중 전부 또는 일부를 제출하지 아니하거나 거짓으로 제출한 경우: 3천만원

4. 제19조제1항제12호의 자료 중 전부 또는 일부를 제출하지 아니하거나 거짓으로 제출한 경우: 7천만원

② 법 제31조의4제1항에 따른 과태료의 부과기준은 다음과 같다. 다만, 금융회사등의 장이 제47조제8항에 따른 권한 있는 당국의 시정 요구에 따라 기한 내에 시정한 경우에는 해당 과태료를 부과하지 아니할 수 있다. <개정 2014.2.21, 2016.2.5>

1. 권한 있는 당국이 요구한 금융정보 전부를 제공하지 아니하거나 거짓으로 제공한 경우: 2천만원

2. 권한 있는 당국이 요구한 금융정보 중 일부를 제공하지 아니한 경우: 1천만원

③ 법 제35조제1항에 따른 과태료의 부과기준은 다음과 같다. <개정 2015.2.3>

1. 신고하지 아니하거나 과소 신고한 금액이 20억원 이하인 경우: 해당 금액의 100분의 10

2. 신고하지 아니하거나 과소 신고한 금액이 20억원 초과 50억원 이하인 경우: 2억원 + 해당 금액 중 20억원을 초과한 금액의 100분의 15

3. 신고하지 아니하거나 과소 신고한 금액이 50억원 초과인 경우: 6억 5천만원 + 해당 금액 중 50억원을 초과한 금액의 100분의 20

④ 제1항부터 제3항까지의 규정 및 법 제35조제2항에 따라 산정된 과태료는 그 위반행위의 정도, 위

반 횟수, 위반행위의 동기와 결과 등을 고려하여 해당 과태료 금액의 2분의 1의 범위에서 줄이거나 늘릴 수 있다. 다만, 늘리는 경우에는 법 제12조제1항, 법 제31조의4제1항 및 법 제35조제1항·제2항에 따른 과태료 금액의 한도를 초과할 수 없다. <개정 2014.2.21, 2016.2.5>

⑤ 제3항 및 제4항에 따라 산정된 과태료는 다음 각 호의 어느 하나에 해당하는 경우에는 그 금액에 다음 각 호에서 정하는 감경비율을 적용하여야 한다. <개정 2015.2.3>

1. 법 제34조제1항에 따른 신고기한(이하 이 조에서 "신고기한"이라 한다)이 지난 후 법 제37조제1항에 따라 수정신고를 한 경우(과세당국의 과태료 부과를 미리 알고 제출한 경우는 제외한다)에는 다음 각 목의 구분에 따른 비율
   가. 신고기한이 지난 후 6개월 이내에 수정신고한 경우: 해당 과태료 금액의 100분의 70
   나. 신고기한이 지난 후 6개월 초과 1년 이내에 수정신고한 경우: 해당 과태료 금액의 100분의 50
   다. 신고기한이 지난 후 1년 초과 2년 이내에 수정신고한 경우: 해당 과태료 금액의 100분의 20
   라. 신고기한이 지난 후 2년 초과 4년 이내에 수정신고한 경우: 해당 과태료 금액의 100분의 10
2. 신고기한이 지난 후 법 제37조제2항에 따라 기한 후 신고를 한 경우(과세당국의 과태료 부과를 미리 알고 제출한 경우는 제외한다)에는 다음 각 목의 구분에 따른 비율
   가. 신고기한이 지난 후 1개월 이내에 기한 후 신고를 한 경우: 해당 과태료 금액의 100분의 70
   나. 신고기한이 지난 후 1개월 초과 6개월 이내에 기한 후 신고를 한 경우: 해당 과태료 금액의 100분의 50
   다. 신고기한이 지난 후 6개월 초과 1년 이내에 기한 후 신고를 한 경우: 해당 과태료 금액의 100분의 20

	라. 신고기한이 지난 후 1년 초과 2년 이내에 기한 후 신고를 한 경우: 해당 과태료 금액의 100분의 10 ⑥ 제1항에 따른 과태료를 부과할 때 자료제출을 요구받은 자가 경미한 착오로 자료의 일부를 제출하지 아니하거나 일부 항목에 오류를 발생시킨 경우에는 과세당국은 보정 자료를 받고 과태료를 부과하지 아니할 수 있으며, 제19조제1항제15호에 해당하는 자료를 제출하지 아니하는 경우에는 과태료를 부과하지 아니한다. ⑦ 제3항에 따른 과태료를 부과할 때 보유계좌잔액 합산의 오류 등 단순 착오에 따라 신고하지 아니하였다고 인정할 만한 사유가 있는 경우에는 과태료를 부과하지 아니할 수 있으며, 신고하지 아니하거나 과소 신고한 계좌가 추가로 확인되는 경우에 추가로 부과하는 과태료는 신고하지 아니하거나 과소 신고한 전체 금액을 기준으로 부과할 과태료에서 이미 부과한 과태료를 뺀 금액을 부과한다. ⑧ 법 제35조제2항에서 "천재지변 등 대통령령으로 정하는 정당한 사유가 있는 경우"란 천재지변 등 불가항력적 사유 및 해외금융계좌 소재 국가의 사정 등으로 인하여 신고의무자가 신고의무 위반금액의 출처에 대하여 소명을 하는 것이 불가능한 경우를 말한다. <신설 2014.2.21> [전문개정 2012.2.2]	
제13조(가산세 적용의 특례) ① 과세당국은 제4조부터 제6조까지, 제6조의2 및 제7조부터 제9조까지의 규정을 적용할 때 다음 각 호의 어느 하나에 해당하는 경우에는 「국세기본법」 제47조의3에 따른 과소신고가산세를 부과하지 아니한다. 1. 신고된 거래가격과 정상가격의 차이에 대하여 납세의무자의 과실이 없다고 상호합의절차의 결과에 따라 확인되는 경우(제6조제2항 단서에 따라 상호합의절차에 따	제23조(납세의무자의 과실 여부 등 판정) ① 법 제13조제1항제1호에 따라 납세의무자의 과실 여부를 판정할 때 다음 각 호의 요건에 해당하는 경우에는 납세의무자의 과실이 없는 것으로 본다. 1. 납세의무자가 과세표준 및 세액의 확정신고 시 작성된 서류를 통하여 법 제5조제1항에 따른 방법 중 가장 합리적인 방법을 선택한 과정을 제시할 것 2. 납세의무자가 제1호에 따라 선택된 방법을 실제로 적용할 것 3. 제1호 및 제2호의 정상가격 산출방법과 관련하여 필요한 자료를 보관·비치할 것 ② 법 제13조제1항제2호에 따라 가산세 적용의 특례를 받으려는 납세의무자는 다음 각 호의 자료를	

르지 아니하고 정상가격 산출방법을 사전 승인한 경우에는 납세의무자의 과실이 없다고 국세청장이 판정하는 경우를 말한다)
2. 납세의무자가 소득세나 법인세를 신고할 때 적용한 정상가격 산출방법에 관한 증명자료를 보관·비치하고, 합리적 판단에 따라 그 정상가격 산출방법을 선택하여 적용한 것으로 인정되는 경우

② 제1항 각 호에 따른 과실 여부 또는 합리적 판단 여부의 판정은 대통령령으로 정하는 기준에 따른다.

[전문개정 2010.1.1]

보관·비치하고, 과세당국이 요구하는 경우에는 요구받은 날부터 30일 이내에 그 자료를 제출하여야 한다.

1. 사업에 관한 개략적 설명자료(자산 및 용역의 가격에 영향을 미치는 요소에 관한 분석자료를 포함한다)
2. 이전가격(移轉價格)에 영향을 미칠 수 있는 국외특수관계인 및 관련자와의 구조 등을 설명하는 자료
3. 신고할 때 적용한 정상가격 산출방법을 선택하게 된 경위를 확인할 수 있는 다음 각 목의 자료
   가. 신고할 때 적용한 정상가격 산출방법을 선택한 근거가 되는 경제적 분석 및 예측 자료
   나. 정상가격을 산출하기 위하여 사용된 비교대상 수치와 수치의 비교평가 과정에서 조정된 내용에 대한 설명자료
   다. 대안으로 적용될 수 있었던 정상가격 산출방법 및 그 대안을 선택하지 아니한 이유에 대한 설명자료
   라. 과세기간 종료 후 소득세 또는 법인세 신고시까지 정상가격을 산출하기 위하여 추가된 관련 자료 등

③ 법 제13조제1항제2호에 따른 납세의무자의 합리적 판단 여부는 다음 각 호의 요건을 고려하여 판정한다.

1. 과세기간 종료 시점을 기준으로 수집된 비교대상 수치들이 대표성 있는 자료여야 하며, 반드시 포함되어야 할 특정 비교대상 수치가 누락되어 납세자에게 유리한 결과가 도출되지 아니하였을 것
2. 수집된 자료를 체계적으로 분석하여 정상가격 산출방법을 선택·적용하였을 것
3. 이전 과세연도 사전승인 시 합의되었거나 과세당국이 세무조사 과정에서 선택한 정상가격 산출방법이 있음에도 불구하고 다른 정상가격 산출방법을 선택·적용한 경우에는 다른 방법을 선택·적용한 타당한 이유가 있을 것

④ 제11조제6항 또는 제11조의2제2항에 따라 정상가격 산출방법의 사전승인을 받은 거주자가 제17조에 따라 법인세 과세표준 및 세액을 수정신고하는

	경우에는 법 제13조에 따라 가산세를 부과하지 아니한다. ⑤ 신고 시점에는 확인할 수 없었던 정상가격 산출방법 관련 중요 자료가 신고기한 후 확인된 경우 그 사실을 알게 된 때부터 60일 이내에 법인세 과세표준 및 세액을 수정신고하는 경우에는 법 제13조에 따라 가산세를 부과하지 아니한다. 이 경우 수정신고에 관하여는 제2항 및 제3항을 준용한다. [전문개정 2012.2.2]	
제3장 국외지배주주에게 지급하는 이자에 대한 과세조정 <개정 2010.1.1>		
제14조(배당으로 간주된 이자의 손금 불산입) ① 내국법인(외국법인의 국내사업장을 포함한다. 이하 이 장에서 같다)의 차입금 중 국외지배주주로부터 차입(借入)한 금액(친족 등 대통령령으로 정하는 국외지배주주의 특수관계인으로부터 차입한 금액을 포함한다)과 국외지배주주의 지급보증(담보의 제공 등 실질적으로 지급을 보증하는 경우를 포함한다)에 의하여 제3자로부터 차입한 금액이 그 국외지배주주가 출자한 출자금액의 2배를 초과하는 경우에는 그 초과분에 대한 지급이자 및 할인료는 그 내국법인의 손금(損金)에 산입하지 아니하며 대통령령으로 정하는 바에 따라 「법인세법」 제67조에 따른 배당 또는 기타 사외유출로 처분된 것으로 본다. 이 경우에 차입금의 범위와 손금에 산입하지 아니하는 것으로 보는 금액 및 출자금액의 산정방법은 대통령령으로 정한다. <개정 2013.1.1, 2014.12.23> ② 제1항에 따른 국외지배주주	제24조(차입금의 범위) ① 법 제14조제1항에 따른 차입금의 범위는 이자 및 할인료를 발생시키는 부채로 한다. 다만, 「은행법」에 따른 외국은행의 국내지점이 정부(「한국은행법」에 따른 한국은행을 포함한다)의 요청에 따라 외화로 차입하는 금액 또는 다음 각 호의 어느 하나의 방법으로 사용하기 위하여 해당 외국은행의 본점·지점으로부터 외화로 예수(豫受)하거나 차입하는 금액은 제외한다. 1. 「외국환거래법」에 따른 비거주자 또는 외국환은행에 대하여 외화로 예치하거나 대출하는 방법 2. 「외국환거래법」에 따른 비거주자 또는 외국환은행이 발행한 외화표시증권을 인수하거나 매매하는 방법 ② 제1항을 적용할 때 외국은행의 본점·지점으로부터 외화로 예수하거나 차입한 금액인지가 불분명한 경우로서 해당 사업연도의 재무상태표(연평균 잔액 기준) 등에 계상(計上)된 자금의 원천비율로 그 구분이 가능한 경우에는 그 비율에 따라 계산된 금액을 본점·지점으로부터 차입한 금액으로 간주한다. 이 경우 연평균 잔액은 일별 또는 월별로 계산할 수 있다. ③ 법 제14조제1항을 적용할 때 국외지배주주에 제3조제1항제1호에 따른 외국주주와 같은 항 제2호에 따른 외국법인이 모두 포함되어 있는 경우에는 외국법인으로부터 차입한 금액과 외국법인의 지급보증(담보의 제공 등 실질적으로 지급을 보증하는 경우를 포함한다. 이하 같다)에 따라 제3자로부터 차	

의 출자금액에 대한 차입금의 배수(倍數)는 업종별로 구분하여 따로 대통령령으로 정할 수 있다. <개정 2013.1.1>

③ 내국법인이 대통령령으로 정하는 바에 따라 차입금의 규모 및 차입 조건이 특수관계가 없는 자 간의 통상적인 차입 규모 및 차입 조건과 같거나 유사한 것임을 증명하는 경우에는 그 차입금에 대한 지급이자 및 할인료에 대해서는 제1항과 제2항을 적용하지 아니한다.

④ 제1항을 적용받는 내국법인이 각 사업연도 중에 지급한 이자와 할인료에 대하여 국외지배주주에 대한 소득세 또는 법인세를 원천징수한 경우에는 제1항에 따른 배당에 대한 소득세 또는 법인세를 계산할 때 이미 원천징수한 세액과 상계하여 조정한다.

[전문개정 2010.1.1]

입한 금액은 외국주주로부터 차입한 금액과 외국주주의 지급보증에 따라 제3자로부터 차입한 금액에 합산한다.

④ 법 제14조를 적용할 때 내국법인이 국외지배주주로부터 차입하거나 국외지배주주의 지급보증으로 제3자로부터 차입한 금액은 사업연도 종료일 현재의 「외국환거래법」에 따른 기준환율 또는 재정환율을 적용하여 환산한다.

⑤ 제4항에도 불구하고 「통계법」 제22조에 따라 통계청장이 고시하는 한국표준산업분류에 따른 금융업(이하 "금융업"이라 한다)에 종사하는 내국법인은 차입한 금액을 환산할 때 다음 각 호의 환율 중 어느 하나를 선택하여 적용할 수 있다. 이 경우 선택하여 적용한 환산방식은 해당 사업연도 개시일부터 최소한 5년간 계속 적용하여야 한다.

1. 사업연도 종료일 현재의 「외국환거래법」에 따른 기준환율 또는 재정환율
2. 「외국환거래법」에 따른 일별 기준환율 또는 재정환율

[전문개정 2012.2.2]

제24조의2(국외지배주주와 차입금이 합산되는 특수관계인의 범위) 법 제14조제1항 전단에서 "친족 등 대통령령으로 정하는 국외지배주주의 특수관계인"이란 국외지배주주와 「국세기본법」 제2조제20호 가목 또는 나목의 관계에 있는 자를 말한다.

[본조신설 2015.2.3]

제25조(손금 불산입액의 계산방법) ① 법 제14조제1항에 따른 손금에 산입하지 아니하는 것으로 보는 금액은 내국법인이 국외지배주주로부터 차입한 전체 차입금 중 이자율이 높은 차입금(같은 이자율이 적용되는 차입금이 둘 이상인 경우에는 차입시기가 늦은 차입금부터 적용한다)부터 차례대로 각 차입금에 해당 이자율을 곱하여 합산한 이자 및 할인료로 하고, 합산하는 한도는 이자율이 높은 차입금의 적수(積數)부터 누적한 적수가 초과 적수가 될 때까지로 하며, 누적한 적수가 초과 적수보다 많아지게 되는 때의 마지막 차입금의 적수 중 초과 적수보다 많아지는 부분은 제외한다. 이 경우 초과 적수는 다음 계산식에 따른다. <개정 2015.2.3>

초과 적수 = 내국법인(외국법인의 국내사업장을 포함한다. 이하 이 장에서 같다)의 국외지배주주(국외지배주주의 지급보증을 통하여 내국법인에 금전을 대여하는 제3자를 포함한다. 이하 이 장에서 같다)에 대한 총차입금 적수 - [국외지배주주의 내국법인 출자금액 적수 x 기준배수(2배 또는 제26조에 따른 업종별 배수)]

② 제1항에서 합산하는 이자 및 할인료의 범위는 제24조에 따른 차입금에서 발생한 모든 이자소득으로서 내국법인이 국외지배주주에게 지급하여야 할 사채할인발행차금 상각액, 융통어음 할인료 등 그 경제적 실질이 이자에 해당하는 것을 모두 포함한다. 다만, 건설자금이자는 이자 및 할인료의 범위에서 제외한다.

③ 제1항 및 제27조제2항에 따른 국외지배주주의 내국법인 출자금액은 다음 각 호의 금액 중 큰 금액에 해당 내국법인의 해당 사업연도 종료일 현재 납입자본총액에서 국외지배주주가 납입한 자본금이 차지하는 비율(국외지배주주에 제24조제3항에 따라 차입금을 합산하는 외국주주와 외국법인이 모두 포함되어 있는 경우에는 외국주주가 납입한 자본금이 차지하는 비율을 외국주주와 외국법인이 납입한 자본금이 차지하는 비율로 본다)을 곱하여 산출한 금액으로 한다. 다만, 국내사업장의 경우에는 각 사업연도 종료일 현재 그 국내사업장의 재무상태표상 자산총액에서 부채총액을 뺀 금액을 말한다.

1. 해당 사업연도 종료일 현재 재무상태표상 자산의 합계에서 부채(충당금을 포함하며, 미지급 법인세는 제외한다)의 합계를 뺀 금액
2. 해당 사업연도 종료일 현재 다음 계산식에 따라 계산한 납입자본금

자본금 + (주식발행액면 초과액 및 감자차익) - (주식할인발행차금 및 감자차손)

④ 사업연도 중 합병·분할 또는 증자·감자 등에 따라 자본이 변동된 경우에는 제3항에도 불구하고 해당 사업연도 개시일부터 자본 변동일 전날까지의 기간과 그 변동일부터 해당 사업연도 종료일까지의 기간으로 각각 나누어 계산한 자본의 적수를 합한 금액을 제3항제1호에 따른 금액의 적수 또는 같은 항 제2호에 따른 납입자본금의 적수로 한다.

⑤ 제3항을 적용할 때 국외지배주주가 내국법인의 주식을 간접적으로 소유하고 있는 경우 납입자본총액 중 국외지배주주가 납입한 자본금의 비율은 다

음 각 호의 방법으로 계산한다.

1. 국외지배주주와 내국법인 사이에 주식 소유를 통하여 하나 이상의 법인이 개재되어 있고 이들이 모두 직렬로 연결되어 있는 관계(이하 "직렬출자관계"라 한다)에 해당하는 경우에는 국외지배주주의 내국법인에 대한 납입자본금비율은 각 단계의 지분비율을 모두 곱하여 산출한다. 다만, 직렬출자관계에 제24조제3항에 따라 차입금을 합산하는 외국주주와 외국법인이 모두 포함된 경우에는 제2조제2항을 준용하여 산출한다. 이 경우 "간접소유비율"은 "납입자본금비율"로 본다.
2. 국외지배주주와 내국법인 사이에 둘 이상의 직렬출자관계가 있는 경우에는 국외지배주주의 내국법인에 대한 납입자본금비율은 각각의 직렬출자관계에서 산출한 납입자본금비율을 모두 합하여 산출한다.

⑥ 법 제14조제1항을 적용할 때 국외지배주주로부터 차입한 금액에 대한 이자 중 손금에 산입되지 아니한 금액은 「법인세법」 제67조에 따른 배당으로 처분된 것으로 보며, 제24조의2에 따른 특수관계인으로부터 차입한 금액이나 국외지배주주의 지급보증에 의하여 제3자로부터 차입한 금액에 대한 이자 중 손금에 산입되지 아니한 금액은 「법인세법」 제67조에 따른 기타사외유출(其他社外流出)로 처분된 것으로 본다. <개정 2015.2.3>

[전문개정 2012.2.2]

제26조(업종별 배수) 법 제14조제2항에 따라 금융업에 적용하는 국외지배주주의 출자지분에 대한 차입금의 배수는 6배로 한다.

[전문개정 2009.12.31]

제27조(통상적인 조건에 의한 차입금) ① 국외지배주주의 출자금액에 대한 차입금의 배수가 2배를 초과하는 내국법인이 법 제14조제3항을 적용받으려는 경우에는 다음 각 호의 자료를 「법인세법」 제60조제1항 및 제76조의17제1항에 따른 신고기한까지 과세당국에 제출하여야 한다. <개정 2013.2.15, 2015.2.3>

1. 이자율, 만기일, 지급방법, 자본전환 가능성, 다른 채권과의 우선순위 등을 고려할 때 해당 차입금이 사실상 출자에 해당되지 아니함을 증명

<table>
<tr>
<td></td>
<td>하는 자료
2. 해당 내국법인과 같은 종류의 사업을 하는 비교가능한 법인의 자기자본에 대한 차입금의 배수(이하 “비교대상배수”라 한다)에 관한 자료. 이 경우 비교가능한 법인은 해당 내국법인과 사업규모 및 경영 여건 등이 유사한 내국법인 중 차입금의 배수를 기준으로 대표성이 있는 법인으로 한다.
② 국외지배주주의 내국법인 출자금액에 대한 차입금의 배수가 비교대상배수를 초과하는 경우 내국법인의 손금불산입액의 산정방법은 제25조제1항을 적용한다. 이 경우 “기준배수”는 “비교대상배수”로 본다.
[전문개정 2012.2.2]
제28조(원천징수세액 조정) 내국법인은 법 제14조제4항에 따라 원천징수세액에 대한 상계조정을 한 결과 납부할 세액이 있는 경우에는 「법인세법」 제60조제1항 및 제76조의17제1항에 따른 신고기한이 속하는 달의 다음 달 10일까지 납세지 관할 세무서장에게 납부하여야 하며, 환급받을 세액이 있는 경우에는 납세지 관할 세무서장에게 환급을 신청할 수 있다. <개정 2013.2.15>
[전문개정 2012.2.2]</td>
<td></td>
<td></td>
</tr>
<tr>
<td>제15조(제3자 개입 차입 거래) 내국법인이 국외지배주주가 아닌 자로부터 차입한 금액이 다음 각 호의 요건 모두를 충족하는 경우에는 국외지배주주로부터 직접 차입한 금액으로 보아 제14조를 적용한다. 다만, 내국법인이 국외지배주주가 아닌 국외특수관계인으로부터 차입한 경우에는 제2호의 요건에만 해당하여도 제14조를 적용한다. <개정 2011.12.31>
1. 해당 내국법인과 국외지배주주 간에 사전계약이 있을 것
2. 차입조건을 해당 내국법인과 국외지배주주가 실질적으로</td>
<td></td>
<td></td>
<td></td>
</tr>
</table>

결정할 것 [전문개정 2010.1.1]		
제16조(지급이자의 손금 불산입 적용 순서) ① 제14조는 제4조 및 「법인세법」 제28조에 우선하여 적용한다. ② 제14조를 적용할 때 서로 다른 이자율이 적용되는 이자나 할인료가 함께 있는 경우에는 높은 이자율이 적용되는 것부터 먼저 손금에 산입하지 아니한다. [전문개정 2010.1.1]		
제4장 특정외국법인의 유보소득에 대한 합산과세 <개정 2010.1.1>		
제17조(특정외국법인의 유보소득의 배당간주) ① 법인의 부담세액이 실제발생소득의 100분의 15 이하인 국가 또는 지역에 본점 또는 주사무소를 둔 외국법인에 대하여 내국인이 출자한 경우에는 그 외국법인 중 내국인과 특수관계(제2조제1항제8호 가목의 관계에 해당하는지를 판단할 때에는 친족 등 대통령령으로 정하는 내국인의 특수관계인이 직접 또는 간접으로 보유하는 주식을 포함한다)가 있는 법인(이하 "특정외국법인"이라 한다)의 각 사업연도 말 현재 배당 가능한 유보소득(留保所得) 중 내국인에게 귀속될 금액은 내국인이 배당받은 것으로 본다. <개정 2013.1.1, 2014.12.23> ② 제1항을 적용받는 내국인의 범위는 특정외국법인의 각 사업연도 말 현재 발행주식의 총수 또는 출자총액의 100분의 10 이상을 직접 또는 간접으로 보유	제29조(실제발생소득의 범위) ① 법 제17조제1항에 따른 법인의 실제발생소득의 범위는 해당 법인의 본점 또는 주사무소가 있는 국가 또는 지역(이하 이 장에서 "거주지국"이라 한다)에서 재무제표 작성 시에 일반적으로 인정되는 회계원칙에 따라 산출한 법인세 차감 전 당기순이익을 말한다. 다만, 해당 거주지국에서 일반적으로 인정되는 회계원칙이 우리나라의 기업회계기준과 현저히 다른 경우에는 우리나라의 기업회계기준을 적용하여 산출한 재무제표상의 법인세 차감 전 당기순이익을 실제발생소득으로 본다. ② 제1항에 따른 법인세 차감 전 당기순이익은 외국법인의 거주지국 세법에 따라 산출된 법인 소득에 대한 조세 및 이에 부수되는 조세에 의하여 부담되는 금액을 빼기 전의 순이익을 말한다. ③ 제1항에 따른 법인세 차감 전 당기순이익에 기획재정부령으로 정하는 자산에 대한 평가이익 및 평가손실(이하 이 조에서 "평가손익"이라 한다)이 반영되어 있는 경우 그 평가이익을 빼고 평가손실을 더한 금액으로 하되, 해당 사업연도에 그 자산을 매각하거나 그 자산에서 생기는 배당금 또는 분배금을 받는 경우 그 사업연도 이전에 그 자산에 대한 평가손익이 있을 때에는 그 금액을 포함시킨다. 다만, 해당 거주지국에서 평가손익의 전부 또는	

한 자로 한다. 이 경우 발행주식의 총수 또는 출자총액의 100분의 10을 판단할 때에는 「국세기본법」 제2조제20호에 따른 특수관계인 중 대통령령으로 정하는 자가 직접 보유하는 발행주식 또는 출자지분을 포함한다. <개정 2011.12.31, 2013.1.1>

③ 특정외국법인의 각 사업연도 말 현재 실제 발생 소득이 대통령령으로 정하는 금액 이하인 경우에는 제1항을 적용하지 아니한다.

④ 제1항과 제2항을 적용할 때 실제 발생 소득의 범위, 조세를 부과하지 아니하는 대상소득과 그 범위, 배당 가능한 유보소득, 배당으로 간주하는 금액의 산출 및 주식 보유비율의 계산방법 등 필요한 사항은 대통령령으로 정한다. <개정 2013.1.1>

[전문개정 2010.1.1]

일부가 법인의 과세소득 계산 시 반영되어 있는 경우에는 그 평가손익을 더하거나 빼지 아니한다.

[전문개정 2012.2.2]

제30조(법인의 부담세액이 실제발생소득의 100분의 15 이하인 국가 또는 지역) 법 제17조제1항에 따른 법인의 부담세액이 실제발생소득의 100분의 15 이하인 국가 또는 지역은 해당 거주지국의 세법에 따라 그 법인의 해당 사업연도를 포함한 최근 3사업연도(3사업연도에 미달하는 경우에는 해당 사업연도까지의 기간으로 하며, 이하 이 장에서 "최근 3사업연도"라 한다)의 법인세 차감 전 당기순이익의 합계(법인세 차감 전 당기순이익이 결손(缺損)인 사업연도의 경우 그 결손은 없는 것으로 본다. 이하 이 조에서 같다)에 대한 조세의 합계가 그 법인의 최근 3사업연도의 법인세 차감 전 당기순이익 합계의 100분의 15 이하인 국가 또는 지역으로 한다. 이 경우 실제로 부담한 세액은 해당 법인의 실제발생소득에 대하여 해당 거주지국 외의 국가에서 납부한 세액을 포함한다.

[전문개정 2012.2.2]

제30조의2(특수관계인의 범위 등) ① 법 제17조제1항에서 "친족 등 대통령령으로 정하는 내국인의 특수관계인"이란 다음 각 호의 관계에 있는 특수관계인(이하 이 조에서 "특수관계인"이라 한다)을 말한다. <개정 2015.2.3>

1. 내국인과 「국세기본법」 제2조제20호가목 또는 나목의 관계에 있는 자
2. 내국인과 법 제2조제1항제8호의 특수관계에 있는 자

② 특수관계인이 간접으로 보유하는 주식을 제2조제2항에 따라 계산하는 경우에 특수관계인이 해당 내국인을 통하여 간접으로 보유하는 주식은 제외한다. <개정 2015.2.3>

[본조신설 2013.2.15]

[제목개정 2015.2.3]

제31조(배당 가능한 유보소득의 산출) ① 법 제17조제1항에 따른 각 사업연도 말 현재 배당 가능한 유보소득은 해당 특정외국법인의 거주지국에서 재무제표 작성 시에 일반적으로 인정되는 회계원칙에

따라 산출한 처분 전 이익잉여금(해당 사업연도 중에 있었던 이익잉여금 처분에 의한 중간배당액을 포함한다. 이하 이 조에서 같다)으로부터 기획재정부령으로 정하는 사항을 조정한 금액에서 다음 각 호의 금액을 뺀 금액으로 한다. 다만, 그 거주지국에서 일반적으로 인정되는 회계원칙이 우리나라의 기업회계기준과 현저히 다른 경우에는 우리나라의 기업회계기준을 적용하여 산출한 처분 전 이익잉여금으로부터 기획재정부령으로 정하는 사항을 조정한 금액에서 다음 각 호의 금액을 뺀 금액을 배당 가능한 유보소득으로 본다. <개정 2013.2.15>

1. 해당 사업연도 이익잉여금 처분액 중 이익의 배당금(해당 사업연도 중에 있었던 이익잉여금 처분에 의한 중간배당액을 포함한다) 또는 잉여금의 분배금
2. 해당 사업연도 이익잉여금 처분액 중 상여금, 퇴직급여 및 그 밖의 사외유출
3. 해당 사업연도 이익잉여금 처분액 중 거주지국의 법령으로 정하는 의무적립금 또는 의무적인 이익잉여금 처분액
4. 해당 사업연도 개시일 이전에 법 제17조제1항에 따라 해당 내국인에게 배당된 것으로 보아 이미 과세된 금액 중 제1호에 따른 이익잉여금 처분이 되지 아니한 금액
5. 법 제17조가 적용되지 아니할 때 발생한 이익잉여금(제6호의 금액은 제외한다) 중 제1호 및 제2호에 따른 이익잉여금 처분이 되지 아니한 금액
6. 제29조제3항에 따른 평가이익 중 해당 사업연도 말 현재 실현되지 아니한 금액
7. 삭제 <2013.2.15>
8. 제34조의2에 따른 금액

② 특정외국법인이 대통령령 제15196호 국제조세조정에관한법률시행령중개정령 시행일 이전에 제1항에 따라 산출한 배당 가능한 유보소득금액과 해당 사업연도 개시일 이전에 제1항제4호 및 제5호의 금액을 보유하고 있는 경우 제1항제1호 및 제2호에 따른 이익잉여금 처분이 있을 때에는 해당 금액에서 그 발생순서에 따라 우선적으로 이익잉여금이 처분된 것으로 본다. <개정 2013.2.15>

[전문개정 2012.2.2]

제32조(배당 간주 금액의 산출) ① 법 제17조제1항에 따른 배당으로 간주하는 금액은 특정외국법인의 배당 가능한 유보소득에 해당 내국인의 특정외국법인 주식 보유비율을 곱하여 계산한다.

② 내국인과 특정외국법인 사이에 주식 보유를 통하여 하나 이상의 법인이 개재되어 있고 이들이 모두 직렬출자관계로 연결되어 있는 경우에는 내국인의 특정외국법인 주식 보유비율은 각 단계의 지분비율을 모두 곱하여 산출한다.

③ 내국인과 특정외국법인 사이에 둘 이상의 직렬출자관계가 있는 경우에는 내국인의 특정외국법인 주식 보유비율은 각각의 직렬출자관계에서 산출한 주식 보유비율을 모두 합하여 산출한다.

④ 제2항을 적용할 때 내국인과 특정외국법인 사이에 주식 보유를 통하여 하나 이상의 내국법인이 개재되어 있는 경우 내국인 간에는 배당 간주 금액을 산출하지 아니한다.

[전문개정 2012.2.2]

제34조(배당간주가 적용되는 내국인의 범위 판정 시 포함되는 특수관계인의 범위 등) ①법 제17조제2항을 적용할 때 주식 등의 간접 보유비율의 계산에 관하여는 제2조제2항을 준용한다. <개정 2013.2.15>

② 법 제17조제2항 후단에서 "대통령령으로 정하는 자"란 내국인과 「국세기본법」 제2조제20호가목 및 나목의 관계에 있는 자를 말한다. <신설 2013.2.15>

[전문개정 2012.2.2]

[제목개정 2013.2.15]

제34조의2(실제발생소득의 범위에서 제외되는 금액의 계산) 법 제17조제3항에서 "대통령령으로 정하는 금액"이란 제29조제1항부터 제3항까지의 규정에 따라 계산한 금액을 각 사업연도 말 현재 「외국환거래법」에 따른 기준환율 또는 재정환율로 환산한 금액이 2억원 이하인 경우 그 금액을 말한다. 이 경우 사업연도가 1년 미만인 경우에는 다음 계산식에 따라 산출한 금액으로 한다.

$$\frac{\text{2억원}}{12} \times \text{해당 사업연도의 개월 수}$$

[전문개정 2012.2.2]

제36조의3(배당 가능한 유보소득의 산정 특례 등) ① 법 제18조제5항 각 호 외의 부분에서 "대통령령으로 정하는 기준을 충족하는 경우"란 법 제18조제5항 각 호의 행위에서 발생하는 소득의 합계가 해당 특정외국법인의 총수입금액의 100분의 5를 초과하는 경우를 말한다. 다만, 해당 특정외국법인이 다른 외국법인의 주식을 100분의 10 이상 보유한 경우로서 그 주식에서 발생하는 배당금은 해당 소득의 합계에서 제외한다.

② 법 제18조제5항에 따라 법 제17조가 적용되는 배당 가능한 유보소득은 제1호에 따른 금액에 제2호에 따른 금액을 곱한 후 제3호에 따른 금액으로 나눈 금액으로 한다.

1. 제31조에 따른 배당 가능한 유보소득
2. 법 제18조제5항 각 호의 행위에서 발생하는 소득의 합계에서 제1항 단서에 따른 배당금을 제외한 금액
3. 특정외국법인의 총수입금액

[본조신설 2014.2.21]

[종전 제36조의3은 제36조의4로 이동 <2014.2.21>]

제37조(과세자료의 제출) ① 법 제20조의2에 따라 법 제17조, 제18조(제17조의 적용대상인 경우에 한정한다), 제19조 및 제20조의 적용대상이 되는 내국인은 다음 각 호의 서류를 납세지 관할 세무서장에게 제출하여야 한다.

1. 특정외국법인의 재무제표
2. 특정외국법인의 법인세 신고서 및 부속서류(특정외국법인이 소재한 국가 또는 지역의 과세당국이 요구하는 부속서류를 말한다)
3. 기획재정부령으로 정하는 특정외국법인의 유보소득 계산 명세서
4. 기획재정부령으로 정하는 특정외국법인의 유보소득 합산과세 판정 명세서
5. 기획재정부령으로 정하는 특정외국법인의 유보소득 합산과세 적용범위 판정 명세서
6. 기획재정부령으로 정하는 국외 출자 명세서

② 법 제20조의2에 따라 법 제18조제1항 각 호 외의 부분 본문, 같은 조 제4항 및 제18조의2의 적용대상이 되는 내국인으로서 법 제17조의 적용대상에

	서 제외되는 내국인은 제1항제4호부터 제6호까지에 해당하는 서류를 납세지 관할 세무서장에게 제출하여야 한다. [전문개정 2014.2.21]	
제18조(적용 범위) ① 특정외국법인이 제17조제1항의 국가 또는 지역에 사업을 위하여 필요한 사무소, 점포, 공장 등의 고정된 시설을 가지고 있고, 그 법인이 스스로 사업을 관리하거나 지배 또는 운영을 하며, 그 국가 또는 지역에서 주로 사업을 하는 경우에는 제17조를 적용하지 아니한다. 다만, 다음 각 호의 어느 하나에 해당하는 특정외국법인의 경우에는 그러하지 아니하다. <개정 2011.12.31, 2013.1.1> 1. 도매업, 금융 및 보험업, 부동산업 및 임대업, 전문, 과학 및 기술 서비스업(건축기술, 엔지니어링 및 관련 기술서비스업은 제외한다), 사업시설관리 및 사업지원서비스업을 하는 특정외국법인으로서 대통령령으로 정하는 요건에 해당하는 법인 2. 주식 또는 채권의 보유, 지식재산권의 제공, 선박·항공기·장비의 임대, 투자신탁 또는 기금에 대한 투자를 주된 사업으로 하는 법인 ② 과세당국은 외국법인의 사업의 실질적 관리 장소가 제17조제1항의 국가 또는 지역에 있는 경우에는 사업의 실질적 관리 장소를 제17조제1항의 본점이나 주사무소로 보아 제17조를 적용할 수 있다. ③ 제1항제1호를 적용할 때 업	제35조(적용 범위의 판정 요건) ① 삭제 <2013.2.15> ② 법 제18조제1항제1호에서 "대통령령으로 정하는 요건"이란 다음 각 호의 요건을 말한다. <개정 2013.2.15> 1. 법 제18조제1항제1호에서 열거하는 업종에서 발생한 수입금액의 합계 또는 매입원가의 합계가 총수입금액 또는 총매입원가의 100분의 50을 초과할 것. 다만, 도매업의 경우에는 최근 3사업연도(3사업연도에 미달하는 경우에는 해당 사업연도까지의 기간으로 한다)의 평균금액을 기준으로 한다. 2. 법 제18조제1항제1호에서 열거하는 업종에서 발생한 수입금액의 합계 또는 매입원가의 합계 중 특수관계인과 거래한 금액이 이들 업종에서 발생한 총수입금액 또는 총매입원가의 합계의 100분의 50을 초과할 것. 이 경우 특수관계에 관하여 제2조를 적용할 때에는 "내국법인"은 "특정외국법인"으로 본다. [전문개정 2012.2.2] 제36조(주된 사업의 판정) 법 제18조제1항제2호 및 제18조의2 각 호 외의 부분에 따른 주된 사업은 해당 특정외국법인의 총수입금액 중 100분의 50을 초과하는 수입금액을 발생시키는 사업으로 한다. [전문개정 2012.2.2] 제36조의2(도매업에 대한 적용 범위의 특례) 법 제18조제4항에서 "대통령령으로 정하는 요건을 충족하는 경우"란 법 제18조제4항에 따른 같은 국가 등에 있는 특수관계가 없는 자에게 판매한 금액이 총매출액의 100분의 50을 초과하는 경우를 말한다. 이 경우 특수관계에 관하여 제2조를 적용할 때 "내국법인"은 "특정외국법인"으로 본다. <개정 2013.2.15> [전문개정 2012.2.2] 제36조의3(배당 가능한 유보소득의 산정 특례 등) ① 법 제18조제5항 각 호 외의 부분에서 "대통령령으로 정하는 기준을 충족하는 경우"란 법 제18조제	제10조의3(같은 지역의 범위) 법 제18조제4항에서 "기획재정부령으로 정하는 같은 지역"이란 다음 각 호에 해당하는 지역을 말한다. <개정 2013.2.23> 1. 유럽연합(EU) 2. 중국과 홍콩 [전문개정 2012.2.28]

종의 분류는 「통계법」 제22조에 따라 통계청장이 고시하는 한국표준산업분류에 따른다.

④ 제1항제1호에 해당하는 도매업을 하는 특정외국법인이 같은 국가 또는 기획재정부령으로 정하는 같은 지역(이하 "같은 국가등"이라 한다)에 있는 특수관계가 없는 자에게 판매하는 경우로서 대통령령으로 정하는 요건을 충족하는 경우에는 제17조를 적용하지 아니한다. <개정 2013.1.1>

⑤ 제1항 본문 및 제4항에 따라 제17조를 적용받지 아니하는 특정외국법인이 다음 각 호의 행위에서 발생하는 소득이 대통령령으로 정하는 기준을 충족하는 경우에는 해당 소득을 대통령령으로 정하는 바에 따라 제17조가 적용되는 배당 가능한 유보소득으로 본다. <신설 2014.1.1>

1. 주식 또는 채권의 보유
2. 지식재산권의 제공
3. 선박·항공기·장비의 임대
4. 투자신탁 또는 기금에 대한 투자

[전문개정 2010.1.1]

5항 각 호의 행위에서 발생하는 소득의 합계가 해당 특정외국법인의 총수입금액의 100분의 5를 초과하는 경우를 말한다. 다만, 해당 특정외국법인이 다른 외국법인의 주식을 100분의 10 이상 보유한 경우로서 그 주식에서 발생하는 배당금은 해당 소득의 합계에서 제외한다.

② 법 제18조제5항에 따라 법 제17조가 적용되는 배당 가능한 유보소득은 제1호에 따른 금액에 제2호에 따른 금액을 곱한 후 제3호에 따른 금액으로 나눈 금액으로 한다.

1. 제31조에 따른 배당 가능한 유보소득
2. 법 제18조제5항 각 호의 행위에서 발생하는 소득의 합계에서 제1항 단서에 따른 배당금을 제외한 금액
3. 특정외국법인의 총수입금액

[본조신설 2014.2.21]

[종전 제36조의3은 제36조의4로 이동 <2014.2.21>]

제37조(과세자료의 제출) ① 법 제20조의2에 따라 법 제17조, 제18조(제17조의 적용대상인 경우에 한정한다), 제19조 및 제20조의 적용대상이 되는 내국인은 다음 각 호의 서류를 납세지 관할 세무서장에게 제출하여야 한다.

1. 특정외국법인의 재무제표
2. 특정외국법인의 법인세 신고서 및 부속서류(특정외국법인이 소재한 국가 또는 지역의 과세당국이 요구하는 부속서류를 말한다)
3. 기획재정부령으로 정하는 특정외국법인의 유보소득 계산 명세서
4. 기획재정부령으로 정하는 특정외국법인의 유보소득 합산과세 판정 명세서
5. 기획재정부령으로 정하는 특정외국법인의 유보소득 합산과세 적용범위 판정 명세서
6. 기획재정부령으로 정하는 국외 출자 명세서

② 법 제20조의2에 따라 법 제18조제1항 각 호 외의 부분 본문, 같은 조 제4항 및 제18조의2의 적용대상이 되는 내국인으로서 법 제17조의 적용대상에서 제외되는 내국인은 제1항제4호부터 제6호까지에 해당하는 서류를 납세지 관할 세무서장에게 제출하여야 한다.

	[전문개정 2014.2.21]		
제18조의2(해외지주회사의 유보소득의 배당간주에 관한 특례) 주식의 보유를 주된 사업으로 하는 특정외국법인으로서 자회사(해당 특정외국법인이 주식을 보유한 법인으로서 대통령령으로 정하는 요건을 모두 갖춘 외국법인을 말한다. 이하 이 조에서 같다)의 주식을 보유한 법인(이하 이 조에서 "해외지주회사"라 한다)이 다음 각 호의 요건을 모두 갖춘 경우에는 사무소, 점포, 공장 등의 고정된 시설을 통한 사업의 경영 여부와 관계없이 제17조를 적용하지 아니한다. <개정 2011.12.31, 2013.1.1> 1. 해외지주회사가 자회사의 주식을 그 자회사의 배당기준일 현재 6개월 이상 계속하여 보유하고 있을 것 2. 해외지주회사가 제1호의 자회사 중 같은 국가등에 본점 또는 주사무소를 두고 있는 자회사로부터 받은 이자소득, 배당소득, 그 밖에 대통령령으로 정하는 소득을 합친 금액이 그 해외지주회사의 소득금액(사무실, 점포, 공장 등의 고정된 시설을 가지고 그 시설을 통하여 제18조제1항 각 호에 해당하는 사업 외의 사업을 실질적으로 운영함에 따라 발생하는 소득과 자회사의 주식을 처분함에 따라 발생하는 소득은 제외한다)에서 차지하는 비율이 대통령령으로 정하는 비율 이상일 것 [전문개정 2010.1.1]	제36조의4(자회사 해당 요건 등) ① 법 제18조의2 각 호 외의 부분에서 "대통령령으로 정하는 요건"이란 다음 각 호의 요건을 말한다. <개정 2013.2.15> 1. 특정외국법인이 발행주식총수 또는 출자총액의 100분의 40 이상을 소유하고 있을 것 2. 법 제17조제1항을 적용받지 아니할 것 ② 법 제18조의2제2호에서 "대통령령으로 정하는 비율"이란 100분의 90을 말한다. [전문개정 2012.2.2] [제36조의3에서 이동, 종전 제36조의4는 제36조의5로 이동 <2014.2.21>]		

제19조(배당금액의 익금 귀속 시기 등) ① 제17조제1항에 따라 배당으로 간주된 금액(이하 이 조에서 "배당간주금액"이라 한다)은 특정외국법인의 해당 사업연도 종료일의 다음날부터 60일이 되는 날이 속하는 내국인의 과세연도의 익금 또는 배당소득(이하 이 장에서 "익금등"이라 한다)에 산입한다. <개정 2013.1.1> ② 특정외국법인이 내국인에게 실제로 배당을 지급할 때에 외국에 납부한 세액이 있는 경우 제1항에 따라 익금등에 산입한 과세연도의 배당간주금액은 국외원천소득으로 보고, 실제 배당 시 외국에 납부한 세액은 제1항에 따라 익금등에 산입한 과세연도에 외국에 납부한 세액으로 보아 「법인세법」 제57조제1항·제2항 또는 「소득세법」 제57조제1항·제2항을 적용한다. <개정 2013.1.1> ③ 제1항에 따라 익금등에 산입한 배당간주금액은 「법인세법」 제57조제4항을 적용할 때 이를 익금등에 산입한 과세연도의 수입배당금액으로 본다. <개정 2011.12.31, 2013.1.1> ④ 제2항을 적용받으려는 자는 실제로 배당을 받은 과세연도의 소득세·법인세 신고기한으로부터 1년 이내에 대통령령으로 정하는 바에 따라 납세지 관할 세무서장에게 경정을 청구할 수 있다. [전문개정 2010.1.1]	제36조의5(경정청구) ① 법 제19조제2항을 적용받으려는 자는 기획재정부령으로 정하는 외국납부세액공제세액 계산서를 첨부하여 법 제19조제1항에 따라 배당간주금액으로 익금에 산입한 과세연도의 소득세·법인세 과세표준 및 세액을 다시 계산하여 그 금액의 환급에 대하여 경정을 청구하여야 한다. <개정 2013.2.15> ② 제1항에 따라 경정을 청구하려는 자가 외국정부의 배당소득에 대한 세액의 결정·통지가 지연되거나, 과세기간이 다르다는 사유 등으로 소득세·법인세 신고 시 경정청구를 할 수 없는 경우에는 외국정부의 국외배당소득에 대한 세액결정 통지를 받은 날부터 45일 이내에 증명서류를 첨부하여 경정을 청구할 수 있다. [전문개정 2012.2.2] [제36조의4에서 이동, 종전 제36조의5는 제36조의6으로 이동 <2014.2.21>]	
제20조(실제 배당금액 등의 익		제10조의5(실제 배당

금 불산입) ① 제17조제1항에 따라 특정외국법인의 유보소득이 내국인의 익금등으로 산입된 후 그 법인이 그 유보소득을 실제로 배당(「법인세법」 제16조에 따른 배당금 또는 분배금을 포함한다)한 경우에는 「법인세법」 제18조제2호에 따른 이월익금으로 보거나 「소득세법」 제17조제1항에 따른 배당소득에 해당하지 아니하는 것으로 본다. <개정 2010.12.27>

② 제17조제1항에 따라 특정외국법인의 유보소득이 내국인의 익금등으로 산입된 후 그 내국인이 그 특정외국법인의 주식을 양도한 경우에는 다음 제1호의 금액에서 제2호의 금액을 뺀 금액[그 금액이 영(零) 이하인 경우에는 영으로 본다]을 제1항에 따른 이월익금으로 보거나 「소득세법」 제118조의2제3호에 따른 양도소득에 해당하지 아니하는 것으로 본다. 이 경우 이월익금으로 보거나 양도소득에 해당하지 아니하는 것으로 보는 금액이 해당 주식의 양도차익을 초과할 때에는 그 초과하는 금액은 없는 것으로 본다. <개정 2010.12.27, 2013.1.1>

1. 양도한 주식에 대한 배당으로 간주된 금액의 합계에 상당하는 금액
2. 그 양도한 주식에 대하여 실제로 배당한 금액

③ 제1항과 제2항에 따른 이월된 익금등의 계산에 필요한 장부 및 증명서류는 「국세기본법」 제85조의3제2항에도 불구하고 배

금액의 익금 불산입) ① 내국인이 영 제36조의6에 따라 실제 배당금액 중 이월익금으로 보거나 배당소득에 해당되지 아니하는 것으로 보는 금액을 산출하는 경우에는 별지 제10호의8서식의 실제 배당금액의 이월익금(배당소득에 해당되지 아니하는 금액) 명세서를 작성·제출하여야 한다. <개정 2014.3.14>

② 내국인이 법 제20조제2항에 따라 이월익금으로 보거나 양도소득에 해당되지 아니하는 것으로 보는 금액을 산출하는 경우에는 별지 제10호의9서식의 실제 배당 전 주식등 양도시의 이월익금(양도소득에 해당되지 아니하는 금액) 명세서를 작성·제출하여야 한다.

[전문개정 2012.2.28]

당 또는 양도일이 속하는 과세연도의 법정신고기한까지 보존하여야 한다. <개정 2010.12.27> [전문개정 2010.1.1]		
제20조의2(특정외국법인에 대한 자료의 제출) 제17조, 제18조, 제18조의2, 제19조 및 제20조의 적용대상이 되는 내국인은 대통령령으로 정하는 바에 따라 다음 각 호의 서류를 「소득세법」 제70조제1항 및 제70조의2제2항 또는 「법인세법」 제60조제1항 및 제76조의17제1항에 따른 신고기한까지 납세지 관할 세무서장에게 제출하여야 한다. <개정 2015.12.15> 1. 특정외국법인의 재무제표 2. 특정외국법인의 법인세 신고서 및 부속서류 3. 특정외국법인의 유보소득 계산 명세서 4. 그 밖에 대통령령으로 정하는 서류 [본조신설 2014.1.1]	제37조(과세자료의 제출) ① 법 제20조의2에 따라 법 제17조, 제18조(제17조의 적용대상인 경우에 한정한다), 제19조 및 제20조의 적용대상이 되는 내국인은 다음 각 호의 서류를 납세지 관할 세무서장에게 제출하여야 한다. 1. 특정외국법인의 재무제표 2. 특정외국법인의 법인세 신고서 및 부속서류(특정외국법인이 소재한 국가 또는 지역의 과세당국이 요구하는 부속서류를 말한다) 3. 기획재정부령으로 정하는 특정외국법인의 유보소득 계산 명세서 4. 기획재정부령으로 정하는 특정외국법인의 유보소득 합산과세 판정 명세서 5. 기획재정부령으로 정하는 특정외국법인의 유보소득 합산과세 적용범위 판정 명세서 6. 기획재정부령으로 정하는 국외 출자 명세서 ② 법 제20조의2에 따라 법 제18조제1항 각 호 외의 부분 본문, 같은 조 제4항 및 제18조의2의 적용대상이 되는 내국인으로서 법 제17조의 적용대상에서 제외되는 내국인은 제1항제4호부터 제6호까지에 해당하는 서류를 납세지 관할 세무서장에게 제출하여야 한다. [전문개정 2014.2.21]	
제5장 국외 증여에 대한 증여세 과세특례 <개정 2010.1.1>		
제21조(국외 증여에 대한 증여세 과세특례) ① 거주자가 비거주자에게 국외에 있는 재산을 증여(증여자의 사망으로 인하여 효력이 발생하는 증여는 제외한다)하는 경우 그 증여자는 이 법에 따라 증여세를 납부할 의무가 있다. 다만, 수증자가 증여자의 「국세기본법」 제2조제20호에 따른 특수관계인이 아닌 경	제38조(국외 증여재산의 시가 산정 등) ① 법 제21조제2항 본문에 따라 증여재산의 시가(時價)를 산정하는 경우 다음 각 호의 어느 하나에 해당하는 가액이 확인될 때에는 그 가액을 해당 증여재산의 시가로 한다. 1. 증여재산의 증여일 전후 6개월 이내에 이루어진 실제 매매가액 2. 증여재산의 증여일 전후 6개월 이내에 공신력 있는 감정기관이 평가한 감정가액 3. 증여재산의 증여일 전후 6개월 이내에 수용 등	

우로서 해당 재산에 대하여 외국의 법령에 따라 증여세(실질적으로 이와 같은 성질을 가지는 조세를 포함한다)가 부과되는 경우(세액을 면제받는 경우를 포함한다)에는 증여세 납부의무를 면제한다. <개정 2013.1.1, 2014.12.23, 2015.12.15, 2017.1.1>

② 제1항 본문을 적용할 때 증여재산의 가액은 증여재산이 있는 국가의 증여 당시의 현황을 반영한 시가(時價)에 따르되 그 시가의 산정에 관한 사항은 대통령령으로 정한다. 다만, 시가를 산정하기 어려울 때에는 해당 재산의 종류, 규모, 거래 상황 등을 고려하여 대통령령으로 정하는 방법에 따른다. <개정 2014.12.23>

③ 제1항 본문과 제2항을 적용할 때 외국의 법령에 따라 증여세를 납부한 경우에는 대통령령으로 정하는 바에 따라 그 납부한 증여세에 상당하는 금액을 증여세 산출세액에서 공제한다. <신설 2014.12.23>

④ 제1항에 따라 증여세를 과세하는 경우에는 「상속세 및 증여세법」 제4조의2제1항 및 제2항, 제47조, 제53조, 제56조부터 제58조까지, 제68조, 제69조제2항, 제70조부터 제72조까지 및 제76조를 준용한다. <개정 2011.12.31, 2014.12.23, 2015.12.15>

⑤ 제1항의 거주자에는 본점이나 주된 사무소의 소재지가 국내에 있는 비영리법인을 포함하며, 비거주자에는 본점이나 주된 사무소의 소재지가 국내에

을 통하여 확정된 증여재산의 보상가액

② 법 제21조제2항 단서에서 "대통령령으로 정하는 방법"이란 「상속세 및 증여세법」 제61조부터 제65조까지의 규정을 준용하여 증여재산가액을 평가하는 것을 말한다. 다만, 그 평가방법이 적절하지 아니한 경우에는 「감정평가 및 감정평가사에 관한 법률」 제2조제4호에 따른 감정평가업자가 평가하는 것을 말한다. <개정 2015.2.3, 2016.8.31>

③ 유가증권가액의 산정에 관하여는 「상속세 및 증여세법」 제63조에 따른 평가방법을 준용한다.

[전문개정 2012.2.2.]

제38조의2(외국납부세액공제) ① 법 제21조제3항에 따라 증여세 산출세액에서 공제할 증여세 납부액은 다음 각 호의 세액(가산세 및 가산금은 제외한다)으로서 법 제21조제1항에 따른 증여세 납부의무자가 실제로 외국정부(지방자치단체를 포함한다. 이하 같다)에 납부한 세액(이하 이 조에서 "외국납부세액"이라 한다)으로 한다.

1. 증여를 원인으로 과세하고, 증여한 재산의 가액을 과세표준으로 하여 외국의 법령에 따라 부과된 조세(실질적으로 이와 같은 성질을 가지는 조세를 포함한다)의 세액
2. 제1호에 따른 세액의 부가세액

② 외국납부세액은 「상속세 및 증여세법」에 따른 증여세 산출세액에 다음 계산식에 따른 비율을 곱하여 산출한 금액을 한도로 하여 증여세 산출세액에서 공제한다. 이 경우 다음 계산식에 따른 비율이 1보다 큰 경우에는 비율을 1로 본다.

$$\frac{\text{외국의 법령에 따라 증여세를 납부한 증여재산의 과세표준(해당 외국의 법령에 따른 증여세의 과세표준을 말한다)}}{\text{「상속세 및 증여세법」에 따른 증여세 과세표준}}$$

③ 제1항 및 제2항을 적용할 때 증여재산의 과세표준에 대한 원화환산은 증여일 현재의 「외국환거래법」에 따른 기준환율 또는 재정환율에 따르고, 외국납부세액에 대한 원화환산은 기획재정부령으로 정하는 바에 따른다.

④ 제1항부터 제3항까지의 규정에 따라 외국납부세

없는 비영리법인을 포함한다. <신설 2013.1.1, 2014.12.23> [전문개정 2010.1.1]	액을 공제받으려는 자는 증여세 과세표준을 신고할 때 기획재정부령으로 정하는 외국납부세액 공제 신청서와 증명서류를 납세지 관할 세무서장에게 제출하여야 한다. ⑤ 제4항에도 불구하고 외국정부의 증여세 결정·통지의 지연, 납부기간의 차이 등의 사유로 증여세 과세표준을 신고할 때 증명서류를 제출할 수 없는 경우에는 외국정부의 증여세 결정통지를 받은 날부터 2개월 이내에 제4항에 따른 외국납부세액 공제 신청서와 증명서류를 납세지 관할 세무서장에게 제출할 수 있다. ⑥ 외국정부가 해당 증여재산에 대하여 결정한 증여세액을 경정함으로써 외국납부세액에 변동이 생긴 경우에도 제5항을 준용한다. 이 경우 환급세액이 발생하면 「국세기본법」 제51조에 따라 충당하거나 환급할 수 있다. [본조신설 2015.2.3]	
제6장 상호합의절차 <개정 2010.1.1>		
제22조(상호합의절차의 개시 요건) ① 우리나라 국민·거주자 또는 내국법인과 비거주자 또는 외국법인은 다음 각 호의 어느 하나에 해당하는 자에게 대통령령으로 정하는 바에 따라 상호합의절차의 개시를 신청할 수 있다. <개정 2017.1.1> 1. 조세조약의 적용 및 해석에 관하여 체약상대국과 협의할 필요성이 있는 경우에는 기획재정부장관 2. 체약상대국의 과세당국으로부터 조세조약의 규정에 부합하지 아니하는 과세처분을 받았거나 받을 우려가 있는 경우에는 국세청장 3. 조세조약에 따라 우리나라와 체약상대국 간에 조세조정이 필요한 경우에는 국세청장	제39조(상호합의절차의 개시 신청 등) ① 법 제22조제1항제2호에 따른 조세조약의 규정에 부합하지 아니하는 과세처분에는 다음 각 호의 과세처분을 포함한다. 1. 세법의 규정에 부합하지 아니하거나 과세방법이 잘못된, 체약상대국의 부당한 과세처분 2. 형평에 크게 어긋나거나 차별적으로 이루어진 체약상대국의 부당한 과세처분 ② 법 제22조제1항에 따라 상호합의절차의 개시 신청을 하려는 국민·거주자 또는 내국법인(이하 이 장에서 "신청인"이라 한다)은 다음 각 호의 서류를 기획재정부장관 또는 국세청장에게 제출하여야 한다. 1. 기획재정부령으로 정하는 상호합의절차 개시 신청서 2. 상호합의절차의 개시 신청과 관련된 결산서 및 세무신고서 3. 신청인 또는 신청인의 국외특수관계인이 불복쟁송(不服爭訟)을 제기한 경우 불복쟁송 청구서 4. 삭제 <2013.2.15> 5. 삭제 <2013.2.15>	

② 기획재정부장관이나 국세청장은 제1항에 따른 상호합의절차 개시의 신청을 받은 경우에는 다음 각 호의 어느 하나에 해당하는 경우를 제외하고는 체약상대국의 권한 있는 당국에 상호합의절차 개시를 요청하여야 하고 신청인에게 그 요청 사실을 통지하여야 한다. 1. 국내 또는 국외에서 법원의 확정판결이 있는 경우 2. 조세조약상 신청 자격이 없는 자가 신청한 경우 3. 납세자가 조세 회피를 목적으로 상호합의절차를 이용하려고 하는 사실이 인정되는 경우 4. 과세 사실을 안 날부터 3년이 지나 신청한 경우 ③ 국세청장은 제1항의 신청을 받은 경우에는 기획재정부장관에게 보고하여야 하며, 기획재정부장관은 필요한 경우 상호합의절차와 관련된 지시를 할 수 있다. ④ 기획재정부장관은 제1항제1호에 해당하는 경우에는 직권으로 체약상대국의 권한 있는 당국에 상호합의절차 개시를 요청할 수 있다. ⑤ 국세청장은 제1항제2호 및 제3호에 해당하는 경우에는 직권으로 체약상대국의 권한 있는 당국에 상호합의절차 개시를 요청할 수 있다. 이 경우 제3항을 준용한다. [전문개정 2010.1.1]	③ 국세청장은 법 제22조제3항 및 제5항에 따라 매 분기 경과 후 15일 이내에 기획재정부령으로 정하는 분기별 상호합의절차 개시 신청 및 진행 현황 보고서를 기획재정부장관에게 제출하여야 한다. 이 경우 진행 현황에는 체약상대국으로부터 개시 요청을 받은 상호합의의 진행 현황을 포함하여야 한다. ④ 기획재정부장관 또는 국세청장은 법 제22조제1항에 따라 상호합의절차의 개시 신청을 받은 경우에는 다음 각 호의 사항을 고려하여 상호합의절차 개시 신청의 수리 여부를 검토하여야 한다. 1. 법 제22조제1항제1호부터 제3호까지의 규정에 해당하는지 여부 2. 과세당국이 상호합의절차를 개시하지 아니하고도 필요한 조치를 함으로써 합리적 조정을 할 수 있는지 여부 ⑤ 기획재정부장관 또는 국세청장은 제4항에 따른 검토 결과 상호합의절차 신청 요건을 충족하지 못한 경우에는 신청인에게 이를 보완하여 다시 신청하도록 요구할 수 있다. ⑥ 기획재정부장관 또는 국세청장은 상호합의절차 개시 신청을 받은 이후에도 신청인이 동의하는 경우에는 체약상대국에 상호합의절차 개시를 요청하지 아니하거나 개시된 상호합의절차를 중단할 수 있다. [전문개정 2012.2.2]	
제23조(상호합의절차의 개시일과 종료일) ① 상호합의절차의 개시일은 다음 각 호의 어느 하		

나에 해당하는 날로 한다.
1. 체약상대국의 권한 있는 당국으로부터 상호합의절차 개시 요청을 받은 경우에는 이를 수락하는 의사를 체약상대국의 권한 있는 당국에 통보한 날
2. 체약상대국의 권한 있는 당국에 상호합의절차 개시를 요청한 경우에는 체약상대국의 권한 있는 당국으로부터 이를 수락하는 의사를 통보받은 날

② 상호합의절차의 종료일은 우리나라와 체약상대국의 권한 있는 당국 간에 문서에 의하여 합의가 이루어진 날로 한다. 다만, 상호합의가 이루어지지 아니한 경우에는 개시일의 다음날부터 5년이 되는 날을 상호합의절차의 종료일로 한다.

③ 우리나라와 체약상대국의 권한 있는 당국 간에 상호합의절차를 계속 진행하기로 합의하는 경우에는 제2항 단서에도 불구하고 상호합의절차가 종료되지 아니한다. 이 경우 상호합의절차의 종료일은 개시일의 다음날부터 8년을 초과할 수 없다.

④ 다음 각 호의 어느 하나에 해당하는 경우에는 그 구분에 따른 날을 상호합의절차의 종료일로 한다. <개정 2017.1.1>
1. 상호합의절차 진행 중 법원의 확정판결이 있는 경우: 확정판결일
2. 상호합의절차 진행 중 신청인이 상호합의절차 개시 신청을 철회하는 경우: 신청철

회일 [전문개정 2010.1.1]		
제24조(불복신청기간과 징수유예 등의 적용 특례) ① 상호합의절차가 시작된 경우 상호합의절차의 개시일부터 종료일까지의 기간은 「국세기본법」 제56조제3항, 제61조, 제68조 및 「지방세기본법」 제119조의 청구기간과 「국세기본법」 제65조, 제81조 및 「지방세기본법」 제123조의 결정기간에 산입하지 아니한다. <개정 2010.3.31> ② 납세지 관할 세무서장 또는 지방자치단체의 장은 납부할 세액을 고지(告知)하기 전에 상호합의절차가 시작된 경우에는 상호합의절차의 종료일까지 세액의 고지를 유예하거나 결정한 세액을 분할하여 고지할 수 있다. 이 경우 납세지 관할 세무서장 및 지방자치단체의 장은 납부할 세액을 상호합의절차의 종료일의 다음날부터 30일 이내에 고지하여야 한다. ③ 납세지 관할 세무서장 또는 지방자치단체의 장은 납세자가 납세의 고지 또는 독촉을 받은 후 상호합의절차가 시작된 경우에는 상호합의절차의 개시일부터 종료일까지는 세액의 징수를 유예하거나 체납처분에 의한 재산의 압류나 압류재산의 매각을 유예할 수 있다. 이 경우 납세지 관할 세무서장 및 지방자치단체의 장은 상호합의절차의 종료일의 다음날부터 30일 이내에 납부기한을 다시 정하여 유예된 세액을 징수하여야 한다.	**제40조(징수유예 등의 적용 특례)** ① 삭제 <2006.8.24> ② 삭제 <2006.8.24> ③ 법 제24조제2항 및 제3항에 따른 고지유예, 징수유예 또는 체납처분유예의 특례를 적용받으려는 자는 다음 각 호의 서류를 갖추어 납세지 관할 세무서장 또는 지방자치단체의 장에게 신청하여야 한다. <개정 2012.2.2> 1. 기획재정부령으로 정하는 징수유예 등의 적용특례 신청서 2. 국세청장이 발행한 상호합의절차 개시 통보서 사본 ④ 제3항에 따라 신청을 받은 납세지 관할 세무서장 또는 지방자치단체의 장은 법 제24조제2항 및 제3항을 적용할 때 다음 각 호의 어느 하나에 해당하는 경우에는 고지유예, 징수유예 또는 체납처분유예를 허용해서는 아니 된다. 이 경우 고지유예, 징수유예 또는 체납처분유예가 이미 허용되었을 때에는 즉시 취소하고 유예에 관계되는 세액 및 체납액을 한꺼번에 징수하여야 한다. <개정 2012.2.2> 1. 신청인이 과거에 체납한 사실이 있는 경우 2. 신청인이 법 제11조에 따른 자료제출 의무를 이행하지 아니한 경우 3. 조세채권이 일실될 가능성이 매우 높은 경우 [제목개정 2012.2.2] **제41조(이자 상당 가산액의 계산방법)** 법 제24조제5항에 따라 징수유예 또는 체납처분유예가 허용되는 경우 국세 또는 지방세에 더할 이자 상당액의 계산방법은 다음과 같다. 이자 상당 가산액 = 징수유예 또는 체납처분유예를 한 해당 국세 또는 지방세 금액(상호합의절차에 의한 조정이 이루어진 경우에는 그 조정금액) × 세액 납부기한의 다음 날 또는 상호합의절차 개시일 중 나중에 도래하는 날부터 상호합의절차 종료일까지의 날짜 × 「국세기본법 시행령」 제27조의4에 따른 이자율 [전문개정 2012.2.2] **제41조의2(고지유예등의 사실 통지)** 법 제24조제7항에 따라 소득세액 또는 법인세액에 대하여 고지유예, 분할고지, 징수유예 또는 체납처분유예(이하 이 조에서 "고지유예등"이라 한다)를 적용하는 경우 납세자에게 고지유예등을 통지할 때에는 「국세	

④ 제2항과 제3항은 체약상대국이 상호합의절차의 진행 중에 징수유예 및 체납처분유예를 허용하는 경우에만 적용한다. ⑤ 납세지 관할 세무서장 및 지방자치단체의 장은 제3항에 따라 징수유예 및 체납처분유예를 허용하는 경우에는 그 기간에 대하여 대통령령으로 정하는 바에 따라 계산한 이자 상당액을 가산하여 징수한다. ⑥ 제2항 및 제3항을 적용받으려는 자는 대통령령으로 정하는 바에 따라 납세지 관할 세무서장 또는 지방자치단체의 장에게 징수유예 또는 체납처분유예의 적용 특례를 신청하여야 한다. ⑦ 제2항 또는 제3항에 따라 소득세액 또는 법인세액에 대하여 고지유예, 분할고지, 징수유예 또는 체납처분유예(이하 이 항에서 "고지유예등"이라 한다) 중 하나가 적용되는 경우에는 그 소득세액 또는 법인세액에 부가되는 지방세액에 대해서도 이 조에서 정한 별도의 절차를 거치지 아니하고 그 고지유예등이 그대로 적용되는 것으로 한다. 이 경우 국세청장은 대통령령으로 정하는 바에 따라 지방자치단체의 장에게 고지유예등의 사실을 통지하여야 한다. [전문개정 2010.1.1]	징수법 시행령」 제24조를 준용하여 고지유예등의 사실을 해당 소득세액 또는 법인세액에 부가되는 지방세를 관할하는 지방자치단체의 장에게 통지하여야 한다. [전문개정 2012.2.2]	
제25조(부과제척기간의 특례) ① 체약상대국과 상호합의절차가 시작된 경우에 상호합의절차의 종료일의 다음날부터 1년의 기간과 「국세기본법」 제26조의2제1항에서 규정하는 기간 중 나중		

에 도래하는 기간의 만료일 후에는 국세를 부과할 수 없다. ② 체약상대국과 상호합의절차가 시작된 경우에 상호합의절차의 종료일의 다음날부터 1년의 기간과 「지방세기본법」 제38조제1항에서 규정하는 기간 중 나중에 도래하는 기간의 만료일 후에는 지방세를 부과할 수 없다. <개정 2010.3.31> [전문개정 2010.1.1]		
第26条(납세자의 협조의무) ① 기획재정부장관이나 국세청장은 상호합의절차의 개시를 신청한 납세자에게 상호합의절차의 진행에 필요한 서류를 제출하도록 요구할 수 있다. ② 기획재정부장관이나 국세청장은 납세자가 제1항에 따른 자료제출 요구에 성실하게 협조하지 아니하는 경우에는 상호합의절차를 직권으로 종료할 수 있다. 이 경우 상호합의절차의 종료일은 그 신청인이 그 절차가 종료되었음을 통지받은 날로 한다. [전문개정 2010.1.1]		
第27条(상호합의 결과의 시행) ① 국세청장은 상호합의절차가 종결된 경우에는 그 결과를 기획재정부장관에게 보고하여야 한다. ② 기획재정부장관이나 국세청장은 상호합의절차가 종결된 경우에는 과세당국, 지방자치단체의 장, 조세심판원장, 그 밖의 관계기관 및 상호합의절차 개시 신청인에게 그 결과를 상호합의절차의 종료일의 다음날부터 15일 내에 통보하여야 한다. 이 경우 기획재정부장관은 그 합의	第17条(소득금액 계산의 특례 신청절차 등) ① 법 제10조제1항에 따른 소득금액 및 결정세액의 조정을 받으려는 거주자는 법 제27조제2항에 따른 통보를 받은 날부터 2개월 이내에 기획재정부령으로 정하는 소득금액 계산특례 신청서에 제42조제2항에 따라 국세청장이 발급한 상호합의 종결 통보서를 첨부하여 납세지 관할 세무서장에게 수정신고 또는 경정청구(국세정보통신망을 활용한 청구를 포함한다)를 하여야 한다. ② 제11조의2제2항에 따라 일방적 사전승인을 받은 거주자가 소득금액 및 결정세액의 조정을 받으려는 경우에는 같은 조 제5항에 따라 국세청장이 발급한 통지서를 받은 날부터 2개월 이내에 기획재정부령	

내용을 고시할 수 있다. <개정 2011.12.31> ③ 과세당국이나 지방자치단체의 장은 상호합의 결과에 따라 부과처분, 경정결정 또는 그 밖에 세법상 필요한 조치를 하여야 한다. ④ 상호합의절차가 종결된 후에 법원의 확정판결이 있는 경우로서 그 확정판결 내용이 그 상호합의 결과와 다를 때에는 그 상호합의는 처음부터 없었던 것으로 한다. [전문개정 2010.1.1]	으로 정하는 소득금액 계산특례 신청서에 국세청장이 발급한 통지서를 첨부하여 납세지 관할 세무서장에게 수정신고 또는 경정청구를 하여야 한다. ③ 제1항 및 제2항에 따른 경정청구를 받은 납세지 관할 세무서장은 경정청구를 받은 날부터 2개월 이내에 과세표준 및 세액을 경정할 수 있다. 이 경우 경정하여야 할 이유가 없을 때에는 그 사실을 경정청구를 한 자에게 통지하여야 한다. [전문개정 2012.2.2] 제42조(상호합의 결과의 보고 및 통보) ① 국세청장은 상호합의절차가 종결된 경우에는 법 제27조제1항에 따라 지체 없이 상호합의서 사본을 기획재정부장관에게 제출하여야 한다. ② 법 제27조제2항에 따른 상호합의절차의 종결 통보는 기획재정부령으로 정하는 상호합의 종결 통보서에 따른다. ③ 과세당국 및 지방자치단체의 장은 법 제27조제3항에 따라 부과처분, 경정결정 또는 그 밖에 세법상 필요한 조치를 한 경우에는 그 조치를 한 다음 날부터 15일 이내에 기획재정부장관 또는 국세청장에게 그 사실을 통보하여야 한다. [전문개정 2012.2.2]	
제27조의2(상호합의 결과의 확대 적용 등) ① 과세당국이나 지방자치단체의 장은 상호합의가 종결된 후 상호합의절차의 개시를 신청한 자가 대통령령으로 정하는 바에 따라 상호합의 종결 통보서를 받은 날부터 3년 이내에 상호합의 결과를 신청인과 상호합의 대상국 외의 국가에 있는 특수관계인 간의 거래에 대해서도 적용해 줄 것을 신청하는 경우로서 다음 각 호의 요건을 모두 갖춘 경우에는 그 상호합의 결과를 상호합의 대상국 외의 국가에 있는 특수관계인과의 거래에 대해서도 적용할 수 있다. <개정 2011.12.31>	제42조의2(상호합의 결과의 확대 적용 등) ① 법 제27조의2제1항에 따라 상호합의 결과의 확대 적용을 신청하려는 자는 다음 각 호의 서류를 첨부하여 과세당국 또는 지방자치단체의 장에게 제출하여야 한다. 1. 기획재정부령으로 정하는 상호합의 결과 확대적용 신청서 2. 법 제27조의2제1항 각 호의 요건을 갖추고 있음을 증명하는 서류 ② 법 제27조의2제1항제3호에서 "대통령령으로 정하는 요건"이란 정상가격 산출 시 적용한 통상의 이윤 또는 거래순이익률이 같아야 하는 것을 말한다. [전문개정 2012.2.2]	

1. 상호합의 결과와 같은 유형의 거래일 것 2. 상호합의 결과와 같은 방식으로 과세되었을 것 3. 그 밖에 대통령령으로 정하는 요건을 갖출 것 ② 제1항에 따라 상호합의 결과를 상호합의 대상국 외의 국가에 있는 특수관계인에게 확대 적용하는 경우에는 제27조를 준용한다. <개정 2011.12.31> [전문개정 2010.1.1]		
제7장 국가 간 조세협력 <개정 2010.1.1>		
제28조(조세조약상의 소득 구분의 우선 적용) 비거주자 또는 외국법인의 국내원천소득의 구분에 관하여는 「소득세법」 제119조 및 「법인세법」 제93조에도 불구하고 조세조약이 우선하여 적용된다. [전문개정 2010.1.1]		
제29조(이자·배당 및 사용료에 대한 세율의 적용 특례) ① 조세조약의 규정상 비거주자 또는 외국법인의 국내원천소득 중 이자, 배당 또는 지식재산권 등의 사용대가(조세조약에서 「소득세법」 제119조제4호 및 「법인세법」 제93조제4호에 따른 산업상·상업상·과학상의 기계·설비·장치 등을 임대함으로써 발생하는 소득을 지식재산권 등의 사용대가로 구분하는 경우 그 사용대가를 포함한다)에 대해서는 조세조약상의 제한세율과 다음 각 호의 어느 하나에 규정된 세율 중 낮은 세율을 적용한다. 다만, 「소득세법」 제156조의4제1항 또	**제43조(거주자증명서 발급절차)** ① 법 제29조제2항에 따라 체약상대국으로부터 제한세율을 적용받기 위하여 거주자증명서를 체약상대국에 제출하려는 자는 기획재정부령으로 정하는 거주자증명서 발급 신청서를 납세지 관할 세무서장에게 제출하여야 한다. ② 납세지 관할 세무서장은 제1항에 따른 거주자증명서 발급 신청을 받은 경우에는 사실 확인을 거쳐 기획재정부령으로 정하는 거주자증명서를 발급하여야 한다. 다만, 체약상대국 정부가 발행한 거주자증명서 서식에 따라 발급해 줄 것을 신청받은 경우에는 그 서식에 따라 거주자증명서를 발급할 수 있다. [전문개정 2012.2.2]	

는 「법인세법」 제98조의5제1항에 해당하는 경우에는 「소득세법」 제156조의4제1항 또는 「법인세법」 제98조의5제1항에 따라 원천징수한다. 이 경우 「소득세법」 제156조의4제3항 또는 「법인세법」 제98조의5제3항에 따라 과세표준과 세액을 경정하는 경우에는 조세조약상의 제한세율과 다음 각 호의 어느 하나에 규정된 세율 중 낮은 세율을 적용한다. <개정 2010.1.1, 2010.3.31, 2013.1.1, 2014.1.1> 1. 조세조약의 대상 조세에 지방소득세이 포함되지 아니하는 경우에는 「소득세법」 제156조제1항제3호 또는 「법인세법」 제98조제1항제3호에서 규정하는 세율 2. 조세조약의 대상 조세에 지방소득세이 포함되는 경우에는 「소득세법」 제156조제1항제3호 또는 「법인세법」 제98조제1항제3호에서 규정하는 세율에 「지방세법」 제103조의18제1항의 원천징수하는 소득세의 100분의 10 또는 같은 법 제103조의52제1항의 원천징수하는 법인세의 100분의 10을 반영한 세율 ② 과세당국은 체약상대국이 제한세율의 적용과 관련하여 거주자나 내국법인에 거주자증명을 요구하는 경우에는 대통령령으로 정하는 바에 따라 그 증명을 발급할 수 있다. [전문개정 2010.1.1]		
제30조(조세 징수의 위탁) ① 납세지 관할 세무서장 또는 지방	제44조(조세 징수의 위탁절차) ① 법 제30조제1항에 따라 납세지 관할 세무서장 또는 지방자치단체	

자치단체의 장은 국내에서 납부할 조세를 징수하기 곤란하여 체약상대국에서 징수하는 것이 불가피하다고 판단되는 경우에는 국세청장에게 체약상대국에 대하여 조세 징수를 위하여 필요한 조치를 하도록 요청할 수 있다. ② 국세청장은 제1항의 요청을 받은 경우에는 대통령령으로 정하는 바에 따라 체약상대국의 권한 있는 당국에 그 조세를 징수해 주도록 위탁할 수 있다. ③ 체약상대국에 납부할 조세를 우리나라에서 징수해 주도록 조세조약에 따라 체약상대국의 권한 있는 당국으로부터 위탁을 받은 경우에는 기획재정부장관이나 국세청장은 대통령령으로 정하는 바에 따라 납세지 관할 세무서장에게 국세 징수의 예에 따라 징수하도록 할 수 있다. [전문개정 2010.1.1]	의 장이 국세청장에게 체약상대국에 대하여 조세 징수를 위하여 필요한 조치를 하도록 요청하는 경우에는 다음 각 호의 서류를 제출하여야 한다. 다만, 제2호의 서류는 국내에서 수집 가능한 것만 제출한다. 1. 기획재정부령으로 정하는 국가 간 조세 징수 위탁 요청서 2. 다음 각 목에 해당하는 자의 국적 및 거주 현황 관련 서류와 국내외 재산 보유 현황 관련 서류 가. 납세의무자 나. 「국세기본법」 제25조 또는 「지방세기본법」 제44조에 따른 연대납세의무자 다. 「국세기본법」 제38조부터 제41조까지 또는 「지방세기본법」 제45조부터 제49조까지의 규정에 따른 제2차 납세의무자 ② 국세청장은 제1항에 따라 조세 징수 위탁을 요청받은 경우에는 다음 각 호의 사항을 검토하여 조세 징수 위탁 여부를 결정하여야 한다. 1. 납세의무자의 국적 및 거주 현황, 재산 보유 현황 2. 연대납세의무 및 납세담보 현황 3. 조세채권 일실 가능성 4. 조세채권의 소멸시효 5. 그 밖에 조세 징수에 필요한 사항 ③ 국세청장은 제2항에 따라 조세 징수 위탁 결정을 한 경우에는 체약상대국의 권한 있는 당국에 조세 징수 위탁을 요청하여야 한다. ④ 국세청장은 위탁한 조세 징수의 처리 결과를 체약상대국으로부터 통지받은 경우에는 그 통지 내용을 납세지 관할 세무서장 또는 지방자치단체의 장에게 통지하여야 한다. [전문개정 2012.2.2]	
제31조(조세정보 및 금융정보의 교환) ① 권한 있는 당국은 조세의 부과와 징수, 조세 불복에 대한 심리(審理) 및 형사 소추 등을 위하여 필요한 조세정보와 국제적 관행으로 일반화되어 있는 조세정보를 다른 법률에 저촉되지 아니하는 범위에서 획득	제47조(조세정보 및 금융정보의 교환) ① 삭제 <2010.2.18> ② 권한 있는 당국이 법 제31조제2항 및 제3항에 따라 금융정보 제공을 요구하는 경우에는 「금융실명거래 및 비밀보장에 관한 법률」 제4조제2항에 따른 표준양식(이하 이 조에서 "금융거래정보의 제공 요구서"라 한다)에 따라야 한다. 이 경우 법 제31조제2항에 따라 특정 금융거래와 관련된 명의인의 인	

하여 체약상대국과 교환할 수 있다. <개정 2010.12.27>

② 권한 있는 당국은 체약상대국의 권한 있는 당국이 조세조약에 따라 거주자·내국법인 또는 비거주자·외국법인의 금융정보[「금융실명거래 및 비밀보장에 관한 법률」 제2조제3호에 따른 금융거래의 내용에 대한 정보 또는 자료를 말한다. 이하 이 조에서 같다]를 요청하는 경우 「금융실명거래 및 비밀보장에 관한 법률」 제4조에도 불구하고 다음 각 호의 어느 하나에 해당하는 금융정보의 제공을 금융회사등(「금융실명거래 및 비밀보장에 관한 법률」 제2조제1호에 따른 금융회사등을 말한다. 이하 같다)의 특정 점포(「상속세 및 증여세법」 제83조제1항에 따른 금융재산 일괄 조회에 해당하는 경우와 체약상대국의 권한 있는 당국이 요청하는 정보가 특정 금융거래와 관련된 명의인의 인적 사항을 특정할 수 없는 집단인 경우에는 금융회사등의 장을 말한다)에 대하여 요구할 수 있으며, 그 금융회사등에 종사하는 사람은 이를 거부하지 못한다. <개정 2010.12.27, 2011.7.14, 2013.1.1, 2014.1.1>

1. 조세에 관한 법률에 따라 제출 의무가 있는 과세자료에 해당하는 금융정보
2. 상속·증여재산의 확인에 필요한 금융정보
3. 체약상대국의 권한 있는 당국이 조세탈루 혐의를 인정할 만한 명백한 자료의 확인에 필요한 금융정보 중 ... 적 사항을 특정할 수 없는 집단에 대한 금융정보의 제공을 요구하거나 법 제31조제3항에 따라 정기적인 금융정보의 제공을 요구할 때 명의인의 인적사항을 특정할 수 없는 경우에는 금융거래정보의 제공요구서에 명의인의 인적사항을 작성하지 않을 수 있다. <개정 2012.2.2, 2013.2.15, 2014.2.21>

③ 권한 있는 당국은 법 제31조제1항 또는 제2항에 따라 체약상대국의 권한 있는 당국의 요청에 따라 특정 납세의무자의 조세정보 또는 금융정보를 제공한 경우에는 제공한 날(제4항에 따라 통지를 유예한 경우에는 통지유예기간이 끝난 날)부터 10일 이내에 조세정보 또는 금융정보 등의 제공 사실 및 제공 내용 등을 기획재정부령으로 정하는 정보제공 내용 통지서에 따라 해당 납세의무자 또는 그 대리인에게 통지하여야 한다. <개정 2012.2.2>

④ 권한 있는 당국은 체약상대국으로부터 다음 각 호의 어느 하나에 해당하는 사유에 의한 통지의 유예를 서면으로 요청받았을 때에는 제3항에도 불구하고 유예 요청기간(제2호 또는 제3호의 사유에 의한 요청을 받은 경우로서 그 유예 요청기간이 6개월 이상인 경우에는 6개월) 동안 통지를 유예할 수 있다. <개정 2012.2.2>

1. 해당 통지가 사람의 생명이나 신체의 안전을 위협할 우려가 있는 경우
2. 해당 통지가 증거인멸, 증인 위협 등 공정한 사법절차의 진행을 방해할 우려가 명백한 경우
3. 해당 통지가 질문·조사 등의 행정절차 진행을 방해하거나 지나치게 지연시킬 우려가 명백한 경우

⑤ 권한 있는 당국이 법 제31조제3항에 따라 정기적인 금융정보의 제공을 요구하는 경우에는 요구내용 및 요구대상 금융회사등(「금융실명거래 및 비밀보장에 관한 법률」 제2조제1호에 따른 금융회사등을 말한다. 이하 같다)의 변동이 있는 경우를 제외하고는 최초의 금융거래정보의 제공요구서에 기간을 정하여 해당 기간 중에 발생하는 요구를 갈음할 수 있다. <신설 2013.2.15>

⑥ 법 제31조제3항에 따라 금융정보를 제공하는 금융회사등에 종사하는 사람은 권한 있는 당국이 금

에 필요한 금융정보
4. 체약상대국 체납자의 재산조회에 필요한 금융정보
5. 체약상대국의 권한 있는 당국이 「국세징수법」 제14조제1항 각 호의 어느 하나에 해당하는 사유로 필요한 금융정보

③ 권한 있는 당국은 조세조약에 따라 체약상대국과 상호주의에 따른 정기적인 금융정보의 교환을 위하여 필요한 경우 「금융실명거래 및 비밀보장에 관한 법률」 제4조에도 불구하고 체약상대국의 조세 부과 및 징수와 납세의 관리에 필요한 거주자·내국법인 또는 비거주자·외국법인의 금융거래 내용 등 금융정보의 제공을 금융회사등의 장에게 요구할 수 있다. 이 경우 그 금융회사등에 종사하는 사람은 대통령령으로 정하는 바에 따라 이를 제공하여야 한다. <신설 2013.1.1, 2014.1.1>

④ 금융회사등은 국가 간 금융정보의 교환을 지원하기 위하여 권한 있는 당국의 제3항에 따른 요구가 없는 경우에도 그 사용 목적에 필요한 최소한의 범위에서 해당 금융회사등의 금융거래 상대방(조세조약에 따른 체약상대국이 아닌 다른 국가의 금융거래 상대방을 포함한다)에 대한 납세자번호(개별 국가에서 납세자를 식별하기 위한 고유번호를 말한다)를 포함한 인적 사항 등을 미리 확인·보유할 수 있다. <신설 2015.12.15>

⑤ 다음 각 호의 어느 하나에 융정보의 제공을 요구하는 날부터 3개월 이내에(제5항에 해당하는 경우에는 최초의 금융거래정보의 제공 요구서에 정기적으로 제출하도록 지정한 날까지) 해당 금융정보를 기획재정부령으로 정하는 정보제공명세서에 따라 해당 금융회사등의 본점에서 작성하여 해당 금융회사등의 본점의 납세지 관할 세무서장에게 「국세기본법」 제2조제18호에 따른 정보통신망을 활용하여 제출하여야 한다. <신설 2013.2.15, 2015.2.3, 2016.2.5>

⑦ 금융회사등의 장이 법 제31조제3항에 따라 금융정보를 제공하는 경우에 확인하여야 하는 인적 사항과 같은 조 제10항에 따라 금융거래의 상대방에게 요청할 수 있는 인적 사항은 다음 각 호와 같다. <신설 2014.2.21, 2016.2.5>
1. 개인의 경우: 성명, 주소, 체약상대국의 납세자번호(납세자번호가 없는 경우에는 생년월일을 말한다) 및 그 밖에 인적 사항의 확인을 위하여 조세조약에서 정하는 사항
2. 법인의 경우: 법인명, 본점 또는 주사무소의 주소, 실질적 지배자 및 그 밖에 인적 사항의 확인을 위하여 조세조약에서 정하는 사항

⑧ 권한 있는 당국은 법 제31조제3항에 따라 금융회사등으로부터 제공받은 정보에 명백한 오류가 있다고 판단되거나 체약상대국의 권한 있는 당국이 같은 항에 따라 교환받은 정보에 대하여 조세조약에 따라 그 오류의 시정을 요구하는 경우에는 금융회사등의 장에게 해당 정보의 오류에 대한 시정을 지체 없이 요구하여야 한다. <신설 2014.2.21, 2016.2.5>

⑨ 제8항에 따라 시정을 요구받은 금융회사등의 장은 시정을 요구받은 날부터 30일 이내에 시정된 정보를 「국세기본법」 제2조제18호에 따른 정보통신망을 활용하여 시정을 요구한 권한 있는 당국에게 제출하거나 오류가 없음을 소명하여야 한다. <신설 2016.2.5>

⑩ 금융회사등의 장은 제50조의2제3항 각 호의 어느 하나에 해당하는 사유로 인하여 제9항에 따른 기한 내에 시정된 정보를 제출하거나 소명할 수 없는 경우에는 시정을 요구한 권한 있는 당국에게 30

해당하는 자는 제1항부터 제4항까지의 규정에 따른 조세정보 또는 금융정보의 획득, 교환 또는 제공을 부당하게 방해하거나 지연시켜서는 아니 된다. <개정 2015.12.15>

1. 제1항부터 제3항까지의 규정에 따른 조세정보 또는 금융정보와 관련된 자
2. 제4항에 따른 금융거래의 상대방

⑥ 금융회사등에 종사하는 사람은 제2항 및 제3항을 위반하여 금융정보의 제공을 요구받으면 그 요구를 거부하여야 한다. <개정 2010.12.27, 2011.7.14, 2013.1.1, 2015.12.15>

⑦ 제2항부터 제4항까지의 규정에 따라 금융정보를 알게 된 사람은 그 금융정보를 체약상대국의 권한 있는 당국 외의 자에게 제공 또는 누설하거나 그 목적 외의 용도로 이용해서는 아니 되며, 누구든지 금융정보를 알게 된 사람에게 그 금융정보의 제공을 요구해서는 아니 된다. <개정 2010.12.27, 2013.1.1, 2015.12.15>

⑧ 제2항, 제3항 또는 제7항을 위반하여 제공되거나 누설된 금융정보를 취득한 사람은 그 위반 사실을 알게 된 경우 그 금융정보를 타인에게 제공하거나 누설해서는 아니 된다. <개정 2010.12.27, 2013.1.1, 2015.12.15>

⑨ 제2항에도 불구하고 권한 있는 당국은 상호주의 원칙에 따라 체약상대국에 금융정보를 제공하는 것을 제한할 수 있다. <개정 2010.12.27, 2013.1.1,

일의 범위에서 그 제출기한의 연장을 신청할 수 있다. <신설 2016.2.5>

⑪ 제1항부터 제10항까지에서 규정한 사항 외에 인적 사항의 확인 등에 필요한 사항은 기획재정부장관이 정하여 고시한다. 이 경우 기획재정부장관은 해당 고시의 제정 또는 개정 시 금융위원회 위원장 및 국세청장과 미리 협의하여야 한다. <신설 2014.2.21, 2016.2.5>

[전문개정 2002.12.30]

2015.12.15> ⑩ 제3항에 따라 금융정보를 제공하거나 제4항에 따라 금융정보를 확인하려는 금융회사등의 장은 금융거래의 상대방에게 인적 사항 등의 확인을 위하여 필요한 자료의 제출을 요청할 수 있다. <신설 2014.1.1, 2015.12.15> ⑪ 제1항에 따른 조세정보의 교환, 제2항 및 제3항에 따른 금융정보의 교환과 제10항에 따른 인적 사항 등의 확인에 관한 구체적인 사항은 대통령령으로 정한다. <개정 2010.12.27, 2013.1.1, 2014.1.1, 2015.12.15> [전문개정 2010.1.1]		
제31조의2(벌칙) ① 제31조제6항부터 제8항까지 및 제36조를 위반한 사람은 5년 이하의 징역 또는 3천만원 이하의 벌금에 처한다. <개정 2010.12.27, 2013.1.1, 2015.12.15> ② 제1항에 따른 징역형과 벌금형은 병과(併科)할 수 있다. [전문개정 2010.1.1]		
제31조의3(양벌규정) 법인의 대표자나 법인 또는 개인의 대리인, 사용인, 그 밖의 종업원이 그 법인 또는 개인의 업무에 관하여 제31조의2제1항의 위반행위(제36조를 위반한 행위는 제외한다)를 하면 그 행위자를 벌하는 외에 그 법인 또는 개인에게도 해당 조문의 벌금형을 과(科)한다. 다만, 법인 또는 개인이 그 위반행위를 방지하기 위하여 해당 업무에 관하여 상당한 주의와 감독을 게을리하지 아니한 경우에는 그러하지 아니		

하다. [본조신설 2015.12.15] [종전 제31조의3은 제31조의4로 이동 <2015.12.15>]		
제31조의4(과태료) ① 제31조제2항 또는 제3항에 따른 금융정보의 제공을 요구받은 금융회사등이 정당한 사유 없이 이를 제공하지 아니하거나 거짓으로 제공하는 경우에는 3천만원 이하의 과태료를 부과한다. <개정 2014.1.1> ② 제1항에 따른 과태료는 대통령령으로 정하는 바에 따라 과세당국이 부과·징수한다. <개정 2015.12.15> [본조신설 2011.12.31] [제31조의3에서 이동 <2015.12.15>]	제51조(과태료의 부과기준 등) ① 법 제12조제1항에 따른 과태료의 부과기준은 다음과 같다. <개정 2015.2.3, 2016.2.5> 1. 법 제11조제1항 본문에 따른 국제거래명세서 전부 또는 일부를 제출하지 아니하거나 거짓으로 제출한 경우: 1천만원 1의2. 법 제11조제1항 단서에 따른 국제거래정보통합보고서 전부 또는 일부를 제출하지 아니하거나 거짓으로 제출한 경우: 3천만원 2. 제19조제1항제1호부터 제5호까지, 제7호부터 제9호까지, 제13호 및 제14호의 자료 중 전부 또는 일부를 제출하지 아니하거나 거짓으로 제출한 경우: 5천만원 3. 제19조제1항제6호·제10호 및 제11호의 자료 중 전부 또는 일부를 제출하지 아니하거나 거짓으로 제출한 경우: 3천만원 4. 제19조제1항제12호의 자료 중 전부 또는 일부를 제출하지 아니하거나 거짓으로 제출한 경우: 7천만원 ② 법 제31조의4제1항에 따른 과태료의 부과기준은 다음과 같다. 다만, 금융회사등의 장이 제47조제8항에 따른 권한 있는 당국의 시정 요구에 따라 기한 내에 시정한 경우에는 해당 과태료를 부과하지 아니할 수 있다. <개정 2014.2.21, 2016.2.5> 1. 권한 있는 당국이 요구한 금융정보 전부를 제공하지 아니하거나 거짓으로 제공한 경우: 2천만원 2. 권한 있는 당국이 요구한 금융정보 중 일부를 제공하지 아니한 경우: 1천만원 ③ 법 제35조제1항에 따른 과태료의 부과기준은 다음과 같다. <개정 2015.2.3> 1. 신고하지 아니하거나 과소 신고한 금액이 20억원 이하인 경우: 해당 금액의 100분의 10 2. 신고하지 아니하거나 과소 신고한 금액이 20억원 초과 50억원 이하인 경우: 2억원 + 해당 금액 중 20억원을 초과한 금액의 100분의 15	

3. 신고하지 아니하거나 과소 신고한 금액이 50억원 초과인 경우: 6억 5천만원 + 해당 금액 중 50억원을 초과한 금액의 100분의 20

④ 제1항부터 제3항까지의 규정 및 법 제35조제2항에 따라 산정된 과태료는 그 위반행위의 정도, 위반 횟수, 위반행위의 동기와 결과 등을 고려하여 해당 과태료 금액의 2분의 1의 범위에서 줄이거나 늘릴 수 있다. 다만, 늘리는 경우에는 법 제12조제1항, 법 제31조의4제1항 및 법 제35조제1항·제2항에 따른 과태료 금액의 한도를 초과할 수 없다. <개정 2014.2.21, 2016.2.5>

⑤ 제3항 및 제4항에 따라 산정된 과태료는 다음 각 호의 어느 하나에 해당하는 경우에는 그 금액에 다음 각 호에서 정하는 감경비율을 적용하여야 한다. <개정 2015.2.3>

1. 법 제34조제1항에 따른 신고기한(이하 이 조에서 "신고기한"이라 한다)이 지난 후 법 제37조제1항에 따라 수정신고를 한 경우(과세당국의 과태료 부과를 미리 알고 제출한 경우는 제외한다)에는 다음 각 목의 구분에 따른 비율
   가. 신고기한이 지난 후 6개월 이내에 수정신고한 경우: 해당 과태료 금액의 100분의 70
   나. 신고기한이 지난 후 6개월 초과 1년 이내에 수정신고한 경우: 해당 과태료 금액의 100분의 50
   다. 신고기한이 지난 후 1년 초과 2년 이내에 수정신고한 경우: 해당 과태료 금액의 100분의 20
   라. 신고기한이 지난 후 2년 초과 4년 이내에 수정신고한 경우: 해당 과태료 금액의 100분의 10
2. 신고기한이 지난 후 법 제37조제2항에 따라 기한 후 신고를 한 경우(과세당국의 과태료 부과를 미리 알고 제출한 경우는 제외한다)에는 다음 각 목의 구분에 따른 비율
   가. 신고기한이 지난 후 1개월 이내에 기한 후 신고를 한 경우: 해당 과태료 금액의 100분의 70
   나. 신고기한이 지난 후 1개월 초과 6개월 이내

	에 기한 후 신고를 한 경우: 해당 과태료 금액의 100분의 50 다. 신고기한이 지난 후 6개월 초과 1년 이내에 기한 후 신고를 한 경우: 해당 과태료 금액의 100분의 20 라. 신고기한이 지난 후 1년 초과 2년 이내에 기한 후 신고를 한 경우: 해당 과태료 금액의 100분의 10 ⑥ 제1항에 따른 과태료를 부과할 때 자료제출을 요구받은 자가 경미한 착오로 자료의 일부를 제출하지 아니하거나 일부 항목에 오류를 발생시킨 경우에는 과세당국은 보정 자료를 받고 과태료를 부과하지 아니할 수 있으며, 제19조제1항제15호에 해당하는 자료를 제출하지 아니하는 경우에는 과태료를 부과하지 아니한다. ⑦ 제3항에 따른 과태료를 부과할 때 보유계좌잔액 합산의 오류 등 단순 착오에 따라 신고하지 아니하였다고 인정할 만한 사유가 있는 경우에는 과태료를 부과하지 아니할 수 있으며, 신고하지 아니하거나 과소 신고한 계좌가 추가로 확인되는 경우에 추가로 부과하는 과태료는 신고하지 아니하거나 과소 신고한 전체 금액을 기준으로 부과할 과태료에서 이미 부과한 과태료를 뺀 금액을 부과한다. ⑧ 법 제35조제2항에서 "천재지변 등 대통령령으로 정하는 정당한 사유가 있는 경우"란 천재지변 등 불가항력적 사유 및 해외금융계좌 소재 국가의 사정 등으로 인하여 신고의무자가 신고의무 위반금액의 출처에 대하여 소명을 하는 것이 불가능한 경우를 말한다. <신설 2014.2.21> [전문개정 2012.2.2]	
제32조(세무조사 협력) ① 권한 있는 당국은 조세조약이 적용되는 자와의 거래에 대하여 세무조사가 필요하다고 판단되는 경우에는 그 거래에 대하여 체약상대국과 동시에 세무조사를 하거나 체약상대국에 세무공무원을 파견하여 직접 세무조사를 하게 하거나 체약상대국의 세무		

조사에 참여하게 할 수 있다. <개정 2011.12.31> ② 권한 있는 당국은 체약상대국이 조세조약에 따라 세무조사 협력을 요청하는 경우 수락할 수 있다. <개정 2011.12.31> [전문개정 2010.1.1]		
제33조(조세조약의 시행) 조세조약의 시행을 위하여 필요한 사항은 대통령령으로 정한다. [전문개정 2010.1.1]		
제8장 해외금융계좌의 신고 <신설 2010.12.27>		
제34조(해외금융계좌의 신고) ① 해외금융회사에 개설된 해외금융계좌를 보유한 거주자 및 내국법인 중에서 해당 연도의 매월 말일 중 어느 하루의 보유계좌잔액(보유계좌가 복수인 경우에는 각 계좌잔액을 합산한다)이 대통령령으로 정하는 금액을 초과하는 자(이하 이 장에서 "신고의무자"라 한다)는 다음 각 호의 정보(이하 이 장에서 "해외금융계좌정보"라 한다)를 다음 연도 6월 1일부터 30일까지 납세지 관할 세무서장에게 신고하여야 한다. <개정 2013.1.1> 1. 보유자의 성명·주소 등 신원에 관한 정보 2. 계좌번호, 금융회사의 이름, 매월 말일의 보유계좌잔액의 최고금액 등 보유계좌에 관한 정보 3. 제4항에 따른 해외금융계좌 관련자에 관한 정보 ② 제1항에서 "해외금융회사"란 국외에 소재하는 금융업, 보험 및 연금업, 금융 및 보험 관련	제49조(해외금융계좌의 신고 등) ① 법 제34조제1항 각 호 외의 부분에서 "대통령령으로 정하는 금액"이란 10억원을 말한다. ② 법 제34조제2항에서 "대통령령으로 정하는 것"이란 금융회사등 또는 외국의 금융 관련 법령에 따라 설립된 금융회사 등 중 이와 유사한 금융회사등을 말한다. <개정 2013.2.15> ③ 삭제 <2013.2.15> ④ 법 제34조제5항제1호에서 "대통령령으로 정하는 방법"이란 「소득세법 시행령」 제4조제1항, 제2항 및 제4항에 따른 거주기간 계산방법을 말한다. <개정 2016.2.5> ⑤ 법 제34조제5항제4호에서 "다른 공동명의자 등의 신고를 통하여 본인의 해외금융계좌정보를 확인할 수 있게 되는 등 대통령령으로 정하는 요건에 해당하는 자"란 법 제34조제4항에 따른 해외금융계좌 관련자 중 어느 하나가 제50조제6항에 따라 본인의 해외금융계좌정보를 함께 제출함에 따라 납세지 관할 세무서장이 본인이 보유한 모든 해외금융계좌정보를 확인할 수 있는 자를 말한다. ⑥ 법 제34조제5항제5호에서 "대통령령으로 정하는 자"란 다음 각 호의 어느 하나에 해당하는 자를 말한다. 1. 「자본시장과 금융투자업에 관한 법률」에 따른 금융투자업관계기관, 집합투자기구, 집합투자기구평가회사 및 채권평가회사	

서비스업 및 이와 유사한 업종을 하는 금융회사(내국법인의 국외사업장을 포함하고, 외국법인의 국내사업장은 제외한다)로서 대통령령으로 정하는 것을 말한다. <개정 2013.1.1>

③ 제1항에서 “해외금융계좌”란 해외금융회사와 금융거래(「금융실명거래 및 비밀보장에 관한 법률」 제2조제3호의 금융거래 및 이와 유사한 거래를 포함한다)를 위하여 해외금융회사에 개설한 계좌로서 다음 각 호의 계좌를 말한다. <개정 2013.1.1>

1. 「은행법」 제27조에 따른 은행업무와 관련하여 개설한 계좌
2. 「자본시장과 금융투자업에 관한 법률」 제4조에 따른 증권 및 이와 유사한 해외증권의 거래를 위하여 개설한 계좌
3. 「자본시장과 금융투자업에 관한 법률」 제5조에 따른 파생상품 및 이와 유사한 해외파생상품의 거래를 위하여 개설한 계좌
4. 제1호부터 제3호까지에서 규정한 계좌 외의 계좌로서 그 밖에 금융거래를 위하여 해외금융회사에 개설한 계좌

④ 제1항에서 해외금융계좌 관련자(해외금융계좌 중 실지명의에 의하지 아니한 계좌 등 그 계좌의 명의자와 실질적 소유자가 다른 경우에는 명의자 및 실질적 소유자를, 공동명의 계좌인 경우에는 공동명의자 각각을 말한다)는 해당 계좌를 각각 보유한 것으로 본다.

2. 「금융지주회사법」에 따른 금융지주회사
3. 「외국환거래법」에 따른 외국환업무취급기관 및 외국환중개회사
4. 「신용정보의 이용 및 보호에 관한 법률」에 따른 신용정보회사

[전문개정 2012.2.2]

제50조(신고의무자의 판정기준 등) ① 법 제34조제1항에 따른 거주자 및 내국법인은 신고대상 연도 종료일을 기준으로 판정한다.

② 법 제34조제1항에 따른 신고의무자(이하 “신고의무자”라 한다)의 매월 말일 보유계좌잔액은 신고의무자가 보유한 각 해외금융계좌(거래실적 등이 없는 계좌, 연도 중에 해지된 계좌 등 해당 연도 전체 기간 중에 보유한 모든 계좌를 포함하되, 「보험업법」에 따른 보험상품 및 이와 유사한 해외보험상품으로서, 순보험료가 위험보험료만으로 구성되는 보험계약에 해당하는 금융계좌는 제외한다)의 자산에 대하여 다음 각 호의 구분에 따라 산정한 금액을 해당 표시통화의 환율(「외국환거래법」에 따른 일별 기준환율 또는 재정환율을 말한다)로 각각 환산한 후 합산하여 산출한다. <개정 2013.2.15, 2015.2.3>

1. 현금: 해당하는 매월 말일의 종료시각 현재의 잔액
2. 「자본시장과 금융투자업에 관한 법률」에 따른 증권시장 또는 이와 유사한 해외 증권시장에 상장된 주식과 그 주식을 기초로 발행한 예탁증서: 해당하는 매월 말일의 종료시각 현재의 수량×해당하는 매월 말일의 최종가격(해당하는 매월 말일이 거래일이 아닌 경우에는 그 직전 거래일의 최종가격)
3. 「자본시장과 금융투자업에 관한 법률」에 따른 증권시장 또는 이와 유사한 해외 증권시장에 상장된 채권: 해당하는 매월 말일의 종료시각 현재의 수량×해당하는 매월 말일의 최종가격(해당하는 매월 말일이 거래일이 아닌 경우에는 그 직전 거래일의 최종가격)
4. 「자본시장과 금융투자업에 관한 법률」에 따른 집합투자증권 및 이와 유사한 해외집합투자증권: 해당하는 매월 말일의 종료시각 현재의 수량×

⑤ 신고의무자 중 다음 각 호의 어느 하나에 해당하는 경우 신고의무를 면제한다. <개정 2011.7.14, 2011.12.31, 2013.1.1, 2015.12.15>

1. 「소득세법」 제3조제1항 단서에 따른 외국인 거주자 및 「재외동포의 출입국과 법적 지위에 관한 법률」 제2조제1호의 재외국민으로서 해당 신고대상 연도 종료일 2년 전부터 국내에 거소를 둔 기간의 합계가 183일 이하인 자(이 경우 국내에 거소를 둔 기간의 계산은 대통령령으로 정하는 방법에 따른다)
2. 국가, 지방자치단체 및 「공공기관의 운영에 관한 법률」에 따른 공공기관
3. 금융회사등
4. 제4항에 따른 해외금융계좌 관련자 중 다른 공동명의자 등의 신고를 통하여 본인의 해외금융계좌정보를 확인할 수 있게 되는 등 대통령령으로 정하는 요건에 해당하는 자
5. 다른 법령에 따라 국가의 관리·감독이 가능한 기관으로서 대통령령으로 정하는 자

⑥ 신고의무자 판정기준, 보유계좌잔액 산출방법, 신고방법 등 해외금융계좌 신고에 관하여 필요한 사항은 대통령령으로 정한다.
[본조신설 2010.12.27]

해당하는 매월 말일의 기준가격(해당하는 매월 말일의 기준가격이 없는 경우에는 해당하는 매월 말일 현재의 환매가격 또는 해당하는 매월 말일 전 가장 가까운 날의 기준가격)

5. 「보험업법」에 따른 보험상품 및 이와 유사한 해외보험상품: 해당하는 매월 말일의 종료시각 현재의 납입금액
6. 제1호부터 제5호까지에서 규정한 자산 외의 자산: 해당하는 매월 말일의 종료시각 현재의 수량×해당하는 매월 말일의 시가(시가산정이 곤란한 경우에는 취득가액)

③ 신고의무자는 기획재정부령으로 정하는 해외금융계좌 신고서를 신고기한까지 납세지 관할 세무서장에게 제출하여야 한다.

④ 법 제34조제4항에 따른 실질적 소유자는 해당 계좌의 명의와는 관계없이 해당 해외금융계좌와 관련한 거래에서 경제적 위험을 부담하거나 이자·배당 등의 수익을 획득하거나 해당 계좌를 처분할 권한을 가지는 등 해당 계좌를 사실상 관리하는 자(내국법인이 외국법인의 의결권 있는 주식의 100분의 100을 직접 또는 간접으로 소유한 경우 그 내국법인을 포함하되, 조세조약의 체결여부 등을 고려하여 기획재정부장관이 정하는 경우에는 그러하지 아니하다)로 한다. 다만, 다음 각 호의 어느 하나에 해당하는 경우에는 실질적 소유자로 보지 아니한다. <개정 2013.2.15, 2015.2.3>

1. 해외금융계좌의 명의자가 「자본시장과 금융투자업에 관한 법률」 제9조제18항에 따른 집합투자기구 또는 이와 유사한 외국에서 설립된 집합투자기구(「자본시장과 금융투자업에 관한 법률」 제279조제1항에 따라 금융위원회에 등록된 것에 한정한다)인 경우에 해당 집합투자기구에 투자한 자
2. 해외금융계좌의 명의자가 「자본시장과 금융투자업에 관한 법률」 제8조제3항에 따른 투자중개업자 또는 같은 법 제294조에 따른 한국예탁결제원인 경우에 해당 해외금융자산에 투자한 자
3. 해외금융계좌의 명의자가 「자본시장과 금융투자업에 관한 법률 시행령」 제103조에 따른 금전신

	탁계약의 신탁업자인 경우에 해당 해외금융자산에 투자한 자 4. 해외금융계좌의 명의자가 「중소기업창업 지원법」 제20조에 따른 중소기업창업투자조합인 경우에 해당 해외금융자산에 투자한 자 5. 해외금융계좌의 명의자가 「벤처기업육성에 관한 특별조치법」 제4조의3에 따른 한국벤처투자조합인 경우에 해당 해외금융자산에 투자한 자 ⑤ 법 제34조제4항에 따른 해외금융계좌 관련자는 해당 계좌의 잔액 전부를 각각 보유한 것으로 본다. ⑥ 신고의무자는 제3항에 따른 해외금융계좌 신고서에서 정하는 바에 따라 본인 외의 해외금융계좌 관련자 정보를 함께 제출하여야 한다. [전문개정 2012.2.2]	
제34조의2(해외금융계좌 신고의무 불이행에 대한 벌칙) ① 제34조제1항에 따른 해외금융계좌 정보의 신고의무자로서 신고기한 내에 신고하지 아니한 금액이나 과소 신고한 금액(이하 이 장에서 "신고의무 위반금액"이라 한다)이 50억원을 초과하는 경우에는 2년 이하의 징역 또는 신고의무 위반금액의 100분의 20 이하에 상당하는 벌금에 처한다. 다만, 정당한 사유가 있는 경우에는 그러하지 아니하다. <개정 2014.1.1, 2014.12.23> ② 제1항의 징역형과 벌금형은 병과할 수 있다. ③ 제1항에 따라 처벌되는 경우 제35조제1항에 따른 과태료는 부과하지 아니한다. <개정 2014.1.1> ④ 내국법인의 대표자, 내국법인 또는 거주자의 대리인, 사용인, 그 밖의 종업원이 그 내국법인 또는 거주자의 업무에 관하여 이 조에서 규정하는 범칙행위를 하면 그 행위자를 벌할		

뿐만 아니라 그 내국법인 또는 거주자에게도 이 조의 벌금형을 과(科)한다. 다만, 내국법인 또는 거주자가 그 위반행위를 방지하기 위하여 해당 업무에 관하여 상당한 주의와 감독을 게을리하지 아니한 경우에는 그러하지 아니하다. [본조신설 2013.1.1]		
제34조의3(해외금융계좌 신고의무 위반금액의 출처에 대한 소명) ① 제34조제1항에 따라 거주자인 신고의무자가 신고기한 내에 해외금융계좌정보를 신고하지 아니하거나 과소 신고한 경우에는 해당 납세지 관할 세무서장은 그 신고의무자에게 신고의무 위반금액의 출처에 대하여 소명을 요구할 수 있다. ② 제1항에 따른 소명을 요구받은 해당 신고의무자는 통지를 받은 날부터 90일 이내(이하 이 항에서 "소명기간"이라 한다)에 대통령령으로 정하는 방법에 따라 소명을 하여야 한다. 다만, 신고의무자가 자료의 수집·작성에 상당한 기간이 걸리는 등 대통령령으로 정하는 부득이한 사유로 소명기간의 연장을 신청하는 경우에는 납세지 관할 세무서장은 한 차례만 60일까지 연장할 수 있다. ③ 신고의무자가 제37조에 따라 수정신고 및 기한 후 신고를 한 경우(과세당국의 과태료 부과를 미리 알고 신고한 경우는 제외한다)에는 제1항과 제2항을 적용하시 아니한다. [본조신설 2014.1.1]	제50조의2(소명방법 및 소명기간 연장) ① 법 제34조의3제1항에 따라 소명을 요구받은 신고의무자가 신고의무 위반금액의 출처에 대하여 소명하려는 경우에는 기획재정부령으로 정하는 해외금융계좌 신고의무 위반금액 출처 확인서를 납세지 관할 세무서장에게 제출하여야 한다. ② 법 제34조의3제1항에 따라 소명을 요구받은 신고의무자가 소명을 요구받은 금액의 100분의 80 이상에 대하여 출처를 소명한 해외금융계좌에 대해서는 신고의무 위반으로 소명을 요구받은 전액에 대하여 소명한 것으로 본다. ③ 법 제34조의3제2항 단서에서 "신고의무자가 자료의 수집·작성에 상당한 기간이 걸리는 등 대통령령으로 정하는 부득이한 사유"란 다음 각 호의 경우를 말한다. 1. 신고의무자가 화재·재난 및 도난 등의 사유로 자료를 제출할 수 없는 경우 2. 신고의무자가 사업이 중대한 위기에 처하여 자료를 제출하기 매우 곤란한 경우 3. 관련 장부·서류가 권한 있는 기관에 압수되거나 영치된 경우 4. 자료의 수집·작성에 상당한 기간이 걸려 기한까지 자료를 제출할 수 없는 경우 5. 제1호부터 제4호까지에 준하는 사유가 있어 기한까지 자료를 제출할 수 없다고 판단되는 경우 [본조신설 2014.2.21] [종전 제50조의2는 제50조의3으로 이동 <2014.2.21>]	

제35조(해외금융계좌 신고의무 불이행 등에 대한 과태료) ① 제34조제1항에 따라 신고의무자가 신고기한 내에 해외금융계좌정보를 신고하지 아니하거나 과소 신고한 경우에는 다음 각 호에 따라 계산한 금액의 100분의 20 이하에 상당하는 과태료를 부과한다. <개정 2014.12.23>

1. 신고를 하지 아니한 경우: 미신고 금액
2. 과소 신고한 경우: 실제 신고한 금액과 신고하여야 할 금액과의 차액

② 제34조의3제2항에 따라 신고의무자가 신고의무 위반금액의 출처에 대하여 소명하지 아니하거나 거짓으로 소명한 경우에는 소명하지 아니하거나 거짓으로 소명한 금액의 100분의 20에 상당하는 과태료를 부과한다. 다만, 천재지변 등 대통령령으로 정하는 정당한 사유가 있는 경우에는 부과하지 아니한다. <신설 2014.1.1, 2014.12.23>

③ 제1항과 제2항에 따른 과태료는 대통령령으로 정하는 바에 따라 과세당국이 부과·징수한다. <개정 2011.12.31, 2014.1.1>

[본조신설 2010.12.27]

[제목개정 2014.1.1]

제51조(과태료의 부과기준 등) ① 법 제12조제1항에 따른 과태료의 부과기준은 다음과 같다. <개정 2015.2.3, 2016.2.5>

1. 법 제11조제1항 본문에 따른 국제거래명세서 전부 또는 일부를 제출하지 아니하거나 거짓으로 제출한 경우: 1천만원

1의2. 법 제11조제1항 단서에 따른 국제거래정보통합보고서 전부 또는 일부를 제출하지 아니하거나 거짓으로 제출한 경우: 3천만원

2. 제19조제1항제1호부터 제5호까지, 제7호부터 제9호까지, 제13호 및 제14호의 자료 중 전부 또는 일부를 제출하지 아니하거나 거짓으로 제출한 경우: 5천만원
3. 제19조제1항제6호·제10호 및 제11호의 자료 중 전부 또는 일부를 제출하지 아니하거나 거짓으로 제출한 경우: 3천만원
4. 제19조제1항제12호의 자료 중 전부 또는 일부를 제출하지 아니하거나 거짓으로 제출한 경우: 7천만원

② 법 제31조의4제1항에 따른 과태료의 부과기준은 다음과 같다. 다만, 금융회사등의 장이 제47조제8항에 따른 권한 있는 당국의 시정 요구에 따라 기한 내에 시정한 경우에는 해당 과태료를 부과하지 아니할 수 있다. <개정 2014.2.21, 2016.2.5>

1. 권한 있는 당국이 요구한 금융정보 전부를 제공하지 아니하거나 거짓으로 제공한 경우: 2천만원
2. 권한 있는 당국이 요구한 금융정보 중 일부를 제공하지 아니한 경우: 1천만원

③ 법 제35조제1항에 따른 과태료의 부과기준은 다음과 같다. <개정 2015.2.3>

1. 신고하지 아니하거나 과소 신고한 금액이 20억원 이하인 경우: 해당 금액의 100분의 10
2. 신고하지 아니하거나 과소 신고한 금액이 20억원 초과 50억원 이하인 경우: 2억원 + 해당 금액 중 20억원을 초과한 금액의 100분의 15
3. 신고하지 아니하거나 과소 신고한 금액이 50억원 초과인 경우: 6억 5천만원 + 해당 금액 중 50억원을 초과한 금액의 100분의 20

④ 제1항부터 제3항까지의 규정 및 법 제35조제2항

에 따라 산정된 과태료는 그 위반행위의 정도, 위반 횟수, 위반행위의 동기와 결과 등을 고려하여 해당 과태료 금액의 2분의 1의 범위에서 줄이거나 늘릴 수 있다. 다만, 늘리는 경우에는 법 제12조제1항, 법 제31조의4제1항 및 법 제35조제1항·제2항에 따른 과태료 금액의 한도를 초과할 수 없다. <개정 2014.2.21, 2016.2.5>

⑤ 제3항 및 제4항에 따라 산정된 과태료는 다음 각 호의 어느 하나에 해당하는 경우에는 그 금액에 다음 각 호에서 정하는 감경비율을 적용하여야 한다. <개정 2015.2.3>

1. 법 제34조제1항에 따른 신고기한(이하 이 조에서 "신고기한"이라 한다)이 지난 후 법 제37조제1항에 따라 수정신고를 한 경우(과세당국의 과태료 부과를 미리 알고 제출한 경우는 제외한다)에는 다음 각 목의 구분에 따른 비율
   가. 신고기한이 지난 후 6개월 이내에 수정신고한 경우: 해당 과태료 금액의 100분의 70
   나. 신고기한이 지난 후 6개월 초과 1년 이내에 수정신고한 경우: 해당 과태료 금액의 100분의 50
   다. 신고기한이 지난 후 1년 초과 2년 이내에 수정신고한 경우: 해당 과태료 금액의 100분의 20
   라. 신고기한이 지난 후 2년 초과 4년 이내에 수정신고한 경우: 해당 과태료 금액의 100분의 10
2. 신고기한이 지난 후 법 제37조제2항에 따라 기한 후 신고를 한 경우(과세당국의 과태료 부과를 미리 알고 제출한 경우는 제외한다)에는 다음 각 목의 구분에 따른 비율
   가. 신고기한이 지난 후 1개월 이내에 기한 후 신고를 한 경우: 해당 과태료 금액의 100분의 70
   나. 신고기한이 지난 후 1개월 초과 6개월 이내에 기한 후 신고를 한 경우: 해당 과태료 금액의 100분의 50
   다. 신고기한이 지난 후 6개월 초과 1년 이내에 기한 후 신고를 한 경우: 해당 과태료 금액의

	100분의 20 라. 신고기한이 지난 후 1년 초과 2년 이내에 기한 후 신고를 한 경우: 해당 과태료 금액의 100분의 10 ⑥ 제1항에 따른 과태료를 부과할 때 자료제출을 요구받은 자가 경미한 착오로 자료의 일부를 제출하지 아니하거나 일부 항목에 오류를 발생시킨 경우에는 과세당국은 보정 자료를 받고 과태료를 부과하지 아니할 수 있으며, 제19조제1항제15호에 해당하는 자료를 제출하지 아니하는 경우에는 과태료를 부과하지 아니한다. ⑦ 제3항에 따른 과태료를 부과할 때 보유계좌잔액 합산의 오류 등 단순 착오에 따라 신고하지 아니하였다고 인정할 만한 사유가 있는 경우에는 과태료를 부과하지 아니할 수 있으며, 신고하지 아니하거나 과소 신고한 계좌가 추가로 확인되는 경우에 추가로 부과하는 과태료는 신고하지 아니하거나 과소 신고한 전체 금액을 기준으로 부과할 과태료에서 이미 부과한 과태료를 뺀 금액을 부과한다. ⑧ 법 제35조제2항에서 "천재지변 등 대통령령으로 정하는 정당한 사유가 있는 경우"란 천재지변 등 불가항력적 사유 및 해외금융계좌 소재 국가의 사정 등으로 인하여 신고의무자가 신고의무 위반금액의 출처에 대하여 소명을 하는 것이 불가능한 경우를 말한다. <신설 2014.2.21> [전문개정 2012.2.2]		
제36조(해외금융계좌정보의 비밀유지) ① 세무공무원은 해외금융계좌정보를 타인에게 제공 또는 누설하거나 목적 외의 용도로 사용하여서는 아니 된다. 다만, 「국세기본법」 제81조의13제1항 각 호의 어느 하나에 해당하는 경우에는 그 사용 목적에 맞는 범위에서 해외금융계좌정보를 제공할 수 있다. ② 제1항에 따라 해외금융계좌정보를 알게 된 사람은 이를 타인에게 제공 또는 누설하거나			

그 목적 외의 용도로 사용하여서는 아니 된다. [본조신설 2010.12.27]		
제37조(해외금융계좌 수정신고 및 기한 후 신고) ① 제34조제1항에 따른 신고기한 내에 해외금융계좌정보를 신고한 자로서 과소 신고한 자는 과세당국이 제35조제1항에 따른 과태료를 부과하기 전까지 해외금융계좌정보를 수정신고할 수 있다. <개정 2014.1.1> ② 제34조제1항에 따른 신고기한 내에 해외금융계좌정보를 신고하지 아니한 자는 과세당국이 제35조제1항에 따른 과태료를 부과하기 전까지 해외금융계좌정보를 신고할 수 있다. <개정 2014.1.1> ③ 제1항 및 제2항에 따른 해외금융계좌 수정신고 및 기한 후 신고의 신고방법 등에 관하여 필요한 사항은 대통령령으로 정한다. [본조신설 2011.12.31]	제50조의3(해외금융계좌 수정신고 및 기한 후 신고) ① 법 제37조제1항에 따라 해외금융계좌정보를 수정신고하려는 자는 기획재정부령으로 정하는 해외금융계좌 수정신고서에 다음 각 호의 사항을 적어 납세지 관할 세무서장에게 제출하여야 한다. 1. 처음 신고한 해외금융계좌정보 2. 수정신고하는 해외금융계좌정보 ② 법 제37조제2항에 따라 해외금융계좌정보를 기한 후 신고하려는 자는 기획재정부령으로 정하는 해외금융계좌 기한 후 신고서를 납세지 관할 세무서장에게 제출하여야 한다. [본조신설 2012.2.2] [제50조의2에서 이동 <2014.2.21>]	
제38조(자진신고에 대한 특례) ① 기획재정부장관은 「국세기본법」과 세법에도 불구하고 국세청장의 요청에 따라 1회의 특정기간을 정하여 국제거래 및 국외에서 발생한 소득과 세법상 신고의무가 있는 국외재산(상속·증여로 인한 재산을 포함한다)으로서 법정 신고기한 내에 신고하지 아니하거나 과소하게 신고한 소득과 재산이 있는 내국인(관련 세무조사 또는 수사가 진행 중인 자 등 대통령령으로 정하는 자는 제외한다)에게	제50조의4(자진신고 대상 소득과 재산) 법 제38조제1항에 따른 자진신고(이하 "자진신고제도"라 한다)에 따라 신고할 수 있는 소득과 재산은 자진신고일(제50조의6제2항에 따라 자진신고 의향서를 제출한 경우에는 자진신고 의향서 제출일을 말하며, 이하 "자진신고일"이라 한다) 현재 다음 각 호의 요건을 모두 충족하는 소득과 재산으로 한다. <개정 2016.2.5> 1. 다음 각 목의 어느 하나에 해당하는 소득과 재산으로서 세법상 법정 신고기한 내에 신고하지 아니하거나 적게 신고한 소득과 재산일 것 가. 국제거래 및 국외에서 발생한 「소득세법」 제4조제1항의 소득 나. 국제거래 및 국외에서 발생한 「법인세법」 제3	

대통령령으로 정하는 바에 따라 해당 소득과 재산을 신고하고 세법에 따라 납부하여야 할 세액을 납부(이하 이 조에서 "자진신고제도"라 한다)하게 할 수 있다.

② 제1항에 따라 자진신고한 자에 대해서는 신고한 소득과 재산에 대하여 「국세기본법」, 세법 또는 「외국환거래법」상 부과되는 가산세(「국세기본법」 제47조의4에 따른 납부불성실가산세를 제외한다) 및 과태료를 대통령령으로 정하는 바에 따라 감면할 수 있고 명단공개를 면제할 수 있다.

③ 기획재정부장관 및 관계 중앙행정기관의 장은 자진신고제도를 효과적으로 운영하기 위하여 행정적·재정적 지원을 할 수 있다.

④ 국세청장은 「국세기본법」 제81조의13에도 불구하고 제1항에 따른 신고와 관련된 정보를 대통령령으로 정하는 바에 따라 관계 중앙행정기관의 장에게 제공할 수 있다.

⑤ 자진신고제도의 절차와 방법 등 제도의 시행과 관련하여 필요한 사항은 대통령령으로 정한다.

[본조신설 2014.12.23.]

[법률 제12849호(2014.12.23) 부칙 제2조의 규정에 의하여 이 조는 2016년 12월 31일까지 유효함]

조제1항의 소득

다. 「상속세 및 증여세법」 제3조제1호에 따른 상속재산 중 국외에 있는 재산

라. 「상속세 및 증여세법」 제4조의2제1항제1호에 따른 증여재산 중 국외에 있는 재산

마. 법 제21조에 따라 거주자가 비거주자에게 증여한 국외에 있는 재산 중 증여세 납부의무가 있는 재산

바. 법 제34조에 따라 신고의무가 있는 해외금융계좌 형태의 재산

사. 「소득세법」 제165조의2 또는 「법인세법」 제121조의2에 따라 신고의무가 있는 해외직접투자에 해당되는 재산 또는 자본거래에 해당되는 외국에 있는 부동산이나 이에 관한 권리

2. 제1호 각 목의 소득과 재산에 대한 「국세기본법」 제26조의2제1항 각 호에 따른 각 세목(稅目)별 국세부과의 제척기간이 지나지 아니하였을 것

[본조신설 2015.9.25]

[대통령령 제26545호(2015.9.25) 부칙 제2조의 규정에 의하여 이 조는 2016년 12월 31일까지 유효함]

제50조의5(자진신고 대상 제외자) 법 제38조제1항에서 "관련 세무조사 또는 수사가 진행 중인 자 등 대통령령으로 정하는 자"란 자진신고일 현재 다음 각 호의 어느 하나에 해당하는 자를 말한다. 다만, 세무조사·검사·수사·조사 또는 과태료 부과의 대상이 되고 있는 소득과 재산의 해당 세목·과세기간 또는 신고기간과 관련되지 아니하는 다른 소득과 재산에 대하여 자진신고를 하려는 경우에는 다음 각 호의 자에 해당하지 아니하는 것으로 한다.

1. 해외금융계좌정보 신고 의무 불이행으로 법 제35조에 따라 과태료 부과에 관하여 미리 통지를 받거나 법 제34조의2에 따라 수사가 진행 중인 자
2. 국세와 관련하여 「국세기본법」 제81조의7제1항에 따라 세무조사 통지서를 받은 자
3. 국세와 관련하여 「조세범처벌법」 제3조 및 「특정범죄 가중처벌 등에 관한 법률」 제8조에 따른 조세포탈 혐의로 수사가 진행 중인 자
4. 세법상 신고 대상 소득 및 재산과 관련하여 「외국환거래법」 제20조제3항에 따른 검사에 관하여

	미리 통지를 받거나 「외국환거래법」상 신고의무 위반으로 수사가 진행 중인 자 [본조신설 2015.9.25] [대통령령 제26545호(2015.9.25) 부칙 제2조의 규정에 의하여 이 조는 2016년 12월 31일까지 유효함] **제50조의6(자진신고)** ① 자진신고제도에 따라 신고하려는 자는 기획재정부령으로 정하는 국외 소득·재산자진신고서(이하 "자진신고서"라 한다)를 갖추어 법 제38조제1항에 따라 기획재정부장관이 정하는 자진신고기간(이하 "자진신고기간"이라 한다) 내에 직접 또는 우편으로 세법상 납세지 관할 지방국세청장을 거쳐 기획재정부장관에게 신고하여야 한다. ② 제1항에 따른 자진신고 전에 자진신고할 계획임을 알리려는 경우에는 자진신고기간 개시일부터 1개월 이내에 기획재정부령으로 정하는 자진신고 의향서를 세법상 납세지 관할 지방국세청장을 거쳐 기획재정부장관에게 우선 제출할 수 있다. ③ 제1항에 따라 자진신고한 자는 자진신고서에 기재된 소득과 재산이 세법에 따라 신고하여야 할 소득과 재산보다 적은 경우 등 사실과 다르게 신고한 경우에는 자진신고기간 내에 자진신고서를 수정하여 직접 또는 우편으로 세법상 납세지 관할 지방국세청장을 거쳐 기획재정부장관에게 신고할 수 있다. [본조신설 2015.9.25] [대통령령 제26545호(2015.9.25) 부칙 제2조의 규정에 의하여 이 조는 2016년 12월 31일까지 유효함] **제50조의12(관계기관의 처분)** ① 기획재정부장관은 제50조의11에 따른 절차를 종료한 후 이의신청에 대한 결과를 반영하여 가산세·과태료 및 명단공개의 면제 여부가 포함된 자진신고한 자의 명단을 관계기관의 장에게 통지하여야 한다. ② 관계기관의 장은 제1항에 따른 통지에 따라 가산세·과태료 및 명단공개 면제자에 대하여 법 제38조제2항에 따라 제50조의10제1항 각 호의 처분을 면제한다. [본조신설 2015.9.25] [대통령령 제26545호(2015.9.25) 부칙 제2조의 규정에 의하여 이 조는 2016년 12월 31일까지 유효함]	

[저자 약력]

노 현 섭

울산대학교 경영대학 회계학과 교수, 경영학박사

저서와 논문
노현섭 외, 회계원리, 도서출판 청람, 2016.
노현섭, 핵심 세법총론, 피앤씨미디어, 2016.
노현섭, 핵심 소득세법, 피앤씨미디어, 2016.
노현섭, 핵심 부가가치세법, 피앤씨미디어, 2016.
노현섭·김영화, 핵심 법인세법, 피앤씨미디어, 2016.
노현섭, 핵심 회계원리, 피앤씨미디어, 2015.
노현섭, K-IFRS 회계원리의 이해, 피앤씨미디어, 2015.
노현섭, 실증세무회계연구, 피앤씨미디어, 2013.
노현섭 외, 내재적 조세를 사용한 경영자보상과 조세회피간의 관계, 재무와회계정보저널, 2014.
노현섭 외, 세후이익에 기초한 경영자보상의 사용과 기업의 조세회피, 회계정보연구, 2013.
노현섭, 기업의 조세혜택 측정치에 관한 연구, 경영교육연구, 2012.
노현섭 외, 세무자료와 재무제표자료를 비교한 유효세율 대체측정치의 평가, 재무와 회계정보저널, 2010.
노현섭 외, 기업의 장기적인 조세회피에 대한 측정: 유효세율 측정치의 사용, 대한경영학회지, 2009.

핵심
국제조세조정에 관한 법률

초판인쇄 2017년 1월 10일
초판발행 2017년 1월 15일

지은이 노현섭
펴낸이 박노일

총괄기획 김중용
편 집 심성보·김인숙

펴낸곳 pnc publishing and culture 피앤씨미디어
경기도 고양시 일산동구 강송로 153 310-1501
등록 제396-2012-000203호
전 화 070)7550-3758 팩 스 02)718-8554
홈페이지 www.pncmedia.co.kr 이메일 pnc@pncmedia.co.kr
ISBN 979-11-5730-380-9 93320

정 가 20,000원